D1570546

CÓMO
TRIUNFAR
EN LOS EXÁMENES

Si este libro le ha interesado y desea que lo mantengamos
informado de nuestras publicaciones, puede escribirnos a
comunicacion@editorialsirio.com,
o bien registrarse en nuestra página web:
www.editorialsirio.com

Título original: TEST SUCCESS!
Traducido del inglés por Celia Quílez Díaz
Diseño de portada: Editorial Sirio, S.A.

©   de la edición original
2012 Ben Bernstein

Edición original en inglés publicada por Spark Avenue Publishing,
842 52nd Street, Oakland, CA 94608 U.S.A.

©   de la presente edición
EDITORIAL SIRIO, S.A.

EDITORIAL SIRIO, S.A.	NIRVANA LIBROS S.A. DE C.V.	ED. SIRIO ARGENTINA
C/ Rosa de los Vientos, 64	Camino a Minas, 501	C/ Paracas 59
Pol. Ind. El Viso	Bodega nº 8,	1275- Capital Federal
29006-Málaga	Col. Lomas de Becerra	Buenos Aires
España	Del.: Alvaro Obregón	(Argentina)
	México D.F., 01280	

www.editorialsirio.com
sirio@editorialsirio.com

I.S.B.N.: 978-84-7808-969-7
Depósito Legal: MA-1712-2014

Impreso en los talleres gráficos de Romanya/Valls
Verdaguer 1, 08786-Capellades (Barcelona)

Impreso en España

Ben Bernstein

CÓMO
TRIUNFAR
EN LOS EXÁMENES

editorial Sirio

A mis maestros, con gratitud.
Que cumpla su esperanza y mi promesa.

Si no soy para mí mismo, ¿quién es para mí?
Y cuando soy solo para mí mismo, ¿qué soy?
Y si no es ahora, ¿cuándo?

RABÍ HILLEL

PREFACIO A LA EDICIÓN ESPAÑOLA

Es para mí un placer y un honor incluir este especial prefacio en la edición española del libro.

Todos deseamos una vida feliz y completa y nos esforzamos mucho para lograrlo. Y lo mismo deseamos para nuestros hijos y nuestros nietos. También, todos sabemos que una buena enseñanza es la llave que abre las posibilidades para lograr ese deseo.

En un momento en que los pueblos de habla hispana se están esforzando mucho para mejorar sus sistemas educativos, ofrezco este libro como una contribución a ese movimiento cuya finalidad es la excelencia educativa.

Los exámenes son un componente importante del proceso educativo. Los utilizamos para evaluar el aprendizaje del alumno, para calibrar la efectividad de los profesores y para determinar la vigencia de las distintas materias. Son hitos necesarios en todos los niveles de la enseñanza y durante toda la vida académica.

Pero resulta que a la mayoría de los estudiantes los exámenes les generan un considerable y debilitante estrés. ¿Habré estudiado los temas correctos? ¿Lo recordaré todo en el examen? ¿Saldré bien parado? ¿Defraudaré a mis padres y a mis profesores? El estrés que generan los exámenes no solo afecta la alumno, sino también a los padres, a los profesores, a los directivos e incluso a los políticos.

La relación inversa existente entre estrés y desempeño en los exámenes ha sido demostrada científicamente y esto es así en todas las partes del mundo, ya sea que el estudiante se examine en España, en China, en Estados Unidos o en los más remotos lugares de África.

Mientras existen innumerables libros que tratan de los diferentes contenidos objeto de los exámenes —matemáticas, ciencias, lengua, etc.—, no ocurre lo mismo con obras que ayuden al alumno a lidiar de forma efectiva con el estrés, para que pueda lograr su máximo rendimiento. Mi finalidad al escribir este libro ha sido crear una caja de herramientas que sirva a todas las personas que se van a examinar, independientemente de su raza, sus antecedentes, su nacionalidad o del idioma que hablen. Considéralo como un GPS del rendimiento; si lo utilizas tal como te indico en estas páginas, puedes confiar en que te llevará al éxito, tanto en tus estudios como más allá de ellos.

En mis muchos años de investigación y trabajo clínico he comprobado que los estudiantes que logran las mejores notas suelen ser aquellos que están tranquilos, centrados y confiados. También descubrí que estos atributos no son algo que llegue y se vaya misteriosamente, sino que se pueden aprender y se pueden reforzar a través de la práctica y la conciencia. Pero ¿quién enseña a los estudiantes a hacer esto de una forma voluntaria y metódica? La finalidad de este libro no es otra que poner a tu disposición este componente vital que, sin duda, falta en las materias que has estudiado.

Mi deseo es que todos los estudiantes tengan éxito en los exámenes, en sus estudios y en la vida. Mantenerse tranquilo, confiado y centrado son habilidades vitales. Los exámenes no se terminan al recibir un diploma o un certificado académico. Todos los adultos saben que casi diariamente deben hacer frente a pruebas y obstáculos diversos. Aprender a una edad temprana cómo afrontar las pruebas y los exámenes tranquilo, confiado y centrado será la base de una vida con menos conflictos y más plenitud. Entre los comentarios que recibo con frecuencia de padres y maestros de todo el mundo están los siguientes: «¡Cómo me habría gustado tener este libro en mi época de estudiante!» y «Compré el libro para mi hijo, pero ahora estoy utilizando estas herramientas conmigo mismo». Muchos estudiantes me dicen también que las mencionadas herramientas les sirven igualmente para lidiar con su familia y sus amigos, convirtiéndose así en una sólida base en la que se pueden apoyar durante el difícil proceso del «crecimiento».

La voluntad de mejorar y lograr la excelencia docente está generando grandes cambios en los sistemas educativos de diferentes países, entre ellos muchos de habla hispana. Espero que este libro contribuya a lograr esa excelencia educativa, ofreciendo a los alumnos habilidades vitales que les servirán tanto en su vida académica como más allá de los estudios.

Todos queremos lo mejor para nuestros hijos. Démosles herramientas que los fortalezcan y les ayuden a lograr el éxito en todos los ámbitos de la vida.

Si eres estudiante, te ofrezco humildemente este sistema de navegación, que está basado en muchos años de docencia, de experiencia clínica, de investigación y de crecimiento personal. Lo he escrito especialmente para ti, para que llegues a desarrollar lo mejor de ti mismo.

BEN BERNSTEIN

INTRODUCCIÓN

¿QUIÉN DEBERÍA USAR ESTE LIBRO?

Si eres estudiante de secundaria, de universidad o de posgrado y no te gusta hacer exámenes o incluso los odias, este libro es para ti. Su contenido ayudará si:

⇨ Te sientes ansioso antes de un examen o mientras lo estás realizando.

⇨ Te falta confianza en ti mismo en cuanto a tu capacidad para rendir lo suficiente en este tipo de pruebas.

⇨ Te resulta difícil mantenerte centrado cuando estudias o haces un examen.

⇨ Estudias mucho, pero tus calificaciones no reflejan tu esfuerzo.

⇨ Quieres mejorar tus notas en los exámenes (como por ejemplo selectividad, oposiciones, etc.).

Incluso si te gusta hacer exámenes (¡a algunas personas les encanta!) y tienes un buen rendimiento, es probable que tus resultados acaben mejorando si sigues el programa de este libro.

Si ya has acabado tus años de formación académica pero tienes que examinarte para obtener un título, un certificado profesional o una licencia (para ejercer la abogacía, obtener una plaza como funcionario, conseguir un trabajo específico o sacarte el carné de conducir), este libro te ayudará a mejorar tu rendimiento.

Si eres padre o madre y tu hijo aborrece los exámenes o no está obteniendo tan buenos resultados como debería, este libro te resultará muy útil. En él te presento un programa integral para comprender lo que le está pasando a tu hijo y qué puedes hacer al respecto. Aprenderás cómo apoyarlo para que mejore su rendimiento sin estresarte. Lee y pon en práctica todo el libro, pero especialmente el capítulo 9, «Ayuda para los padres».

Si eres profesor, puedes utilizar este libro para entender por qué algunos buenos estudiantes no rinden lo suficiente en los exámenes. Una vez que te familiarices con el programa de entrenamiento o *coaching* que aparece en estas páginas, podrás utilizar las herramientas que se presentan para ayudar a tus alumnos a mejorar sus calificaciones. También aprenderás cómo reducir tu propio estrés en los exámenes y en su preparación. Te recomiendo que leas todo el libro, que termina con el capítulo 10, «Para los profesores».

Si eres director de una escuela o trabajas en políticas educativas, esta obra te dará una idea de lo que se puede hacer para enseñar y aprender correctamente y de lo que contribuye a la buena realización de un examen.

Si eres consejero, asesor o psicoterapeuta, este libro te ayudará a que tomes conciencia de las dificultades de los estudiantes con rendimientos bajos. También te proporciona un plan de acción para que trabajes con ellos.

El programa que presento es el resultado de mis cuarenta años de experiencia como profesor y psicólogo. Se basa en lo que he aprendido a través de mi propio desarrollo personal y mi trabajo con miles de estudiantes, profesores y clientes. Ofrezco un método para mejorar el rendimiento en los exámenes que aborda lo que realmente conduce al éxito: aprender a centrarse, estar tranquilo y confiar en uno mismo, antes de un examen y durante su realización.

El estrés por los exámenes está muy extendido en nuestra cultura. Hace que todo el mundo se sienta ansioso y desesperadamente competitivo. Este estrés es destructivo. Debido a él, algunos jóvenes abandonan sus estudios, al ponerse el énfasis en los resultados en lugar de en el proceso y al depender tantas cosas —desde las admisiones a la universidad hasta los salarios de los profesores o el cierre de las escuelas— del resultado de los exámenes.

Pero hacer exámenes es inevitable —y necesario— y, por ahora, es algo que no va a desaparecer. Por mucho que los odies, puede que todavía tengas que lidiar con ellos. El odio es un sentimiento muy fuerte. Cuando uno odia algo, su respuesta inmediata es luchar o huir. Pero si tienes que hacer un examen —todos tenemos que hacer exámenes en nuestras vidas—, luchar contra ello o huir de ello no va a ayudarte. Lo que puedes hacer es canalizar esta poderosa energía para lograr tus sueños.

Mi objetivo al escribir este libro no es convencerte de que te gusten los exámenes. No tienen por qué gustarte para obtener buenos resultados en ellos. Te mostraré cómo lidiar con ellos para que tu trabajo dé sus frutos y puedas tener una experiencia positiva y éxito a la hora de realizarlos. Al leer este libro, te recomiendo que tengas a mano un cuaderno o un diario en el que puedas tomar notas, responder preguntas y completar las listas de evaluación y los inventarios que te ofrezco. También puedes acceder a todos estos materiales en el sitio web del libro: www.testsuccesscoach.com.

Capítulo 1

PRIMEROS PASOS

CÓMO PUEDE AYUDARTE ESTE LIBRO

Mientras lees estas páginas, voy a ser tu entrenador para que logres un mayor rendimiento.

Cuando la gente viene a verme, trato de averiguar por qué su rendimiento es tan bajo y, luego, la entreno para conseguir resultados mejores. Cuando un estudiante de secundaria está sacando una puntuación muy baja en sus exámenes o cuando un estudiante graduado necesita mejorar sus resultados, lo que hago es darle las *herramientas* necesarias para mejorar sus notas.

Proporcionar herramientas es una parte vital de mi trabajo como *coach*. Piensa que este libro que tienes entre tus manos es una caja de herramientas. Tiene lo que necesitas para solventar tus problemas con los exámenes. En las siguientes páginas te daré las nueve herramientas esenciales que precisas para mejorar tu rendimiento en los exámenes.

Sin embargo, una caja de herramientas nueva y brillante con poderosos utensilios no es suficiente. Tienes que saber cuándo usarlos.

Hay un momento oportuno para cada uno de ellos. Voy a entrenarte para que desarrolles tu conciencia y sepas apreciar ese momento. Cuando tu conciencia es plena, las herramientas se vuelven indispensables. Digamos que lees una pregunta en un examen y la respuesta no llega inmediatamente. Parece muy difícil. Piensas: «Nunca voy a conseguirlo», y comienzas a imaginarte lo peor: *el fracaso total*. Pero si tomas conciencia de lo que está sucediendo, puedes reconocer que tu confianza está decayendo y decidir utilizar las herramientas adecuadas para recuperarla. Cuando una persona está teniendo dificultades en un examen, lo normal es que se empiece a poner nerviosa. El miedo la paraliza. «Conciencia» es una palabra a la que se debe prestar atención. Imagínate conduciendo por una carretera con señales de tráfico que advierten de algún peligro, pero tú no les prestas demasiada atención. Las señales aumentan de tamaño, y tal vez empieces a fijarte algo más en ellas, pero sigues sin tomarte muy en serio esas señales de peligro. ¿Qué sucede? Al final te estrellas. Cuando uno lee las señales (que son su conciencia) y manipula el vehículo en consecuencia (esas son las herramientas), puede mirar hacia delante y circular tranquilo y seguro. Como tu entrenador (o *coach*), voy a trabajar contigo para cultivar tu conocimiento y para que puedas usar las herramientas. Ambas cosas son necesarias. Como dice una vieja canción, «no se puede tener lo uno sin lo otro». Si dispones de las mejores herramientas pero careces del conocimiento necesario para saber cuándo y cómo usarlas, te resultarán inútiles. Del mismo modo, si eres consciente de que necesitas herramientas pero no tienes ninguna, no podrás cambiar nada. Este libro te dará ambas cosas: conocimiento y herramientas.

¿QUÉ ODIAS DE LOS EXÁMENES?

Imagínate diciendo: «Odio los exámenes porque...» (¿qué afirmaciones entre las siguientes son pertinentes en tu caso?):

⇨ 1. Me ponen nervioso.

⇨ 2. No importa lo mucho que me haya preparado, nunca me salen bien.

⇨ 3. Para mí es difícil estudiar.

⇨ 4. Los exámenes son estúpidos.

⇨ 5. Vomito cada vez que tengo que hacer un examen.

⇨ 6. Creo que todo el mundo es más inteligente que yo.

⇨ 7. Mi mente se empieza a distraer cuando tengo que hacer un examen.

⇨ 8. No creo que los exámenes puedan medir lo que uno sabe realmente.

⇨ 9. No puedo dormir antes de un examen.

⇨ 10. No soy bueno memorizando.

⇨ 11. Mis padres me presionan demasiado para que lo haga bien.

⇨ 12. Esta sociedad se ha vuelto loca con los exámenes.

⇨ 13. Los exámenes me estresan.

⇨ 14. Si me bloqueo en una pregunta, todo el examen se ve afectado y voy cuesta abajo.

⇨ 15. Realmente no me preocupo por los exámenes, pero todo el mundo lo hace.

⇨ 16. Después de un examen no recuerdo nada, así que ¿para qué sirven?

⇨ 17. Se me hace un nudo en el estómago cada vez que hago un examen.

⇨ 18. Mi hermano (hermana/padre/madre) era muy bueno en los exámenes, pero yo no lo soy.

⇨ 19. Los exámenes constituyen un porcentaje demasiado elevado de mi nota final.

⇨ 20. Los exámenes son demasiado impersonales.

⇨ 21. Mi mente siempre se estresa antes de un examen.

⇨ 22. Nunca hago bien los exámenes.

⇨ 23. Todo el mundo da demasiada importancia a los exámenes.

⇨ 24. Los exámenes no me dan la oportunidad de demostrar lo que sé realmente.

⇨ 25. Creo que hay un secreto para hacer bien los exámenes, y yo no lo conozco.

En un momento vamos a ver lo que has marcado. Pero antes de seguir adelante quiero que sepas que hay dos maneras de utilizar este libro: se puede seguir capítulo a capítulo, es decir, leerlo de cabo a rabo, o solo centrarse en algunos capítulos para solucionar problemas concretos.

Capítulo a capítulo. Ya has empezado. Sigue leyendo y practica con cada ejercicio tanto como puedas. Leyendo el libro entero vas a recibir una formación integral que te ayudará a mejorar tu rendimiento en los exámenes. Te recomiendo que lo hagas de esta manera. Te has gastado tu dinero y debes sacarle un rendimiento.

Solución de problemas. Tal vez no tengas el tiempo suficiente para leer el libro entero. Puede que debas examinarte en breve y necesites ayuda ahora mismo. En ese caso, te recomiendo que leas cuidadosamente los capítulos del 1 al 3 y luego, según cuáles sean las afirmaciones que marcaste anteriormente, vayas al capítulo correspondiente.

Si marcaste los números:	Ve directamente al capítulo:
1, 5, 9, 13, 17, 21	4
2, 6, 10, 14, 18, 22	5
3, 7, 11, 15, 19, 23	6
4, 8, 12, 16, 20, 24	7
25	Todos los capítulos

EL PRINCIPAL PROBLEMA: EL ESTRÉS ANTE LOS EXÁMENES

Para obtener cualquier cosa hoy en día —desde un carné de conducir hasta un doctorado en Medicina, desde un permiso de residencia hasta un diploma universitario— debes pasar por un examen. Y ese camino que lleva a superar un examen —todo el mundo lo recorre en un momento u otro de su vida— requiere mucho esfuerzo.

El estrés se siente como una mezcla de tensión, presión y exigencia. Una cantidad baja de estrés no es un problema; de hecho, un poco de estrés es necesario y útil en la vida. Sin embargo, cuando el nivel es abrumador, tu capacidad para hacer frente a los retos disminuye. Uno se siente frustrado, agobiado y a menudo fatigado. La tensión que conlleva hacer un examen puede producir malestar. Cada persona experimenta una serie de sensaciones antes, durante y después de un examen.

Cuando estás sentado en un aula durante la cuenta atrás antes de que dé comienzo un examen, en tu mente están sucediendo una serie de cosas. Primero, y ante todo, te sientes presionado para aprobar el examen; intentas recordar todo lo que has estudiado, tratas de traer al momento presente todo el conocimiento que has ido acumulando a lo largo de los años y, al final, tu objetivo es hacerlo tan bien como sea posible. Sabes que en cuestión de minutos tendrás que recordarlo todo y hacer un razonamiento rápido. Debes contestar todas las preguntas en un período de tiempo determinado. Te das cuenta de que obligar a tu mente a que actúe de una manera rápida puede dañarte y hacer que rindas mucho menos. En el pasado, esa tensión hizo que te equivocaras en tus respuestas o que dejaras algunas en blanco, y que no comprendieras algunas de las preguntas. Eres consciente, al mirar a tu alrededor, de que estás en competencia directa con todos los demás que están en el aula, y te sientes aislado por tu propia ansiedad. Tienes una vaga idea de las posibles consecuencias: el deterioro de tu propia imagen y el impacto negativo en tu futuro y en tu confianza cuando vuelvas a examinarte otra vez.

Y esto es solo una descripción de lo que está sucediendo en el aula. ¿Qué ocurre antes del examen? Si estás en el instituto, en la universidad o en un curso de posgrado, puede que nunca dispongas del tiempo suficiente para memorizar, o incluso siquiera comprender, todo el material que se te asigna. A veces te parece demasiado duro soportar todo eso. He oído a gente decir: «No tengo más espacio donde almacenar todos esos datos en mi cabeza». Lo triste es que a veces uno empieza a disfrutar realmente con la asignatura, a desear comprender a un nivel más profundo y a encontrar respuestas a preguntas reales, pero no hay tiempo para eso. Solo puedes tragarte la información.

Por supuesto, cuando te estás preparando para un examen no puedes poner el resto de tu vida en suspenso. Aún tienes que contestar al teléfono, pasear al perro, lavar la ropa y de vez en cuando comer. Digo «de vez en cuando» porque no es raro que la tensión de un examen haga que pierdas el apetito, por no mencionar el sueño.

Algunos duermen demasiado, porque la propia tensión de tener que rendir al máximo hace que quieran abandonar; se distraen con cualquier cosa que les pueda aportar algo de alivio. Cuando te sientes realmente ansioso por un examen, pese a haber pasado por ello muchas veces antes, parece que esa ansiedad nunca te va a abandonar; cada vez que te ves sometido a esa presión parece que sea el fin del mundo. Y, además, te sientes como si fueras el único que sufre de esta manera. Piensas: «Otras personas probablemente piensen que esto es fácil. Pero yo nunca voy a entender esta materia. A nadie más le resulta tan difícil». Los pensamientos negativos pueden proliferar sin control y hacer que acabes sufriendo un verdadero ataque de pánico.

Tal vez cuando termines el examen sientas una sensación de alivio, pero lamentablemente solo durará unos segundos. La mayoría de las personas salen del aula pensando en si lo han hecho bien o no: «¿He leído correctamente la pregunta veintitrés? ¿He respondido lo que pedía?». Por supuesto, esta es una actividad inútil que solo refuerza tu sensación de impotencia, porque no se puede volver atrás y hacerlo de nuevo. Es probable que tu evaluación no sea ni siquiera precisa, porque la mayoría de las personas no recuerdan muy bien sus respuestas; la ansiedad las distrae.

Sin embargo, juegas a reproducir las respuestas del examen en la mente, deseando en vano hacerlo de nuevo y mejor. Nervioso, les preguntas a los demás cómo lo hicieron, pero debido a que la gente tiende a sobrevalorar o a infravalorar su rendimiento, tampoco consigues una respuesta precisa. A continuación, empieza el control de daños. Comienzas a elaborar estrategias para hacer las cosas de manera diferente la próxima vez. Nos decimos a nosotros mismos que vamos a empezar a estudiar antes, a desconectar el teléfono, a ser más amables con el profesor y a mejorar nuestros hábitos de estudio. Incluso rezamos a Dios y entregamos dinero para caridad. Tal vez seas una de esas personas a quienes les gusta recrearse en sus males y tratan de ganarse la simpatía de los demás para que las escuchen y comprendan. Hay quienes, cuando regresan a casa después de un examen, se sienten tan mal que se encierran en sí mismos. En su aislamiento, se dejan llevar por pensamientos catastróficos. Empiezan a pensar en lo peor: «Voy a tener que dejar la escuela. No hay nada más que pueda hacer. Voy a tener que mudarme a otra ciudad, porque nunca voy a poder superar los exámenes aquí».

¿Te suena todo esto? Si es así, eres uno de los muchos millones de personas que pasan por este drama a lo largo de sus vidas. Y hacer exámenes va en aumento. Cada año los estadounidenses hacen más exámenes, exámenes estandarizados para los niños y exámenes de licencias profesionales para los adultos. La lista es interminable. Los exámenes van ganando terreno. Se realizan constantemente; constituyen una forma cada vez más popular de ser «aceptado». Por medio de ellos se evalúan puestos de trabajo, promociones, permisos, licencias y el acceso a una buena universidad o escuela de posgrado. Cada vez se utilizan más los exámenes como un factor para determinar los salarios o como una herramienta para medir nuestras capacidades y, en última instancia, nuestra posición en el mundo.

Para saciar nuestra obsesión cultural por hacer exámenes y obtener una puntuación más alta, ha surgido un multitudinario negocio mundial que promueve y vende libros, CDs, sitios web y entrenadores personales o *coaches*, todo para ayudar a la gente a prepararse para estas pruebas. La preparación para los exámenes es realmente un negocio en crecimiento; está literalmente en auge.

El negocio de la preparación para los exámenes ayuda en algo: a familiarizarse con los exámenes a través de la memorización y la práctica. Sin embargo, ese negocio ha pasado por alto todo el proceso del viaje, desde las etapas iniciales de estudio hasta la realización del examen de una forma que resulte más satisfactoria para la persona y la empodere. Si bien familiarizarse con el contenido del examen es, sin duda, útil, su poder resulta limitado si lo que se pretende es aliviar las causas profundas del miedo a examinarse, como la ansiedad, la falta de confianza en uno mismo, las distracciones y la sensación de agobio. Familiarizarse con el contenido y practicar no le dan a uno las herramientas necesarias para llevar a cabo el proceso de una forma más relajada y sin tanta ansiedad.

¿Por qué es esto importante? Cuando haces un examen, tu estado de ánimo dentro del aula y tu capacidad de concentrarte y estar presente determinan en gran medida el éxito que vas a tener. Hemos de entender que la calidad de la experiencia de hacer un examen afecta directamente a los resultados.

La razón de esto es muy sencilla: el estrés afecta el rendimiento. Esto es algo que se sabe desde antaño, especialmente en el mundo del deporte. Los deportistas necesitan una cierta cantidad de estrés para rendir al máximo, ya que les ayuda a generar más energía y fuerza en su interior. Pero si se cruza un cierto umbral de estrés —ya sea que haya demasiado o demasiado poco—, comienza a disminuir su capacidad de hacerlo bien. Este concepto se conoce como la *zona de funcionamiento óptimo.*

> Este libro trata de ti y te da las herramientas necesarias para que mejores tu rendimiento.

La cantidad de estrés necesaria para un rendimiento óptimo, la cantidad considerada saludable, es diferente para cada persona. Algunos deben sentir mucho estrés para ponerse en marcha y rendir mejor; otros se sienten muy angustiados y nerviosos con ese mismo nivel de estrés, y eso puede hacer que pierdan su concentración. Cada persona tiene su propia zona de funcionamiento óptimo en que el nivel de estrés es el correcto. Es la zona en que se halla lo suficientemente motivada para ser creativa y estar llena de energía para resolver problemas de manera racional y sentirse satisfecha con su rendimiento; no segrega demasiada adrenalina ni se siente aletargada, por lo que es capaz de avanzar a buen ritmo.

Este libro está diseñado para mostrarte cómo encontrar tu zona de funcionamiento óptimo y permanecer en ella. Mediante la lectura de los ejemplos y haciendo los ejercicios, aprenderás a controlar tú el estrés en lugar de dejar que él te controle a ti. Si bien es poco realista pensar que el estrés va a desaparecer por completo cuando estés haciendo un examen, lo que necesitas saber es cómo mantenerlo en un nivel óptimo para que te dé energía y te haga resistir en la cima en lugar de dejar que te arrastre hacia abajo.

ESTRÉS Y RENDIMIENTO

La relación entre el estrés y el rendimiento ha sido una de las cuestiones más investigadas a fondo en el campo de la psicología. Hace cien años, dos psicólogos fueron los primeros en estudiar esta relación y crearon lo que se conoce como la curva de Yerkes-Dodson, que se parece a esto:

LA CURVA DE YERKES-DODSON

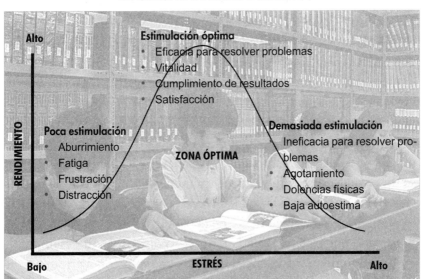

Como puedes ver, cuando el estrés se intensifica hasta un punto de incomodidad, tu eficiencia disminuye. Cuando hay demasiado estrés, te sales de la zona óptima. El resultado de todo ello es que tu habilidad para resolver problemas se ve mermada y tu autoestima y confianza en ti mismo disminuyen. Tienes problemas para mantenerte centrado. Te empiezas a tensar, a agotar, e incluso te pones enfermo. En este punto, tu paciencia se agota, tus fusibles se funden y tu rendimiento se va a pique. Esta relación entre el estrés y el rendimiento es cierta tanto si lo que tienes que hacer es actuar en una obra de teatro como jugar un partido de béisbol o pronunciar un discurso. Y entra en acción cada vez que tienes que hacer un examen. ¿Acaso un examen no es como una actuación? Para la mayoría de la gente, una *actuación* es algo que acontece en un escenario; pero su definición es mucho más amplia. Una actuación es el acto de llevar a cabo algo, una ejecución o una acción. Esto es justamente lo que es un examen académico: mucho más que aprender una materia. Es el acto de mostrar, evidenciar y probar lo que sabes. Una actuación implica aprender a estar completamente *presente* en el momento. En un examen ocurre lo mismo. No importa lo bien que te fue el examen de la semana pasada o lo bien que te irá el de mañana; lo único que cuenta es cómo vas a hacerlo ahora. *Este estado de hacerlo lo mejor posible en el momento presente* es bien conocido por los deportistas, los actores, los cirujanos y muchos otros que utilizan su conocimiento, sus años de formación y su experiencia para actuar con éxito *ahora*.

En cuanto a los exámenes, el conocimiento que puedas tener de la materia y tu desempeño no son lo mismo. El conocimiento se refiere a la comprensión de los contenidos. El desempeño, a lo que haces con lo que sabes. La principal queja que escucho de mis clientes es que, pese a que estudian mucho para saber lo que tienen que saber, no se desenvuelven muy bien en los exámenes. Lo óptimo sería que tuvieras el conocimiento de la materia de la que te examinas y que luego lo pudieras plasmar fácilmente en el papel.

Dado que el estrés tiene un impacto directo en tu desempeño y en tu rendimiento, es esencial que aprendas a reconocerlo y a reducirlo. Asegúrate de que el nivel de estrés que experimentas al hacer un examen no sea destructivo. Esta es la clave de tu éxito. Pero todos esos libros que tratan la cuestión de cómo prepararse para los exámenes no lo explican. Al final uno acaba creyendo que la única manera de conseguir una puntuación más alta es aprender más datos. Sin embargo, saber más datos no es suficiente; tienes que saber cómo manejarlos. Hasta ahora nadie ha ideado un método claro, sencillo y poderoso para enseñar a la gente a hacer eso.

Yo soy un *coach* del rendimiento. Mi trabajo no consiste en enseñar a la gente la manera de memorizar más, estudiar mejor o almacenar más información; mi trabajo consiste en enseñar a la gente a hacer exámenes sin bloquearse. Centro mi atención en el rendimiento bajo presión. Enseño a reconocer el estrés cuando se manifiesta y, luego, a utilizar las herramientas específicas para reducirlo inmediatamente. Esa es la manera en la que puedes permanecer en tu zona y obtener resultados mejores en todo momento. Entre mis clientes están una amplia variedad de personas: entreno a chicos de secundaria que tienen que prepararse para el examen de acceso a la universidad;

a adultos que se preparan para exámenes profesionales; a estudiantes de posgrado que tienen que defender su tesis doctoral o a abogados que se tienen que examinar para colegiarse; a músicos, deportistas y actores —personas que se enfrentan a exámenes de rendimiento diariamente—; a profesionales en puestos técnicos, a médicos, a dentistas, a enfermeras, y a personas creativas —escritores y actores que han llegado a ganar importantes premios y galardones.

En mi trabajo con estas personas, he podido comprobar una y otra vez que el estrés afecta al rendimiento. He visto cómo una brillante estudiante de secundaria se paralizaba por el miedo y la competencia entre los compañeros, y sentía vergüenza por haberse olvidado de lo que sabía a la hora de responder a las preguntas de cálculo más básicas. He visto desperdiciada una gran cantidad de tiempo, energía y dinero porque un joven e inteligente abogado fallaba en el examen colegial después de su cuarto intento y perdía toda su esperanza. He visto cómo el miedo al rechazo hizo imposible que una cantante compartiera su don con el público.

Por otro lado, también he visto cómo la gente puede superar sus obstáculos. He visto cómo puntuaciones bajas aumentaban drásticamente una vez que los estudiantes aprendían a tranquilizarse durante el examen. He visto la alegría que experimentaba un deportista cuando descubría cómo mantenerse centrado a lo largo de toda una carrera. Me siento particularmente conmovido cuando veo cómo algunos padres se preocupan realmente por sus hijos y tratan de mejorar su autoestima en vez de derribarla con expectativas totalmente irreales. Afortunadamente, todo el mundo acaba mejorando.

Cuando la gente viene a verme para mejorar su rendimiento, mi primer pensamiento es: «¿Qué es lo que necesita para rendir al máximo?». Por supuesto que tienen que aprender la materia —nunca lo he puesto en duda—, pero, como ya hemos visto, esta solo es una parte del cuadro. Las materias y los temas de los que te examinas siempre están cambiando. Es posible que tengas un examen de álgebra, química, derecho, historia, literatura medieval o una combinación de todas estas materias en los exámenes finales; pero hay algo que no cambia. Hay una constante que se repite en todos los exámenes, no importa de qué materia se trate o del lugar donde se realice: esa constante eres tú, el individuo. Podría tratarse de un examen de conducir o de una prueba de buceo; cualquiera que sea, eres tú quien se está examinando. Lo que tienes que preguntarte es: «¿Qué puedo aprender de mí mismo que me ayude a obtener mejores resultados en cualquier situación? ¿Cómo puedo tomar el control en todo este proceso?». Lamentablemente, ni el sistema escolar, ni los libros de preparación, ni los cursos se dirigen a ti, que eres quien se examina. Se dirigen solo al objeto de estudio; no al sujeto, que eres tú.

Cuando digo que «la constante eres tú», me refiero a que tú eres, con total certeza, quien va a estar en todos los exámenes. La certeza se refiere a algo que se mantiene igual a pesar de las circunstancias externas. Imagínate lo que sería tener esta certeza y confianza en ti mismo cada vez que fueras a hacer un examen, la fe firme que tendrías en tu éxito pese a las circunstancias que te rodean. Puedes sentir prisa, puedes sentirte cansado o puedes sentir que estás sometido a mucha presión para obtener buenas calificaciones; tal vez se te rompa el bolígrafo o pierdas la compostura; durante un examen oral, quizás respondas a las preguntas que te hacen las personas que te están examinando como si no supieras nada... Sea cual sea el reto, cualquiera que sea el entorno, el *coaching* del rendimiento puede enseñarte a adquirir constancia para que puedas rendir al máximo.

> Puedes utilizar las herramientas en cualquier examen, momento y lugar.

LA VIDA ES UN EXAMEN

Mientras escribía esto, alguien llamó a mi puerta. Era Joe Rizzo, un hombre mayor que venía a arreglar nuestra chimenea. Me preguntó qué hacía para ganarme la vida, y le respondí que entreno a las personas para que hagan mejor sus exámenes. Él meneó la cabeza.

—La vida es dura –dijo, señalando con el dedo hacia arriba–. Es dura. Uno tiene que trabajar para todo. ¿Sabe cuál es el problema? Las personas solo quieren echarse a la bartola; quieren que les hagan las cosas. Para obtener algo en la vida uno tiene que trabajar duro. La *vida* es un examen. Tenía razón. La vida es un examen.

Todo lo que he escrito hasta ahora acerca de los exámenes se enmarca dentro del ámbito de la enseñanza, las aulas, los profesores y los alumnos. Pero también es totalmente aplicable a los retos que la vida nos plantea. Con los años, mis clientes siempre me han dicho que las herramientas que les he enseñado no solo las han empleado en los exámenes académicos, sino también en todos los retos de la vida. No importa qué tipo de trabajo desempeñes o la edad que tengas; quieras o no, cada día te enfrentas a nuevos retos. Tienes que superarlos, y a menudo esperas resultados excelentes. Esto es como un examen. ¿Lo vas a hacer bien o no? La ventaja de las herramientas de este libro es que las puedes llevar contigo adondequiera que vayas.

Al igual que en el aula, la vida te examina o te pone a prueba varias veces en repetidas ocasiones. Puede que tengas que pedirle una cita a alguien, dar un discurso, despedir a un empleado o realizar una acción importante. Una vez más, la constante eres tú. Tú eres quien tiene que actuar. Así que, aunque es posible que hayas comprado este libro para mejorar tus resultados en los exámenes académicos, vas a poder utilizar lo que aquí se te enseña en el mundo, porque muchas de estas lecciones se aplican tanto a la escuela como a la vida.

¿Te has preguntado alguna vez cuál es el propósito de tu vida? Las respuestas más comunes incluyen las palabras «éxito», «felicidad» y «satisfacción». Si bien es cierto que todos estos objetivos valen la pena, ¿no es más exacto decir que *el propósito de tu vida es hacer frente a todos los retos, considerar cada examen o cada prueba como una oportunidad para convertirte en la persona que estás destinada a ser*? La vida te pone a prueba. Y cada prueba es una ocasión para convertirte en un ser mejor.

Cuando quieres que en tu jardín crezca una flor, tienes que ir a la tienda de jardinería y comprar una bolsa de semillas. Puedes ver exactamente lo que vas a adquirir porque en la parte frontal de la bolsa se muestra la imagen de una bella flor. Pero al abrir la bolsa, ¿qué te encuentras? Unos granos negros minúsculos que parecen excrementos de ratón. ¿Eso te desanima? No, porque sabes que estas semillas están destinadas a convertirse en flores. Haces todo lo posible para que crezcan: preparas el terreno, siembras las semillas y luego te aseguras de que reciban la cantidad necesaria de luz solar y agua. Cuando esa pequeña plántula finalmente brota, es delicada, y hay que protegerla y cuidar de ella hasta que se convierta en la flor que está destinada a ser.

Creo que en tu interior hay en algún lugar un paquete de semillas con tu foto, una foto de tu ser totalmente realizado. No es fácil cultivar esa flor. Hay desafíos a lo largo del camino. Pero cuando aprendes a enfrentarte a ellos y a crecer con ellos a través de este proceso, creces como la flor cuando florece. Las flores no pueden llegar a crecer realmente a menos que se abran paso a través de la tierra y compitan por el sol y el espacio con otras plantas. Nuestras circunstancias no son muy diferentes: tenemos que encontrar nuestro lugar en el mundo, y todo el tiempo nos enfrentamos a pruebas como enfermedades físicas, problemas mentales, reveses financieros, expectativas que no se cumplen y pérdidas.

Aunque no podemos elegir la mayoría de las pruebas o exámenes que tenemos que afrontar en la vida, podemos decidir *cómo* vamos a hacerles frente. ¿Vamos a tener una experiencia desgraciada, a desmoronarnos por la presión que podamos sentir, a huir o a evitar los desafíos? ¿O vamos a encontrar la fuerza y los recursos internos para plantarles cara a los retos y descubrir nuestro *más alto potencial*? Este es el término que utilizan los psicólogos cuando hablan de convertirte en la persona que estás destinada a ser. Si te enfrentas a los desafíos de la vida de una manera correcta, todo lo verás como oportunidades; aprenderás de ellos, crecerás con ellos y te convertirás en la persona que estás destinada a ser. Los retos de la vida te piden que uses tus propios recursos y para ello debes buscar en tu interior. Cuando haces esto, empiezas a conocerte a ti mismo y a desarrollar tus capacidades innatas. Esto es lo que se entiende por tu *más alto potencial*, y se te está dando la oportunidad de descubrirlo. Los retos de la vida son como un profesor exigente o como un amigo: muchas de tus cualidades como persona afloran cuando mantienes una buena relación con ellos.

Afortunadamente, no tenemos que reinventar la rueda. Hay modelos muy buenos que nos preceden y nos pueden mostrar cómo hacer frente a las vicisitudes de la vida de una manera significativa: los profesores y maestros, santos y sabios, mujeres y hombres divinamente inspirados que dedicaron su vida a la búsqueda de un significado y un propósito a través de sus propias luchas internas. Jesús en la cruz, Buda bajo el árbol de Bodhi, Moisés en el desierto, Mahoma en la cueva... Todos se enfrentaron a las pruebas que la vida les presentó. Se centraron en aprender y crecer y, al final, se convirtieron en seres iluminados. Es posible que no todos seamos sabios y santos, pero nos hemos de enfrentar constantemente a los retos de la vida, y algunos son difíciles y desalentadores. ¿Tenemos la fuerza para vencer los obstáculos, la fortaleza para perseverar en nuestro camino, el humor para mirar las cosas de una manera más distendida? Con estas capacidades se puede hacer algo más que salir adelante; podemos hacer algo inspirador con nuestras vidas. Ha habido grandes seres que han trazado caminos inolvidables con los retos que se les han ido presentando. La vida, en definitiva, es eso: un sendero con retos y pruebas en cada recodo del camino. Cada reto está ahí para ayudarnos a crecer y a convertirnos en las personas que estamos destinadas a ser.

UN PENSAMIENTO MÁS

Imagino que te habrás dado cuenta de que este libro no es una bolsa de trucos de magia del doctor Bernstein. No hay un kit con un sombrero de copa y una varita para mover con las manos y decir «abracadabra» y, a continuación, estar ya listo para hacer exámenes sin tener que estudiar ni centrarse. Mi trabajo como *coach* es mostrarte lo que debes hacer. Tu trabajo consiste en hacerlo. Para algunos, eso no es tarea fácil. No es que la información sea difícil o que el mensaje no llegue; la información que aquí te presento es muy directa y muy clara. El problema es que no todos quieren trabajar para solucionar sus problemas. Muchos quieren que otros les resuelvan sus asuntos. Quizás están esperando que este libro lo haga.

Con los años, he descubierto que hay dos tipos de personas: las que están dispuestas a trabajar para cambiar y las que quieren una solución rápida. Estas últimas a menudo vienen a mi oficina con un poco de ansiedad por el próximo examen. Después de la primera sesión están llenas de esperanza y entusiasmo; vienen a la segunda sesión y dicen emocionadas: «Esto es muy bueno. Lo entiendo». Sin embargo, varias semanas después recibo una llamada o un correo electrónico, y gimoteando se quejan: «¡Caramba, doctor Bernstein, todavía me siento estresado! Aún no he puesto en práctica ninguno de los ejercicios que me dio, pero ¿tiene más consejos?».

Sí, tengo un montón de «consejos», pero ¿acaso van a seguir estos nuevos consejos si aún no han hecho lo que les dije? Si deseas obtener buenos resultados, tienes que seguir el entrenamiento. En última instancia, tú tienes que ser tu propio entrenador. No puedes hacer otra cosa. Si lo haces, las recompensas son enormes. He visto a los estudiantes de secundaria mejorar sus resultados en el SAT[1] de doscientos a trescientos puntos. He visto a médicos hacer exámenes extenuantes para obtener su licencia. Fuera del aula, he visto cómo los deportistas ganan competiciones y los músicos pasan audiciones. Y en los demás ámbitos de la vida las personas que se entrenan y aprenden a centrarse, a estar tranquilas y a sentirse llenas de confianza pese a las circunstancias superan los retos y se convierten en la mejor versión de sí mismas.

Para hacer frente a los desafíos, aprende la lección más importante de la vida: *estar presente*. ¿Sabes cuál es la frase que siempre se repite en los sorteos?: «Quienquiera que tenga el número ganador tiene que estar presente para ganar». Lo mismo puede aplicarse a la vida. Con tu atención en el momento presente puedes desarrollar la suficiente conciencia como para saber cuándo te desvías del camino y, luego, regresar a él rápidamente. ¿Cuántas veces en tu vida has tenido que admitir que te equivocaste porque no estuviste presente?

Aprende a ser tu propio coach. Aprende a centrarte, a estar tranquilo y a confiar en ti mismo.

Existe una verdadera correlación entre la conciencia y la excelencia. La conciencia no aparece por accidente. Por lo general, nuestras mentes vagan lejos de casa. Oscilamos del pasado al futuro, ajenos a lo que está delante de nosotros. Para cultivar la conciencia y alcanzar tu más alto potencial, tienes que entrenarte.

Hacer exámenes en un aula, por mucho que lo odies, en realidad tiene un lado positivo: nos capacita para llevar nuestra conciencia al momento presente y para practicar cómo mantenernos tranquilos, tener confianza en nosotros mismos y estar centrados ante cualquier reto de la vida. Cuando aprendes a dominarte a ti mismo en una situación de tensión como es hacer un examen, adquieres una serie de habilidades que puedes aplicar fuera del aula y, en general, en la vida. Te habrás enseñado a ti mismo a ser fuerte y responsable, y a estar presente cuando tienes que enfrentarte a una tarea difícil y desafiante. Puedes utilizar este conocimiento en cualquier lugar al que vayas.

Si estás dispuesto a acometer el trabajo de convertirte en una persona de éxito y que domine los exámenes, puedo guiarte en el proceso.

---

1. Examen de acceso a la universidad.

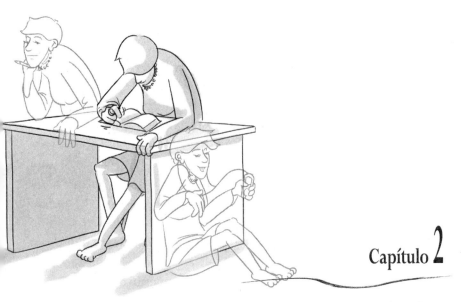

Capítulo 2

DESCONEXIÓN

Cuando empiezo a trabajar con un cliente, la primera pregunta que le hago es: «¿Qué es lo que crees que te causa estrés en un examen?». Estas son algunas de las respuestas que la gente me da:

- ⇨ «Tengo mucho que estudiar».
- ⇨ «No tengo suficiente tiempo».
- ⇨ «Mis padres me presionan demasiado para obtener buenas calificaciones».
- ⇨ « Yo no trabajo bien con plazos».
- ⇨ «Mi hermana es la inteligente de la familia, no yo».
- ⇨ «Si no obtengo una puntuación alta, no voy a ser aceptado por una buena universidad».
- ⇨ «Este tema que tengo que estudiar es demasiado difícil para mí».
- ⇨ «Hay muchas otras cosas de las que tengo que encargarme en mi vida».
- ⇨ «Los exámenes me ponen nervioso».

Al oír declaraciones como estas, probablemente pienses: «¡Eso es: ahí están expuestas todas las razones!». Pero ¿y si te digo que estas no son las razones? ¿Qué ocurriría si te demostrara que ninguna de estas razones es la *causa* de tu estrés en los exámenes?

Todos parecen pensar que el estrés en los exámenes viene dado por algo como, por ejemplo, que se esté cursando una asignatura complicada, o por unas expectativas exorbitantes o una comparación desfavorable con los demás, y así sucesivamente. Sé que parece que estas circunstancias son la fuente del problema, pero no lo son. Esto no es más que una pequeña pieza del rompecabezas. Incluye el tiempo, la materia, las preguntas del examen, lo que a tus padres les gustaría que consiguieras y la recompensa o el castigo (el aumento de tu asignación semanal o la pérdida de la beca) en función de tus notas. Puede que hagas un examen y te veas afectado por alguna de estas circunstancias, o incluso por todas ellas a la vez. A veces te parece que estas circunstancias te afectan exclusivamente a ti. No importa, porque las circunstancias en sí no causan estrés. Si lo hicieran, todos quienes operan en el entorno de un examen bajo las mismas circunstancias reaccionarían de la misma manera y acabarían estresándose. Como podrás ver, este no es el caso. Muchas personas tienen la capacidad de gestionar con éxito las circunstancias adversas de un examen.

Quizás pienses que todo lo enumerado antes realmente causa mucha tensión, y que los exámenes son sin duda estresantes. Como verás, tengo una teoría distinta sobre lo que causa el estrés. Empieza por observar qué es lo que haces cuando tienes que enfrentarte a un examen.

TU REACCIÓN ES LO ESTRESANTE

He tenido clientes que me han dicho que con tan solo pronunciar la palabra «examen» se estresan. Pero un examen, después de todo, no es más que una palabra de seis letras: E-X-A-M-E-N. No puede provocar una reacción adversa en ti. Tampoco el reloj de la pared que marca la hora puede hacer que sientas que el tiempo te apremia. Ni el hecho de tener que responder a preguntas de opciones múltiples puede hacer que salgas corriendo. Ni el profesor que se sienta en frente de la sala te puede acobardar. Todo esto son elementos que están más allá de tu ser. Nunca puedes tener un control absoluto sobre todo ello, y todos sabemos que si uno encontrara la manera de hacerlo, no estaría aquí. Estas circunstancias realmente no te afectan. Sin embargo, dejas que te angustien. Entonces es cuando los factores externos se transforman en problemas internos.

En cualquier situación en la que tienes que enfrentarte a situaciones externas, reaccionas con agrado, desagrado o de una manera neutra. Ese es el abanico de las opciones. Cuando tu reacción es desagradable, sientes estrés porque rechazas lo que está ocurriendo. La cadena de pensamientos es más o menos así: «No me gusta lo que está pasando. Algo va mal. Quiero que esta situación cambie. Quiero que el problema desaparezca». El primer indicio de que una situación externa te está causando estrés es que de repente no puedes relajarte, y deseas que las cosas sean diferentes. No puedes aceptar ese momento tal como es. Siempre que creas que algo se tiene que cambiar para que puedas ser feliz, experimentarás estrés.

No todo el mundo tiene una reacción desagradable ante los mismos hechos. Imagina a dos personas que se están examinando de lo mismo. Sally está sentada en su pupitre a la izquierda y Judy en el suyo a la derecha. Sally está convencida de que va a fracasar. Su cuerpo está tenso, duda de sí misma y no se centra. Judy, por otra parte, está respondiendo a las preguntas, de una en una, de forma relajada, segura de sí misma y centrada.

Muchas personas que tienen que hacer un examen se identifican con Sally. Están nerviosas. Presentan síntomas físicos de tensión (dolor de cabeza, dolor de estómago, rigidez en el cuello), las dudas las invaden y apenas pueden mantener su mente y su atención en la hoja del examen. El resultado es que fallan u obtienen resultados muy bajos que no coinciden con su capacidad o esfuerzo.

O tal vez obtengan resultados más o menos decentes pese a las tensiones. Pero hay daños ocultos: puede que el examen les vaya bien, pero sufren demasiado; hacer exámenes les causa una gran angustia y ansiedad. Se las arreglan para obtener un cierto éxito en los exámenes pero no hacen nada para dejar de sentir tanto malestar, porque creen que no se puede hacer nada para cambiarlo. Cuando les pregunto sobre la posibilidad de mejorar su experiencia, se encogen de hombros y dicen: «Así es como son las cosas. Los exámenes son horribles. Los odio, pero los hago bien».

Así que hay dos categorías de personas como Sally: las que se sienten abatidas y fallan en el examen, y las que se sienten abatidas pero tienen éxito. Es estupendo saber que uno puede obtener un relativo éxito, pero el proceso no tiene por qué ser tan doloroso como lo sería pisar una caja de chinchetas.

Ahora vamos a hablar de Judy. Aquellos que se identifican con ella no se agitan cuando tienen que hacer un examen. De alguna manera, se sienten tranquilos, creen en sí mismos y son capaces de permanecer centrados en su tarea. El examen, la cantidad de tiempo que necesitan para terminarlo y las expectativas sobre ellos mismos para hacerlo bien no les desencadenan ninguna reacción negativa. Sus resultados oscilan entre buenos y excelentes. No viven ningún drama.

Pregúntate: «¿De qué modo estoy actuando que hace que me sienta tan estresado?».

Esta es la pregunta importante: ¿qué hace que sientas tanto estrés?

LAS TRES REACCIONES BÁSICAS DEL ESTRÉS

Si te sientes estresado porque tienes que realizar un examen, estás haciendo una o más de las siguientes cosas:

⇨ Estás físicamente tenso.
⇨ Estás pensando negativamente sobre ti mismo y tu rendimiento.
⇨ Te distraes cuando estudias o cuando estás haciendo el examen.

En el capítulo anterior te dije que el estrés es una mezcla de presión, tensión y exigencia. Esta definición coincide perfectamente con la lista anterior. Cuando te sientes físicamente tenso, piensas de forma negativa sobre ti mismo y tu rendimiento; cuando te distraes y no finalizas tu tarea, estás haciendo presentes una presión, una tensión y una exigencia innecesarias. Sabes que esto está sucediendo porque sientes como si te estuvieras castigando o maltratando. También puedes sentirte cansado, incómodo y asustado. La tensión física, los pensamientos negativos y las distracciones son cargas que te pones a ti mismo, y que afectan negativamente a tu rendimiento. En otras palabras, estás haciendo que examinarte sea más difícil de lo que realmente es.

Para entender mejor lo que estoy diciendo, echemos un vistazo a Mike, un estudiante de segundo año de universidad que tiene que enfrentarse a una gran cantidad de exámenes. El juego al que estamos jugando aquí es: «¿Dónde está el error?». Imagínate a Mike y trata de averiguar qué está sintiendo y pensando, y qué es lo que está causándole tantos problemas.

¿DÓNDE ESTÁ EL ERROR?

En la tabla siguiente se presenta una secuencia de lo que Mike está haciendo en relación con sus exámenes. ¿Puedes saber de qué se trata? Al leer la historia que se cuenta en la columna de la izquierda, tapa con la mano la columna de la derecha hasta que des una posible respuesta. Pregúntate: «¿Dónde está el error?». Después comprueba si lo que te has imaginado concuerda con lo que está escrito.

La situación	¿Dónde está el error?
1. Mike está en clase, sentado en su pupitre, escuchando al profesor. El profesor anuncia: «Vais a tener un examen el próximo viernes». Mike piensa: «¡Oh, Dios mío!, no voy a estar preparado para el viernes».	1. Mike se hunde en pensamientos negativos. Los pensamientos negativos pondrán en marcha «una profecía autocumplida». Mike probablemente no estará listo para el viernes.
2. Mike está en la biblioteca. Sus libros y sus apuntes están desordenados. Habla con un amigo por el teléfono móvil: «Ayer no pude aprovechar la oportunidad. ¿Has visto a esa chica que quería mi número de teléfono?».	2. Mike no está centrado. Debería estar estudiando, pero se distrae mientras habla con un amigo por teléfono (y pensando en la noche anterior).

La situación	¿Dónde está el error?
3. Es medianoche. Mike está bebiendo mucho café. Tiene ojeras; sus libros y apuntes están esparcidos por todo el escritorio. Debería haber cenado. No hay tiempo para eso. Hay que preparar más café y mantenerse despierto. «¿Dónde están mis cigarrillos?».	3. Mike no está cuidando su cuerpo. Está bebiendo demasiado café y no duerme lo suficiente. No descansa lo bastante como para hacer bien el examen. Sus malos hábitos están haciendo que todo vaya a peor.
4. Sigue siendo medianoche. Mike se desploma sobre su escritorio. Es desesperante: «No puedo recordar una sola cosa de lo que he estudiado. No sirvo para esto».	4. La confianza de Mike está cayendo por momentos. Sus pensamientos negativos están causando una baja autoestima y se está distrayendo.
5. Ahora Mike está sentado en el aula. Tiene el examen delante, pero no deja de mirar al techo: «Tan pronto como acabe el examen, me voy a la playa. Hoy es un buen día para surfear».	5. La mente de Mike está llena de distracciones. No está prestando atención a las preguntas. En lugar de ello, está pensando en cosas que no tienen nada que ver con el examen. No está presente en la tarea en cuestión: examinarse.
6. Mike está sentado con el bolígrafo en la mano para marcar una respuesta de opción múltiple, pero por dentro está tan nervioso que cree estar en lo alto de un rascacielos a punto de saltar: «Mi vida se ha acabado. Nunca voy a entrar en la facultad de derecho. Voy a terminar sirviendo hamburguesas y mi novia me dejará».	6. El pánico que siente Mike hace que no cesen sus pensamientos negativos. Los patrones de pensamientos negativos se están apoderando de él. Está paralizado. Examen terminado. Resultado: puntuación baja.

Los exámenes no tienen por qué ser una pesadilla. Mike está haciendo que su vida sea un tormento. El primer paso es reconocer que tú mismo eres quien está causando los problemas, y que debes identificarlos y aprender a solucionarlos.

DESCONECTARTE DE TI MISMO

Todos los comportamientos de Mike se engloban en las tres reacciones básicas ante el estrés:

1. Estar físicamente tenso.
2. Pensar negativamente.
3. Estar continuamente distraído.

¿Qué tienen todos estos comportamientos en común? En pocas palabras, que todos ellos te alejan de los exámenes. ¿Qué quiere decir esto? Que te hacen permanecer *desconectado*. Eso es lo que está haciendo daño a Mike, y eso es también lo que está haciendo que su rendimiento sea tan bajo.

La desconexión es clave en este libro. Vamos a hablar de ello en profundidad. De hecho, es una parte integral de mi modelo de rendimiento. Voy a explicar qué quiero decir con desconexión y por qué es eso lo que te crea estrés en un examen.

En primer lugar, piensa en la palabra «desconexión». ¿Qué imágenes te vienen a la mente? Estas son algunas de las cosas que se me ocurren a mí:

⇨ Un teléfono que no deja de sonar.
⇨ Un enchufe del que se tira con tanta fuerza que se arranca la toma de contacto.
⇨ Una cabeza que sale fuera de un cuerpo.
⇨ La rueda de un coche volando por los aires.

La palabra desconectar está compuesta por dos raíces: en latín, *dis* significa «separar, poner aparte, ir en direcciones distintas», y conectar significa «sujetar, unir». Así que desconectar quiere decir separar algo que en realidad está unido. ¿Cuál es el resultado? La interrupción. La falta de armonía. El desorden. Si cuando estás hablando por teléfono, de repente dejas de escuchar a la persona con la que estabas hablando, esto significa que la conexión se ha roto. No te puedes comunicar. Si cuando estás leyendo un libro alguien se tropieza con el cable de la lámpara y tira del enchufe de la pared, la luz se apaga. Si cuando te estás duchando una tubería se rompe, deja de salir agua del grifo. Cuando la desconexión tiene lugar en el mundo, las cosas dejan de funcionar.

Ahora echemos un vistazo a lo que sucede dentro de ti cuando te desconectas de ti mismo.

En primer lugar, tienes que entender que eres una persona completa, un todo compuesto por tres sistemas interrelacionados: el cuerpo, la mente y el espíritu. Dado que estar desconectado significa estar separado del conjunto, estar desconectado dentro de ti mismo significa que el cuerpo, la mente y el espíritu no están en comunión. También puede significar que hay una desconexión dentro de uno de los sistemas, en dos de ellos o en los tres.

Para decirlo de una manera más sencilla, cuando te enfrentas a un examen tal vez te tensas. Tal vez sientes miedo y te dices que no puedes manejar esa situación. Tal vez te resulta difícil mantener tu atención en lo que estás estudiando. Quieres escapar, huir. Esto es estar desconectado. Sin embargo, la desconexión tiene un propósito: es una manera de hacer frente a una situación difícil; ¡quieres salir de allí!

Pero ¿por qué reaccionamos así? ¿Por qué nos tensamos? Para averiguarlo, primero tendremos que analizar brevemente el cuerpo, la mente y el espíritu bajo la lupa de la conciencia.

El cuerpo

El cuerpo es tu contenedor físico: es la carne y los huesos, la sangre y las vísceras, las membranas y los músculos. Para que el cuerpo funcione a su máxima capacidad necesita alimento continuo, ejercicio físico, suficiente descanso y un mínimo de cuidado (ducharse y cepillarse los dientes cuando sea necesario). Al desconectarte de tu cuerpo, te disocias de él. En cierto modo, lo abandonas, y dejas de prestarle atención y de darle lo que necesita. Comes mal o no lo que tu cuerpo precisa, no haces suficiente ejercicio y solo duermes un poco cuando puedes.

Cuando tratas a tu cuerpo de esta manera, no estás cuidando tu propio «contenedor» físico. Es como conducir un coche y dejar que el depósito de la gasolina o del aceite estén vacíos. Al cabo de un rato, el coche se dañará y se detendrá. Cuando permites que el depósito de gasolina de tu cuerpo funcione vacío, también se daña; incluso si no se detiene por completo, sin duda se vuelve menos eficiente. Al final te sientes cansado, enfermo, ansioso o deprimido. Y todo esto ocurre porque no estás prestando atención a tu cuerpo ni al vínculo fundamental de este con la mente y el espíritu. La mayoría de la gente piensa que lo único que se necesita para hacer un examen es la mente; pero, de hecho, todo tu cuerpo participa de la experiencia, y si no está funcionando de una manera eficiente tampoco lo están haciendo los otros dos sistemas.

El caso de Jasmine es un ejemplo perfecto de esto. Era una alumna brillante, con un buen rendimiento en el instituto. A pesar de su inteligencia y sus aptitudes, sus resultados en el SAT fueron bastante bajos, y ciertamente no reflejaban su verdadera capacidad. Antes de su primera sesión conmigo, su madre me dijo por teléfono:

—Jasmine se paraliza cada vez que oye la palabra «examen».

Cuando me reuní con ella y con sus padres, en efecto, cada vez que oía esa palabra dejaba de respirar durante unos segundos. Después de que esto sucediera una docena de veces, y viendo lo nerviosa que se estaba poniendo, le pregunté si se daba cuenta de que estaba deteniendo la respiración.

—No —respondió ella—. ¿Por qué? ¿Eso es importante?

Esto fue lo que le dije:

—Cuando oyes la palabra «examen» y se interrumpe tu respiración, te desconectas de tu cuerpo. El cuerpo necesita oxígeno, y tú no le estás dando el que requiere en ese momento. Tu cerebro entra inmediatamente en estado de alerta. Es como si un gran letrero de neón anunciara con luces parpadeantes: «¡Peligro!».

Al oír hablar a Jasmine y sus padres, me di cuenta de que ellos creían que su estrés venía sencillamente de oír la palabra «examen». Puede que tú pienses lo mismo. Pero recuerda que esa palabra solo es la combinación fonética de unas letras. Es una condición, como un gatillo en la pista de salida, pero no crea el estrés. La sensación de estrés de Jasmine venía de lo que estaba haciendo cuando reaccionaba a la palabra «examen»: dejar de respirar. Estaba tirando del enchufe y desconectándolo de su fuente de energía: el oxígeno. Como sabemos, cuando se tira del enchufe, lo que sea que esté conectado se desconecta. Jasmine había cortado con su línea de suministro, algo esencial para que pudiera estar tranquila y tener una sensación de bienestar.

El cuerpo tiene que estar sano y ser un todo completo. Respirar correctamente es esencial para sentir esta unidad. Cuando nos desconectamos de nuestro cuerpo, estamos separándonos de la totalidad y causando desarmonía dentro de todo el sistema. ¿Por qué es esto estresante? Porque cuando dejas de respirar, sometes a tu cuerpo a una gran presión. Tu cerebro no recibe el oxígeno que necesita para sobrevivir. Tu corazón tiene que bombear con más fuerza y sientes una descarga de adrenalina. Los glucocorticoides, las sustancias químicas que produces cuando sientes que estás en peligro, empiezan a circular por todo tu organismo, poniendo a tu sistema nervioso en un estado de gran excitación. Tu cuerpo tiene una reacción de estrés y, tanto si eres directamente consciente de ello como si no, lo sientes. En este ejemplo en particular, los lapsos de tiempo en los que se deja de respirar causan la desconexión. En el capítulo 4 examinaremos otras formas en que las personas se desconectan de sus cuerpos y cómo esto provoca estrés en los exámenes.

> Cuando el cuerpo está inquieto, no se puede pensar con claridad. Cálmate.

La mente

«Mente» es una palabra importante. En general, significa la suma total de nuestra conciencia, lo que percibimos, lo que pensamos y lo que creemos. Una de las cosas que la mente hace es hablarse a sí misma a través de los pensamientos. Esto lo hace de forma constante; de hecho, lo hace cuando estamos despiertos todo el tiempo. Es como tener un aparato de radio sin un interruptor para apagarlo, como una charla permanente que tiene lugar dentro de nosotros, en la que se comenta todo lo que vemos, pensamos y sentimos: «Esto es verde. Esto es importante. Ella es divertida; él es un idiota. Ellos no me quieren. ¿A quién le importa? A mí me importa», y suma y sigue... Los comentarios también abarcan lo que hacen los demás, pero en este libro vamos a centrarnos en cómo te hablas sobre ti mismo. Hay una buena razón para esto: esa es la parte de tu mente que puede ayudarte o estorbarte cuando estás haciendo un examen. Después de todo, tú eres quien crea las cosas, y tu mente, de alguna manera, es tu aliada o tu enemiga. ¿Está sacando lo mejor o lo peor de ti?

Jake era un estudiante de Odontología recién licenciado que vino a verme para que le ayudara a mejorar su rendimiento después de fallar el examen para obtener la licencia en su estado dos veces. Se quejaba:

—Este examen es muy duro. Por mucho que estudie no puedo aprenderme todo el temario. Siempre que pienso en el examen siento como si me estuviera cayendo en un agujero negro. Trato de estudiar más, pero creo que no soy lo suficientemente inteligente. Nunca voy a aprobar este examen.

Su diálogo interno estaba plagado de negatividad: «No puedo aprenderme todo el temario. No tengo lo que se necesita para ser dentista». En realidad no era la amplitud del temario que tenía que estudiar ni el hecho de que no hubiera aprobado el examen antes lo que le estaba generando estrés. La causa la encontramos en los pensamientos negativos que guardaba en su interior. Eran mensajes de crítica e infravaloración fabricados por su propia mente.

¿Por qué es esto estresante? Cuando te dices a ti mismo que no eres lo suficientemente bueno y que nunca vas a tener éxito, te apartas de tu sistema de apoyo interno. En términos matemáticos, un signo negativo significa una resta, es decir, disminuye el valor. Las afirmaciones negativas no son muy diferentes. Te quitan tu apoyo interno en el momento en que más lo necesitas. Cuando estás haciendo un examen, tus capacidades deben estar en su mejor forma. Cuando te desconectas de tu mente de esta manera, estás siendo desleal a ti mismo. Claramente, te estás traicionando. Te estás rindiendo en medio de la batalla, estás separándote de ti mismo, abandonando el barco. Lo que necesitas en ese momento son mensajes de autoafirmación positiva, pero lo que estás recibiendo es justamente lo contrario.

Los mensajes negativos de este tipo no son verdaderos, sino distorsiones, porque estas declaraciones tienden a ser globales y desproporcionadas: «Nunca lo conseguiré. No puedo hacer este examen. No tengo lo que se necesita». Es cierto que siempre se debe dejar un espacio para la autocrítica saludable, pero estas declaraciones excesivamente dramáticas distorsionan la realidad. Lo que

Una mente negativa te estresa. Una mente positiva se convierte en tu aliada.

sugieren es que hay algo malo en ti, que eres defectuoso, un perdedor, y que lo mejor sería que renunciaras a tu sueño, aunque no tengas evidencias de ello. ¿Así de duro eres contigo mismo? La distorsión es una forma de desconectarnos de nuestras propias mentes. Verbalizamos esos pensamientos tan negativos que tenemos acerca de nosotros, nos imaginamos lo peor y, por supuesto, queremos salir corriendo.

Cuando te alimentas a ti mismo con pensamientos negativos, tu mente trabaja en contra tuya en lugar de ayudarte. Trabajas bajo presión sin la ayuda de este importante sistema. Tu mente no deja de enviar una corriente de mensajes negativos e imágenes catastróficas: te ves suspendiendo el examen, oyes a tus padres gritándote o los ves de pie frente a ti con una expresión de profunda decepción. O imaginas que todos tus compañeros de clase obtienen buenas notas y logran el éxito en su carrera profesional, mientras que tú te quedas atrás. Ves a tus profesores muy frustrados. ¿De qué tiene miedo la mayoría de la gente cuando se castiga de esa manera? La gente tiene miedo de parecer estúpida. Quieren evitarlo a toda costa.

Este proceso mental casi garantiza un rendimiento bajo, lo que significa que probablemente te acabes equivocando a la hora de responder las preguntas del examen. Y esto, a su vez, te prepara para fallar de nuevo. Es un círculo vicioso. En el capítulo 5 voy a describir en detalle cómo tu mente se ve envuelta en esta dinámica y te daré las herramientas para corregirlo.

El espíritu

El siguiente elemento de tu ser que aborda este libro es tu espíritu. «Espíritu» es una palabra que a menudo está cargada de simbolismo y que se malinterpreta. Dependiendo de tu experiencia, podría tener connotaciones negativas, como estar obligado a asistir a misa semanalmente o una dura conciencia moral sobre lo que está «bien» y lo que está «mal».

Como psicólogo, creo en el espíritu de una manera diferente. En este libro, hablo del espíritu como lo que nos impulsa a convertirnos en lo que estamos destinados a ser en esta vida. Para mí es la parte más elevada de nosotros mismos, el corazón y el alma de la persona. Es lo que me mueve a convertirme en psicólogo, a mi mujer en novelista, a mi compañero de la universidad en sacerdote, a mi vecina de al lado en una madre cariñosa. El espíritu nos define. Nos impulsa a perseguir nuestros sueños y nos ayuda a la hora de actuar en coherencia con dichos sueños. En pocas palabras, cuando estás conectado al espíritu, tus acciones te conducen hacia tus sueños. Cuando estás desconectado del espíritu, o bien no tienes sueños que sean importantes para ti o bien tus acciones te alejan de ellos. La desconexión con el espíritu hace que la gente se distraiga.

> Mantente en contacto con tu espíritu. Mantente en movimiento hacia tu meta.

Laura era una bioquímica competente que tuvo que enfrentarse a una prueba distinta. Estaba terminando un proyecto de investigación en su laboratorio y la fecha límite para presentar su propuesta para recibir una subvención se acercaba. Sin embargo, tenía un problema: «Empiezo el día sabiendo exactamente lo que tengo que hacer. Pero llego a la oficina y, en lugar de ir al laboratorio, comienzo por mirar mi correo electrónico y a partir de ahí todo va rápidamente cuesta abajo: llegan las llamadas telefónicas, las citas, el almuerzo y el ejercicio físico, y antes de darme cuenta el día ya se ha acabado. No he logrado nada sustancial en cuanto al avance de mi proyecto».

Los correos electrónicos, los mensajes de voz, los mensajes de texto, todas las pequeñas tareas que tenemos que hacer todos los días no era lo que le estaba causando estrés a Laura. Lo estaba experimentando como una molestia porque le quitaba tiempo, pero ella era la única que se estaba dejando distraer de su objetivo principal. Por ejemplo, algunas personas toman la decisión de dedicarle solamente entre quince y veinte minutos al día al correo electrónico. No dejan que las distracciones les impidan trabajar en lo que realmente es importante. Pero Laura se estaba dejando llevar por esas distracciones. ¿Qué precio pagaba por ello? Se había desconectado de su espíritu, de su fuerza, que la guiaba para que fuera una excelente bioquímica. Tenía que completar su investigación y competir por una subvención que llevaría su trabajo a un nivel superior. La salud de tu espíritu depende de la continuidad de las acciones que te conducen a lograr la meta de tu Ser Superior. Cuando rompes esta continuidad, cuando te apartas de tus objetivos, aparece el estrés. No olvidemos que el estrés causa la sensación de que algo va mal, y mientras ese algo va mal no te puedes relajar. Laura se sintió ansiosa durante todo el tiempo que estuvo distrayéndose con esas tareas secundarias. El trabajo se le acumulaba, se sentía abrumada y sabía que estaba perdiendo el tiempo. Lo que indica que uno se ha desconectado de su espíritu es la distracción; el estrés que esta causa reduce nuestro rendimiento. En el capítulo 6 se trata esta cuestión.

En un examen, estás alejándote de tu objetivo cuando te desconectas. Dices: «No quiero estar aquí; prefiero estar en cualquier lugar menos aquí». El problema es que tienes que estar ahí si quieres conseguir los objetivos que son importantes para ti, los cuales contribuirán a que viváis, tú y las personas de tu entorno, una vida con más sentido. Puesto que no puedes dejar de hacer exámenes, lo que sí que puedes hacer es dejar de luchar contra ellos y decidir estar presente. Si continuamente huyes de los exámenes, estás haciendo de esta experiencia algo odioso. El examen no va a desaparecer. Y desconectarte de ti mismo no hará que desaparezcas físicamente. No funciona. No puedes huir. Cuanto más te desconectes del espíritu, mayor será el estrés que experimentes; cada vez te sentirás peor, y tu rendimiento se verá afectado.

ANÁLISIS DE LA DESCONEXIÓN

Lo que sigue es la historia de uno de mis clientes. Ilustra a la perfección cómo funciona la desconexión en el cuerpo, la mente y el espíritu.

Recientemente, un psicólogo le recomendó a uno de sus pacientes que me visitara. Marianne, una mujer que se acercaba a los cincuenta años, era trabajadora social clínica. Se tenía que enfrentar a un examen estatal para obtener una licencia, y ya lo había suspendido dos veces. Cuando vino a verme, estaba aterrorizada, porque creía que su historia se iba a volver a repetir. La experiencia del fracaso la había impactado tanto que se dijo a sí misma que no podía más, que iba a dejar su profesión y a buscarse otro empleo, o bien que iba a salir del estado para probar suerte en otro. Pero esta mujer no encajaba en el perfil de una perdedora. Era una persona brillante, competente, con dos títulos universitarios y quince años de experiencia profesional como trabajadora social.

Esta es la descripción que me hizo Marianne de sus experiencias previas con ese examen:

—Ni siquiera recuerdo lo que sucedió durante el primer examen. Todo lo que puedo recordar es a mí misma caminando hacia el aula. El resto es confuso. El segundo examen fue un poco mejor, pero no mucho más. Recuerdo que sentía mi cuerpo como una piedra. Miré el examen y pensé: «No hay manera alguna de que pueda hacer esto. Nunca voy a conseguirlo». Me resultaba imposible pensar en las respuestas y recordar nada de lo que había estudiado. Solo quería salir corriendo de allí.

Vamos a analizar la historia de Marianne. Sus declaraciones están en la columna izquierda. El análisis y la forma de desconexión que experimentó, en la columna derecha.

«Sentía mi cuerpo como una piedra»	Desconexión del cuerpo
«Nunca voy a conseguirlo»	Desconexión de la mente
«Solo quería salir corriendo»	Desconexión del espíritu

Cuando Marianne y yo trabajamos juntos, aprendió a ser consciente de lo que ocurría cada vez que comenzaba a desconectarse de su cuerpo, su mente y su espíritu. Descubrió cómo utilizar las mismas herramientas que voy a darte en este libro. Me retó y también se puso a prueba a sí misma. En dos ocasiones antes del examen, se puso muy enferma; su confianza en sí misma cayó en picado y tuvo que soportar mucha tensión física. Pero nunca se rindió. Siguió las directrices y se negó a quedarse atrapada en el miedo y la ansiedad. Cuando llegó el día, entró en el aula para examinarse e hizo el examen.

¡Aprobó!

¿Qué le hice a Marianne para que esto fuera posible? ¿Cómo llegó a superar sus obstáculos y a disolver sus dificultades en cuanto a hacer exámenes? Marianne no tomó una poción mágica. Sencillamente, desarrolló la conciencia de prestar atención a esos momentos en los que se desconectaba de su cuerpo, de su mente y de su espíritu, y utilizó las herramientas necesarias para permanecer conectada. En lugar de huir del examen, aprendió a mantenerse conectada. Al hacerlo, hizo que su nivel de estrés disminuyera, lo que tuvo un impacto notable en su rendimiento.

En el próximo capítulo vamos a ver qué hace que te desconectes. Un autoanálisis será el primer paso para mejorar tus resultados en los exámenes.

Capítulo 3

EL TABURETE
DE TRES PATAS

Imagínate esto: estás dirigiéndote a un aula para examinarte. La gente a tu alrededor está inquieta y nerviosa, se come las uñas y mordisquea sus lápices, pero tú estiras las piernas, te relajas y piensas que lo puedes conseguir: «Puedo manejar *la situación*. Vamos allá». Echas un vistazo a las preguntas del examen y empiezas a responder la primera de ellas; a continuación pasas a la segunda, y luego a la tercera. La cuarta es difícil, pero todavía estás tranquilo, porque tu mantra es: «Puedo continuar hasta el final. Puedo responder las preguntas». Avanzas de una pregunta a otra de esta manera, como un verdadero campeón, sin miedo. Nada te acobarda. Vas hacia delante.

¿Crees que esto es solo una fantasía? Tú puedes hacerlo. Únicamente tienes que descubrir cómo.

El secreto es aprender a reducir el estrés en tu cuerpo, tu mente y tu espíritu, y mantenerte en un nivel óptimo durante todo el examen. Piensa en lo que te pone nervioso en un examen. ¿Cómo te sientes? ¿Permaneces rígido como una tabla de madera o inquieto como un saltimbanqui? Sea como sea, tu cuerpo no está en calma. Es necesario que te tranquilices para que puedas quedarte quieto el tiempo suficiente como para hacer bien el examen. Tu mente no puede estar inquieta y enviando constantemente mensajes de alerta al cuerpo. Pensamientos como «soy un perdedor» no aumentan tu rendimiento o la confianza en ti mismo ante las preguntas difíciles. No dejes que distracciones absurdas te desconecten de tu espíritu. Debes mantenerte centrado en la tarea. Tu espíritu te guiará. Tienes que hacer ese examen, te guste o no, y desear estar en otro lugar no va a ayudarte a conseguir tu objetivo. De hecho, tu pensamiento solo quiere que esto termine y lo que hace es distraerte de la tarea en cuestión; provoca que tu estrés aumente, porque te aleja de responder las preguntas en el tiempo asignado.

Recuerda lo que dije antes: el estrés no lo causan las situaciones externas, sino que proviene de la reacción que estás teniendo en tu interior. Para enfrentarnos a la tensión física, a los mensajes negativos y a las distracciones hemos de aprender a conectarnos en nosotros mismos. Así es como se reduce el estrés. Así es como permaneces en el juego de principio a fin y como consigues dar lo mejor de ti mismo, no importa lo duro que te resulte.

Los pasos que asegurarán tu éxito, ya sea que estés realizando un examen de historia o defendiendo una tesis doctoral, son aprender a estar tranquilo, a tener confianza en ti mismo y a centrarte en lo que estás haciendo. La gente que tiene éxito en sus exámenes aplica lo dicho; hay algo que nace de dentro que te hace seguir adelante hasta alcanzar el éxito.

Cuando haces un examen, todo tu ser está en el aula —tu cuerpo, tu mente y tu espíritu— y tiene que cooperar para que puedas rendir al máximo. Es como un equipo, tu propio equipo. Cuando un equipo trabaja en pos de un objetivo común, cada uno de sus miembros tiene que poner de su parte para lograrlo. Por ejemplo, en el béisbol, todos los jugadores juegan en equipo: el receptor está pendiente del lanzador, y los jugadores de la base están atentos a los movimientos de los demás. Pero si el *pitcher* hace caso omiso de los mensajes del receptor y el tercera base se

Cuando tu cuerpo, tu mente y tu espíritu trabajan juntos y en armonía, lo que tienes es un equipo ganador.

distrae y no está atento a las pelotas que tiene que interceptar, el equipo no ganará; se fragmentará y perderá.

Tu cuerpo, tu mente y tu espíritu son los miembros de tu equipo. Si alguno de ellos está ausente o débil, no se puede aprovechar tu potencial. Pero si trabajan juntos, cada uno opera a su máxima capacidad, y puedes lograr unos cuantos *home runs*. Cada miembro de tu equipo debe participar plenamente cuando te enfrentas a un examen, con el objetivo de que llegues a tu zona óptima. Cualquier desconexión socava seriamente los esfuerzos de todo el equipo.

Una vez que aprendas a trabajar con los tres miembros de tu equipo, reconocerás con facilidad si estás desconectado o no de tu interior. Más importante aún, sabrás cómo volver a conectarte de nuevo en el momento en que estés haciendo un examen. El secreto del éxito es sencillamente permanecer conectado, de manera que todos los miembros de tu equipo se refuercen mutuamente unos a otros. Las personas que tienen éxito en los exámenes saben cómo jugar a este juego. Al permanecer conectadas, hacen que todas las partes de su ser trabajen en sintonía. En cada uno de los tres capítulos siguientes voy a explicar en detalle cómo uno puede permanecer conectado y hacer que operen conjuntamente su cuerpo, su mente y su espíritu.

Si estás pensando «¿así que esto es todo?, ¿si aprendo a estar tranquilo, a tener confianza en mí mismo y a centrarme en lo que estoy haciendo puedo aprobar todos los exámenes sin necesidad de estudiar?», la respuesta es NO. Hay que estudiar el temario y aprendérselo bien si se quiere tener éxito. Pero la manera en la que estudias y preparas el examen también tiene un impacto directo en tu rendimiento en dicho examen. Si mientras estás estudiando tensas tu cuerpo, te transmites mensajes negativos a ti mismo o te distraes de tus aspiraciones más altas, no vas a poder prepararte lo suficientemente bien para el examen, por no hablar de obtener buenas notas. ¿Se puede tener éxito en una competición deportiva si cuando te estás preparando para ello uno de los miembros de tu equipo no participa? Es imposible. Los equipos practican juntos movimientos tácticos para prepararse para el juego. Al igual que ellos, puedes entrenar tu cuerpo, tu mente y tu espíritu para que trabajen en equipo desde el primer momento en que empiezas a estudiar hasta el día en que tienes que examinarte. El éxito no se alcanza solamente al final; hay que recorrer un camino. Tú estás en ese camino y avanzas paso a paso, desde el principio hasta el final.

UNA GUÍA PARA LOS EXÁMENES

Cuando al mismo tiempo estás calmado, seguro de ti mismo y enfocado, se crea una unidad dinámica y energética. Son como tres elementos que forman una tríada natural, y una tríada es una figura poderosa. En la música es la estructura fundamental de la armonía. En geometría, una figura de tres lados es la más resistente de todas; es mucho más estable que una de cuatro lados. Una figura de tres lados siempre forma un triángulo, a diferencia de un cuadrado, que puede transformarse en un paralelogramo, o de un círculo, que si se aplasta se convierte en un óvalo. Esta unidad de tres lados es una estructura muy potente. Se manifiesta en las tradiciones y en los símbolos religiosos, y comprende la totalidad de lo que eres: cuerpo, mente y espíritu.

Cuando trabajo con mis clientes, utilizo un dibujo que muestra un taburete de tres patas para presentarles la idea de que para mejorar su rendimiento necesitan estar tranquilos (lo cual atañe al cuerpo), tener confianza en sí mismos (lo cual atañe a la mente y los pensamientos) y estar enfocados en la tarea en cuestión (lo cual atañe al espíritu).

Espíritu:
enfoque

Mente:
confianza

Cuerpo:
tranquilidad

El taburete de tres patas se conoce desde antaño, y es una de las construcciones más resistentes que se han llegado a elaborar. En el pasado, la gente lo utilizaba para ordeñar las vacas y para sentarse alrededor de las chimeneas. Es un tipo de asiento en el que es difícil caerse. Visualiza un taburete de tres patas e imagina que cada una de ellas es una parte de ti. Una pata es tu cuerpo, y las otras dos tu mente y tu espíritu. Las tres juntas constituyen la totalidad de lo que eres. Son parte de la misma estructura unificada llamada tú.

Cada pata también representa lo que es necesario para reducir el estrés y mejorar el rendimiento.

Cuando las tres patas del taburete son iguales, no se tambalea. Cuando tu cuerpo, tu mente y tu espíritu están armoniosamente en equilibrio, tienes una poderosa plataforma sobre la que poder construir. Las tres partes —los tres miembros de tu equipo— contribuyen a la integridad y a la eficacia del todo.

La vida está llena de retos ineludibles, y se necesita una base sólida para conseguir el éxito. Si estás navegando por el océano, quieres ir en un barco que pueda soportar una tormenta. Si vas a acampar, quieres una tienda de campaña que resista el viento y la lluvia. Cuando estás haciendo un examen, quieres estar seguro de que puedes confiar en tu propia estructura interna para enfrentarte a las preguntas más difíciles. Tienes que confiar en que tu «equipo interior» va a dar la cara por ti y es capaz de resolver cualquier problema que plantee el examen. Si las tres patas de tu taburete (tu cuerpo, tu mente y tu espíritu) son fuertes, podrás sentarte cómodamente.

Pero ¿qué sucede si las tres patas no son iguales? ¿Qué sucede si una es más débil o más corta que las otras? Si las patas no son iguales, el taburete se tambalea y pierde su estabilidad. Una pata débil o más corta crea tensión en todo el sistema, lo que a su vez crea un exceso de presión en las otras dos patas. ¿Qué ocurre si alguien se intenta poner de pie en un taburete con una pata más corta? El taburete se rompe y la persona se cae al suelo. Tú funcionas de la misma manera. Necesitas que las patas estén fuertes para poder hacer correctamente tu trabajo. Si una de las patas está rota, esto acaba haciendo que las otras dos también se rompan.

La historia de Alicia ilustra muy bien esto de lo que estamos hablando. Alicia era una estudiante de universidad que quería entrar en la facultad de medicina y para eso tenía que examinarse del MCAT.[1] A

---

1. Examen de admisión a la Facultad de Medicina.

pesar de que por lo general estaba tranquila y tenía suficiente confianza en sí misma, se dio cuenta de que a menudo se distraía cuando estudiaba. En lugar de estudiar más, se iba de fiesta. En lugar de aplicarse un poco más y repasar exámenes anteriores, se ponía a ver programas de televisión por la noche. Su patrón habitual en el último curso de preparatoria había sido apurar hasta el último minuto y entrar en el aula un poco preparada, pero no realmente del todo. Sin embargo, para examinarse del MCAT esta estrategia no le iba a funcionar. Era un examen demasiado fuerte e importante, y prepararse para él requería que le dedicase una atención sostenida durante un largo período de tiempo. A medida que la fecha del examen se acercaba, Alicia se iba poniendo cada vez más nerviosa, y empezó a dejar de creer con tanta seguridad en esa vieja creencia que le decía que podía aprobar cualquier examen sin importar el tiempo que hubiera dedicado a estudiar. Esa vez, el hecho de estar tan mal preparada hizo que disminuyera la confianza en sí misma y que estuviera más nerviosa.

La pata que fallaba en el taburete de Alicia era la de su espíritu/atención, y estaba afectando a las otras dos patas. Se sentía físicamente inquieta y le faltaba confianza en sí misma. Su incapacidad para centrarse y estudiar la había debilitado, y su mente y su cuerpo no podían compensarlo. En otras palabras, el problema en una de las patas había acabado creando un problema en toda la estructura del taburete. Es imposible mantener el equilibrio si las tres patas no son iguales. Para aprobar el MCAT, Alicia tuvo que trabajar más duro en aquello en lo que flaqueaba.

La buena noticia es que este proceso es dinámico: cuando refuerzas una de las patas, se fortalecen las otras dos. La primera vez, Alicia no sacó muy buena nota en el MCAT. Viendo el resultado que obtuvo, decidió estudiar y entrenarse conmigo para que esto no se volviera a repetir una segunda vez. Tuvo que aprender a centrarse más, y lo hizo de la siguiente manera: se impuso un horario de estudio, estableció metas específicas, luego se premió a sí misma por alcanzar esas metas y se estuvo recordando a diario lo importante que era conseguir una buena nota en ese examen. Con otra mala nota, habría tenido que escoger una nueva carrera universitaria. Esa fue una gran motivación para una joven como Alicia. Fue diligente a la hora de alinear sus acciones con sus metas; se dio cuenta de que al reforzar una de las patas estaba, de hecho, fortaleciendo las otras dos. Cuando se examinó por segunda vez, estaba mucho más relajada y tenía más confianza en sí misma. Su nota fue mucho más alta, y fue aceptada en la facultad de medicina.

Cuando no rindes lo suficiente, a veces te bloqueas (especialmente si esperas hacerlo mucho mejor), y te cuesta mucho identificar qué área es aquella en la que fallas. La belleza de la tríada es que cada uno de los elementos está conectado a los otros dos. Cualquiera que sea el área o el elemento con el que comiences, inmediatamente notarás cambios en los otros; no importa por cuál empieces. Esto no es un modelo jerárquico en el que tienes que empezar en el punto A y luego ir hacia el B, y finalmente al C. El inicio se encuentra donde quieras, y luego sigues adelante. El hecho de que el paradigma se llame «tranquilidad, confianza y atención» no implica que tengas que trabajar en este orden.

> Si una de las patas de tu taburete es más corta que las demás, se debilita la estructura de todo el taburete.

Por ejemplo, Alicia primero trabajó en el área del espíritu /atención; una vez que se centró, comenzó a tranquilizarse. Otro cliente, Steve, que era jugador de fútbol en el instituto, utilizó la herramienta de la confianza en primer lugar. Sentirse bien consigo mismo hizo que su cuerpo se relajara y que prestara más atención a lo que hacía. Cada persona es diferente; cada persona tiene su propio punto de partida a la hora de trabajar con este modelo y sus herramientas.

¿Qué aspecto tiene este taburete de tres patas? He diseñado una herramienta para que puedas diagnosticar tú mismo cómo estás y qué haces mal. El inventario del rendimiento de Bernstein (BPI, por sus siglas en inglés) te ayudará a detectar el área (la pata del taburete) que se halla más debilitada. El BPI se compone de nueve preguntas y se tarda cinco minutos en responderlas. Al diagnosticar tú mismo el problema, verás con mayor claridad qué es lo que falla. Vas a poder identificar el área en la que tienes más problemas para poner toda tu atención en resolverlos.

EL INVENTARIO DEL RENDIMIENTO DE BERNSTEIN (BPI)

Recuerda una situación reciente en la que hayas tenido que ejecutar algo en un tiempo y un lugar concretos, una situación que haya sido desafiante o difícil para ti, como por ejemplo hacer un examen, aprender a esquiar o cantar en público por primera vez.

Visualiza los detalles de la situación lo más claramente posible; lo que pasó y cómo te sentiste al respecto. Escribe, en pocas palabras, cuál era el contexto (un examen, una audición musical, una prueba deportiva, etc.) y cómo te sentiste.

A continuación aparecen nueve afirmaciones. Lee cada una de ellas y apunta el número apropiado que aparece a la derecha de cada afirmación para indicar cómo te sentiste en esa situación en la que tuviste que esforzarte al máximo.

Antes de comenzar la prueba:			
	Nada (0)	Un poco (1)	Bastante (2)	Mucho (3)
1. Me sentía tranquilo y relajado.	0	1	2	3
2. Tenía confianza en mis capacidades.	0	1	2	3
3. Era capaz de enfocarme en la tarea y hacer lo que tenía que hacer.	0	1	2	3
Durante la prueba:			
	Nada (0)	Un poco (1)	Bastante (2)	Mucho (3)
4. Estuve tranquilo todo el tiempo.	0	1	2	3
5. Tuve confianza en mí mismo todo el tiempo.	0	1	2	3
6. Pude permanecer enfocado hasta el final.	0	1	2	3
7. Si me empezaba a sentir nervioso, sabía cómo relajarme.	0	1	2	3

8. Si mi confianza se venía abajo, sabía cómo recuperarla.	0	1	2	3
9. Si perdía mi enfoque, sabía cómo redirigirlo.	0	1	2	3

PUNTÚA TU BPI

Para determinar tus puntuaciones generales, la suma total de tus respuestas es la siguiente:

Tranquilidad.
Suma tus respuestas a las preguntas 1, 4 y 7.

Confianza.
Suma tus respuestas a las preguntas 2, 5 y 8.

Atención.
Suma tus respuestas a las preguntas 3, 6 y 9.

Después de haber sumado las puntuaciones, dibuja un diagrama como el de abajo y rellénalo con tus puntuaciones totales.

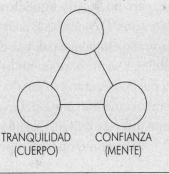

ATENCIÓN (ESPÍRITU)

TRANQUILIDAD (CUERPO) CONFIANZA (MENTE)

CÓMO INTERPRETAR LOS RESULTADOS

Como puedes ver, el diagrama anterior se representa como un triángulo. Si examinas los números de cada uno de los tres círculos, verás cuáles son tus puntos débiles y tus puntos fuertes. Dado que la puntación más alta que puedes obtener en cada una de las áreas es nueve, cualquier valor inferior a esa cifra indica que necesitas reforzar esa área.

Para mostrarte cómo se interpretan las puntuaciones y qué se puede hacer al respecto, te voy a ayudar contándote el caso de uno de mis clientes.

Sam era un alumno de último curso de instituto que tuvo un rendimiento muy bajo en su examen de historia. Sus puntuaciones en el BPI fueron: tranquilidad, 2; confianza, 4; atención, 7. ¿Qué nos dicen estos valores acerca de Sam? Obviamente, su área más fuerte es la atención y la más débil, la tranquilidad, mientras que la confianza está en un punto intermedio. Después de que escuches a Sam contando cómo se siente cada vez que tiene que hacer un examen de historia entenderás el porqué de esas puntuaciones.

—Puede que no sea un genio, pero en general soy un estudiante bastante bueno. Quiero decir..., mis resultados están por encima de la media y no soy una persona vaga. Hago todas mis tareas y las entrego a tiempo, lo cual es mucho más de lo que puedo decir de la mayoría de mis compañeros de clase. También, cuando es época de exámenes, no apuro hasta el último momento, sino que estudio con antelación. Pero a diferencia de los demás exámenes para los que tengo que estudiar, antes de los de historia, y a veces durante los exámenes mismos, me invaden muchos pensamientos de miedo, del tipo «no eres capaz de enfrentarte a esto. Son demasiadas cosas». Esta clase de pensamientos me molestan, pero no llegan a impedirme realizar la tarea; de algún modo puedo ignorarlos. Lo que sí que ocurre es que me pongo muy nervioso: el corazón me empieza a palpitar con fuerza, siento las piernas y los brazos débiles, y se me hace un nudo en el estómago. A veces hasta siento que no puedo respirar. No puedo ignorar estos síntomas físicos. Por lo general, comienzan antes del examen, y en un mal día se quedan ahí durante todo el examen. Cuando son muy intensos, apenas puedo pensar.

Así es como quedan representadas las puntuaciones de Sam:

ATENCIÓN (ESPÍRITU)

7

2   4

TRANQUILIDAD   CONFIANZA
(CUERPO)   (MENTE)

Su puntuación con respecto a la atención fue de 7 de un máximo de 9. Eso era de esperar, ya que dijo que hacía todas sus tareas y que siempre estudiaba con tiempo para los exámenes. Esto significa que estaba conectado a su espíritu, su fuerza motriz, y que no tenía problemas para mantenerse centrado. Su puntuación en cuanto a la confianza, que fue de 4, era poco sólida. De vez en cuando lo invadían pensamientos negativos que debilitaban su seguridad. De alguna manera se las arreglaba para ignorar esos pensamientos y mantener la confianza en sí mismo, si bien no era capaz de calmar sus nervios. Su puntuación de 2 en el área de la tranquilidad muestra sus dificultades. Por lo que hemos escuchado de su propia boca, podemos deducir que estaba desconectado de su cuerpo, lo que le llevaba a tensarse cada vez más, lo que a su vez hacía que perdiera toda conexión. Naturalmente, el hecho de que su corazón latiera con fuerza y tuviera problemas para respirar constituía una distracción importante; hacía difícil que se mantuviera conectado a la tarea en cuestión. Esto, a su vez, afectaba a su confianza. A medida que su nivel de confianza disminuía era cada vez más difícil para él recuperarse. Lo que podemos ver con este ejemplo es cómo el hecho de no poder mantenerse tranquilo debilitaba todo su sistema e impedía que consiguiera las notas que en teoría debería haber obtenido, teniendo en cuenta lo mucho que estudiaba.

Fortalece una pata y fortalecerás las otras dos.

La capacidad que tenía Sam de mantenerse centrado en su objetivo era bastante fuerte (corresponde a la puntuación más alta), así que le di un nuevo objetivo para que se centrase en él: aprender a mantenerse tranquilo en los exámenes de historia. En muy poco tiempo aprendió a usar las herramientas necesarias para mantenerse tranquilo. A medida que la tensión física iba disminuyendo, nos dimos cuenta de que la capacidad de Sam para centrarse iba creciendo con más fuerza. Naturalmente, esto le dio un gran impulso a su confianza, porque había sido capaz de conquistar esa «bestia» que le había causado tanta agitación y tensión. Cada vez estaba más seguro de sí mismo, porque era capaz de recordar el temario y de pensar en las respuestas a las preguntas sin ponerse nervioso.

Recuerda: si refuerzas una de las patas de tu taburete, inmediatamente se fortalecen las otras dos.

TUS RESULTADOS SON UN PUNTO DE PARTIDA

¿Cómo es tu taburete? ¿Qué pata es la más fuerte? ¿Y la más débil? Recuerda que no debes compararte con los demás; es una cuestión solamente tuya. Estas puntuaciones te dicen lo que hay que fortalecer con el fin de reducir el estrés en un examen y mejorar el rendimiento.

Al hacer esto puede que pienses: «¡Eh, espera un momento, doctor Bernstein! Mis puntuaciones del BPI no son exactas. Dicen que no estoy muy seguro de mí mismo, ¡pero eso no es cierto! Normalmente estoy muy seguro de mí mismo».

El BPI no es una sentencia. Su propósito es ayudarte a examinar cómo reaccionas en situaciones de mucho estrés. Tómate un momento para considerar si tus puntuaciones del BPI representan con exactitud la forma en la que te enfrentas a la mayoría de las pruebas. A veces, cuando la gente realiza el inventario del rendimiento, piensa en una historia en la que sintió verdadero terror, en algo que no es muy representativo de su rendimiento habitual. En consecuencia, sus puntuaciones del BPI no se corresponden con la realidad. Si ves que esto sucede, vuelve a hacer el inventario basándote en una situación de estrés que refleje de una forma más precisa tus reacciones.

Antes de seguir adelante, mira tus puntuaciones de nuevo. ¿Qué es lo que necesitas mejorar? ¿Estar tranquilo? ¿Tener confianza en ti mismo? ¿O permanecer enfocado?

En los capítulos siguientes, vamos a analizar cada una de las tres patas de tu taburete. Puedes empezar a trabajar con tu puntuación más baja, e ir directamente al capítulo que habla de ello. Pero también puedes comenzar con tu puntuación más alta, ya que algunas personas obtienen más resultados cuando refuerzan aquello en lo que ya son buenas. Te recomiendo que leas secuencialmente los tres capítulos siguientes. No obstante, este modelo no es una estructura rígida que tengas que seguir te guste o no. Puedes empezar por donde te sea más cómodo, porque al final lo abarcarás todo. Incluso si tu puntuación es particularmente alta, sigue siendo importante usar las herramientas que se ofrecen en el capítulo, porque te pueden ayudar a crecer con más fuerza. Que tu puntuación haya sido baja en todo solo indica que tienes la oportunidad de crecer en estas tres áreas.

El objetivo final de los capítulos siguientes es darte las herramientas necesarias para que puedas aprender a estar tranquilo, a tener confianza en ti mismo y a estar centrado ante cualquier prueba o examen, ya sea en el aula o fuera de ella, por lo que siempre tendrás una base sólida y estable y estarás listo para actuar de la mejor manera posible.

Capítulo 4

APRENDE A TRANQUILIZARTE

El pasado septiembre, un estudiante brillante de secundaria de último curso llamado Jamal me vino a ver. Muy ansioso, me pidió que le ayudara a mejorar su nota en el SAT, hasta conseguir los doscientos puntos que necesitaba para que la universidad que había seleccionado lo aceptara. Tenía una oportunidad más para hacer el examen. Después de eso, estaba a merced de la universidad. ¿Por qué había tenido un rendimiento tan bajo? En sus propias palabras:

—Porque en el último examen del SAT me fui poniendo cada vez más nervioso a medida que pasaba el tiempo. No podía recordar el temario que había estudiado, por lo que empecé a pensar: «¿Qué esperanza me queda?». Después de responder como pude tres preguntas, golpeé una pared. Estaba totalmente paralizado por el miedo.

Mientras Jamal me lo contaba, me fijé en que su pierna derecha no dejaba de moverse, sus hombros se iban tensando cada vez más y su habla se iba acelerando tanto que parecía un coche a todo gas. Varias veces, mientras hablaba, contuvo la respiración.

—Con tan solo hablar del examen ya me pongo nervioso —me dijo ansioso. Ese comentario no era necesario, porque su cuerpo ya lo decía todo—. En estos momentos, siento como si me estuviera volviendo loco. Esto es lo que me pasa con el SAT.

Jamal cometió el error de creer que el hecho de recordar el examen era lo que le estaba poniendo nervioso. De hecho, *la tensión y el nerviosismo que estaba sintiendo en su cuerpo era lo que le estaba causando ansiedad.* El movimiento constante de su pierna, la tensión en sus hombros y la respiración entrecortada eran la causa. Su cuerpo estaba haciendo que su mente se inquietara, y no el hecho de volver a recordar el examen. Cuando le dije esto, me miró como si yo fuera de otro planeta. Replicó:

—Yo hago el examen usando mi cerebro, y no mi cuerpo. Siempre me siento así. ¿Qué tiene que ver cómo me siento en una silla con mis resultados en el SAT?

Este es un error muy común: la mayoría de la gente piensa que el cerebro es el único que trabaja en un examen; al fin y al cabo, ahí es donde se almacena la información, ¿verdad?

Pues no es del todo cierto.

Tu cuerpo es un jugador clave en tu equipo de tres; todo él permanece en el aula y comprometido contigo cuando estás haciendo un examen. Si quieres rendir al máximo, todo tu ser, y no solo tu cerebro, tiene que estar completamente presente y apoyando el proceso.

Un cuerpo agitado crea una sensación de nerviosismo e impaciencia, y eso hace que te den ganas de salir corriendo. Las tensiones físicas pueden provocar que tu capacidad para recordar lo que has estudiado disminuya rápidamente, y si esperas que esa información te sirva para el examen, inmediatamente entras en un estado de ansiedad. La sensación de angustia crece. Al cabo de un rato, empiezas a sentir que estás perdiendo el control. El resultado es un rendimiento deficiente, e incluso tal vez el fracaso total.

Por otro lado, un cuerpo relajado puede hacer que mejore significativamente la capacidad de pensar, de recordar la información y de responder correctamente a las preguntas, así como de hacer un buen uso del tiempo.

Cuando observo a los estudiantes mientras se están examinando, veo cómo encorvan la espalda, tensan los hombros, mueven las rodillas, hacen muecas, aprietan los puños y contienen la respiración. No suelen prestar demasiada atención a lo que sus cuerpos están haciendo y a lo profundamente que eso está afectando a su rendimiento. Francamente, es increíble que tantos estudiantes puedan acabar los exámenes sin sufrir un ataque de pánico.

Tensarse durante un examen genera estrés. Tu cuerpo produce adrenalina, tu presión sanguínea se dispara y todo tu sistema entra en estado de alerta. Tu cerebro grita «¡peligro!», como si un tigre te estuviera persiguiendo. Una gran cantidad de hormonas del estrés circulan por tu torrente sanguíneo. Cada vez te resulta más difícil centrarte y pensar. En cuanto a las preguntas del examen, estas hacen que entres en un estado de pánico, porque de repente no puedes responderlas. Parece como si esas preguntas te estuvieran causando ansiedad. Sin embargo, las preguntas solamente son palabras impresas en un papel. No te están haciendo nada. Pero el estrés va en aumento y tu rendimiento empeora, porque estás desconectado de tu propio cuerpo. No eres consciente de lo que este está haciendo. Estás completamente fuera de control. Incluso puede que sientas como si quisieras huir, pero no puedes. Tienes que permanecer sentado en tu pupitre y responder las preguntas.

Si tu cuerpo está inquieto, en consecuencia tu rendimiento se ve afectado.

¿Cómo pretendes hacer bien un examen si lo único que quieres es huir, pero no puedes? Así es como te desconectas de tu ser interior. Recuerda que la desconexión causa estrés, y que un exceso de estrés provoca un rendimiento bajo.

Esto es aplicable a cualquier reto. Si un jugador de baloncesto está sentado en el banquillo esperando para entrar en el campo de juego y su cuerpo está tenso, cuando el entrenador finalmente le envíe a la cancha, jugará tenso. Perderá oportunidades de tiro y no jugará en sintonía con los demás jugadores de su equipo. No importa lo mucho que haya entrenado; lo que necesita es relajarse fuera de la cancha. Si los dedos de un pianista se bloquean en medio de una pieza musical, no podrá moverlos con fluidez por encima de las teclas. Una vez más, no importa lo bien que el pianista se sepa la composición.

En todos estos casos, lo que ocurre es que la persona está desconectada de su propio cuerpo. ¿Recuerdas el taburete de tres patas? Si una es más corta que las demás, inmediatamente se debilita el conjunto. Cuando pierdes la sensación de calma y tranquilidad en tu cuerpo, empiezan a aparecer pensamientos negativos (en tu mente), y te distraes con facilidad y te desconectas de tu corazón (tu espíritu). El estrés puede crecer con mucha rapidez, y cuando lo hace, tu rendimiento se puede ver afectado. Está comprobado.

Para mejorar tu rendimiento en los exámenes debes reducir el estrés en tu cuerpo. En pocas palabras, cuando estás haciendo un examen tienes que querer que tu cuerpo se mantenga tranquilo. El resto de este capítulo te mostrará cómo hacerlo.

PRIMERO TOMA CONCIENCIA

Para mantener tu cuerpo en un estado de calma y tranquilidad tienes que aprender dos cosas:

⇨ Cómo reconocer cuándo no estás tranquilo.
⇨ Cómo utilizar herramientas específicas para tranquilizarte.

En esta sección vamos a trabajar con la conciencia del cuerpo. Vamos a prestar atención a cómo se siente tu cuerpo cuando te anticipas a un evento estresante y te inquietas (como cuando piensas en el examen que tendrás que hacer mañana) o cuando estás en medio de dicho evento.

Si eres como la mayoría de la gente, normalmente no prestas demasiada atención a tu cuerpo a lo largo del día, a menos que sientas dolor o estés enfermo. Un dolor de garganta o de estómago, un resfriado, un poco de fiebre o un temible dolor de muelas hacen que prestes atención a tu cuerpo. Pero hasta que el malestar no nos incomoda realmente, tendemos a minimizar o incluso a ignorar las señales de aviso. Pensamos: «No es nada. Pronto pasará». No nos damos cuenta de que el dolor está prácticamente gritando a voces que hagamos algo al respecto. «¡Este diente me está matando!»: es entonces cuando hacemos algo al respecto.

Para algunas personas esto no es cierto. Quienes usan sus cuerpos todo el tiempo, como los bailarines, los nadadores o los cantantes, tienen que prestar mucha atención a sus cuerpos y no hacer caso omiso a sus dolores creyendo que todo está bien. Su trabajo depende de su cuerpo, y muchas veces lo exponen delante de los demás. La ventaja es que estas personas están conectadas a su cuerpo. Sienten su cuerpo. Muchos de nosotros no tenemos esta relación tan íntima con el nuestro. El problema es que cuando ignoramos las señales de desconexión, el estrés se apodera de nosotros. Al final, sentimos como si hubiéramos fracasado. Si tenemos que hacer un examen, hemos de aumentar nuestra conciencia del cuerpo —cuando no estamos tranquilos— para que podamos saber cómo manejarnos con él en los momentos más críticos.

Vamos a empezar con esta pregunta: ¿qué síntomas indican que tu cuerpo no está tranquilo y relajado?

Sé que no estoy tranquilo porque...

(¿Qué se aplica a ti?)

⇨ Siento presión en el pecho.
⇨ Tengo dolor de cabeza o siento que voy a tenerlo.
⇨ Siento dolor en los hombros.
⇨ Siento el cuello rígido.
⇨ Mi respiración es entrecortada.
⇨ El corazón me late demasiado deprisa.
⇨ Me duelen los músculos.
⇨ Empiezo a sudar.
⇨ Palidezco.
⇨ Todo yo me siento tenso.
⇨ Siento que me cuesta respirar.
⇨ Mis pies se contraen.
⇨ Tengo calambres en las piernas.
⇨ Aprieto los puños.
⇨ Siento como si quisiera huir.
⇨ Mi mente comienza a acelerarse.
⇨ Empiezo a hablar muy deprisa.

⇨ Me muerdo las uñas.

⇨ Tengo los nervios de punta.

⇨ Los ojos me duelen.

⇨ Mi voz se eleva.

⇨ Me siento incómodo en general.

Tal vez te hayas identificado con tan solo una de las afirmaciones anteriores. O tal vez con diez de ellas. Cada persona es diferente, por lo que considera qué otros síntomas pueden aplicarse a ti.

Presta atención a las sensaciones de incomodidad de tu cuerpo.

La gente a menudo me pregunta: «Pero ¿por qué es importante tener en cuenta esto en primer lugar?». Piensa en ello de esta manera: cuando estás conduciendo un coche y ves una señal que dice STOP, te está diciendo exactamente lo que tienes que hacer: poner el pie en el freno y parar el coche. Si haces caso omiso y sigues adelante, estarás arriesgando tu propia vida y la de los demás. Los signos físicos de la tensión en tu cuerpo son como una señal de stop. Es la forma que tiene nuestro cuerpo de señalizar que estamos desconectados, de avisarnos, y es útil saber cómo podemos volver a conectarnos con él y hacer que se calme. Si no ponemos atención a las señales, al final nos estrellamos.

Ser consciente de cuándo el cuerpo no está relajado es el primer paso en el proceso de volver a conectarte con él.

TRES MANERAS DE DESCONECTARSE FÍSICAMENTE

No importa cuántas afirmaciones hayas marcado en la sección anterior. La toma de conciencia de lo que está ocurriendo con tu cuerpo cuando no estás tranquilo y relajado es un gran paso en la dirección correcta. Hay tres maneras de perder nuestra tranquilidad y relajación. Cada una de tus respuestas de la lista anterior se relaciona con una de estas circunstancias:

⇨ Dejamos de respirar o nuestra respiración es irregular.

⇨ Dejamos de sentirnos conectados a tierra.

⇨ Cerramos uno o más de nuestros sentidos.

Voy a explicar qué quieren decir cada una de estas afirmaciones. Por tu parte, puedes empezar a pensar cuál es característica en ti.

Respiración irregular

La forma más frecuente de desconectarnos de nuestro cuerpo es cortar nuestra respiración o hacer que esta sea irregular.

Cuando observo a los estudiantes mientras hacen un examen, veo una escena que se repite una y otra vez: el profesor o asistente del profesor entrega los exámenes a los estudiantes, y luego les insta a mirar la primera pregunta y comenzar a responderla. Si escuchas con atención, lo siguiente que oirás es que los estudiantes tragan saliva. Y luego, un gran silencio. Eso significa que están conteniendo la respiración.

¿Por qué es importante esto? Contener la respiración provoca estrés. Sin aire tu cerebro se ve privado de oxígeno. Empiezan a sonar las alarmas. ¡Te estás muriendo! Esto es un hecho: si tu cerebro deja de recibir oxígeno, te acabas muriendo. La reacción inmediata a una pérdida de oxígeno es emitir una señal de emergencia. Esto no se hace de forma consciente; es algo intuitivo. Tu nivel de ansiedad se ve directamente afectado por la forma en la que respiras. Cuando dejas de respirar, tu nivel de ansiedad se dispara inmediatamente.

Además, existe una conexión entre la respiración y la capacidad de pensar mientras se está haciendo un examen. La respiración está íntimamente relacionada con tu forma de pensar. La falta de aire provoca una reacción de miedo. Esto hace imposible que tus pensamientos sean ordenados.

Cuando tu respiración se detiene o es irregular, lo más probable es que tus pensamientos vayan de una cosa a otra y hagan que te preocupes por el futuro («¿qué va a pasar...?») o que revivas una y otra vez tu pasado («si yo tuviera...»). Cuando la respiración es constante y regular, y eres capaz de estar en el momento presente, tu cerebro puede hacer frente a la tarea en cuestión. Una atención consciente en la respiración hace que te centres, aquí y ahora. Y es así como tienes que estar cuando estás haciendo un examen. Debes centrarte en lo que tienes delante, en ese mismo momento. No importa lo que hiciste ayer (pasado) o lo que vas a hacer mañana (futuro); ahora tienes que pensar y contestar las preguntas del examen, en el presente. Esto es difícil de conseguir si tu pensamiento está inquieto, si estás preocupado por lo que va a suceder o si estás pensando una y otra vez en lo que salió mal en el pasado. El remedio no es el control mental. Es el control de la *respiración*. Con una respiración regular y constante puedes mantenerte en el presente y centrarte totalmente en la pregunta que tienes delante de ti. Piensas con mayor claridad y te sientes más relajado.

La forma en que respiras está en relación directa con tu nivel de ansiedad.

Los problemas con la respiración se presentan de tres formas. Cada una de ellas te aleja del presente y hace que la ansiedad crezca rápidamente. ¿Qué modelo describe mejor cómo es tu respiración cuando estás haciendo un examen?

1. Detienes tu respiración.
2. Tus respiraciones son cortas y poco profundas, como las de un pájaro.
3. Respiras de forma errática. Jadeas y luego contienes la respiración; respiras solo un poco.

Si hasta ahora no has prestado demasiada atención a tu respiración, trata de observarte durante un día entero. Durante veinticuatro horas, comprueba cómo sientes tu cuerpo y pregúntate: «¿Cómo estoy respirando?». Puede que te sorprendas al descubrir que a veces dejas de respirar o que tu respiración es muy superficial e irregular. Si empiezas a sentirte ansioso –por el próximo examen que debes hacer o por un discurso que tienes que dar–, presta atención a tu respiración de inmediato. Lo más probable es que se haya detenido o que sea superficial e irregular.

Te recomiendo que mantengas un registro de tus observaciones. Utiliza anotaciones para trabajar a lo largo de este capítulo y registra cuántas veces eres consciente de tu respiración. Esto te ayudará a entrenarte para ser más consciente de tus hábitos de respiración inconscientes, que es el primer paso para cambiar dichos hábitos.

Empieza ese registro ahora. Anota tus observaciones acerca de cómo y cuándo te desconectas por el hecho de no estar respirando profundamente y de manera regular.

Perder la conexión a tierra

La siguiente forma en la que nos desconectamos de nuestro cuerpo y que nos causa ansiedad es no ser conscientes de que estamos en contacto con la tierra.

Hay una gran fuerza que nos atrae al suelo, que nos conecta a la tierra. Esta es la fuerza de la gravedad. La gravedad nos mantiene en contacto con el suelo y evita que flotemos y perdamos el control. Todos hemos visto las imágenes de los astronautas que flotan en el aire. Están en un espacio de gravedad cero. Parece divertido, pero aquí en la Tierra nos haría sentir débiles. Nos sentimos más seguros cuando estamos en contacto con la tierra, y perdemos nuestra conexión con la tierra cuando nos alejamos de ella. A menudo lo hacemos sin darnos cuenta. Vamos a examinar las dos maneras como podemos perder nuestra conexión a tierra.

Cuando me encuentro sumido en mis pensamientos acerca de algún desafío, por ejemplo hablar ante una audiencia de más de mil personas, me empiezo a poner nervioso y siento que podría haberme preparado mucho mejor para dicho desafío. Pienso: «Tal vez no voy a recordar todo lo que tengo que decir. ¿Voy a empezar a sudar? ¿Le gustaré al público?». Me doy cuenta de que apenas siento la silla donde estoy sentado o el suelo bajo mis pies. Esto es lo que quiero decir con «perder la conexión a tierra», o la toma de tierra.

¿Por qué es esto importante? Cuando pierdo la conexión con la tierra, literalmente dejo de sentir el suelo. Me alejo del momento presente. Sin embargo, cuando me fuerzo a volver al presente, siento la silla en la que estoy sentado. Cuando conscientemente pongo los pies en paralelo y bien apoyados, siento el suelo donde se apoyan. Inmediatamente, la ansiedad disminuye, a pesar de que la situación no haya cambiado. Todavía estoy a punto de hablar ante un grupo bastante grande de personas, pero mi actitud hacia estas ha cambiado. He vuelto a conectar físicamente con el *momento presente* y sé lo que tengo que hacer. Sencillamente, la conexión a tierra tiene un efecto calmante en el cuerpo y la mente, y eso me permite permanecer conectado con el espíritu y actuar.

La segunda manera como perdemos nuestra conexión a tierra es tensándonos. Cuando nuestro cuerpo se tensa, ya sea una parte de este o todo en su conjunto, literalmente nos alejamos de la fuerza de la gravedad. Joseph, un cirujano de cuarenta y cinco años, suspendió el examen del consejo de médicos en tres ocasiones. Mientras me hablaba de su experiencia, me fijé en que cada vez tensaba más la mandíbula. Cuando le llamé la atención al respecto, se sorprendió:

—Vaya; a menudo siento que me duele la mandíbula después de terminar una operación de cirugía, pero nunca me había preguntado por qué. Pero ¿cómo se relaciona esto con mi suspenso?

Joseph desconectaba su cuerpo tensándolo; cada vez sentía más estrés, lo que aumentaba la probabilidad de que cometiese un error. Le pedí que imaginara un buceador tenso en medio de una inmersión o una bailarina rígida mientras ejecuta un *pas de chat*. Cuando un actor se desconecta de su cuerpo, se empieza a sentir cada vez más tenso, e incluso pierde el control; entonces no puede seguir con la actuación. Recuerda que un examen es como una actuación. Tanto en el examen del consejo de médicos como en una operación de cirugía, Joseph tensa la mandíbula. No permite que la fuerza de la gravedad trabaje a su favor y lo apacigüe. La gravedad, por definición, permite que el cuerpo se relaje, y esta calma hace que el rendimiento mejore.

Cuando alguna parte de tu cuerpo está tensa, lo que haces literalmente es «aguantar» esa parte. Piensa en la vida como en un flujo continuo de acontecimientos que pasan ante ti y alrededor tuyo. Si sientes tensión en alguna parte de tu cuerpo —los hombros, la mandíbula, las manos—, te desconectas de esa corriente continua. Es como un barco por un río: no va a poder navegar corriente abajo si está amarrado al muelle. El presente no es un punto estático; es una serie de momentos en un flujo secuencial. La tensión física te mantiene fuera de este flujo.

> Cuando tus músculos están tensos, te desconectas del presente.

Cuando estás tenso, te desconectas del movimiento natural de las cosas que te rodean. Tratas de aferrarte a algo que es dinámico. Como hemos aprendido anteriormente, la tensión física *te desconecta de la tierra*. Estás tirando hacia arriba y lejos de la tierra, de la fuerza de la gravedad que te ofrece una conexión con el presente. Has de recordar que el presente es dinámico. Está en constante movimiento.

Lo más probable es que en el pasado no pusieras demasiada atención a todo ello, pero ahora lo que necesitas es cultivar tu atención de tal manera que aprendas a permanecer conectado a tierra y en calma. Y todo ello en el momento presente. Observa cómo pierdes la conexión a tierra cuando estudias o haces un examen. Utiliza un diario o un cuaderno de notas para llevar el registro de tus observaciones. Especialmente obsérvate durante el examen, ya que es en ese ambiente donde uno se desconecta.

Para ayudarte a identificar las zonas de tu cuerpo que habitualmente se tensan, te presento un mapa con los puntos de tensión más comunes. Pregúntate: «¿Dónde suelo sentir tensión cuando estoy estudiando o haciendo un examen?». Cualquier tensión que sientas en tu cuerpo —lo que hace que pierdas el contacto con el suelo— puede ser transformada y, a la vez, puedes convertir esa experiencia en una oportunidad para reconectarte y relajar tu cuerpo. Pero eso solo sucede si primero eres consciente de esa tensión.

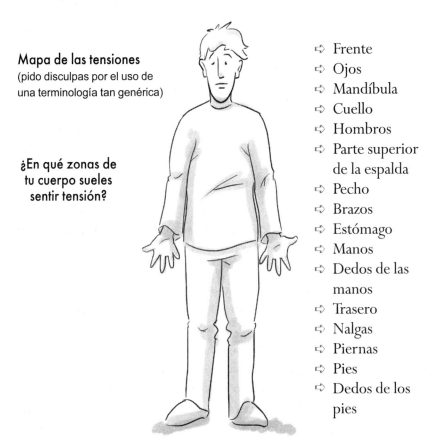

Mapa de las tensiones
(pido disculpas por el uso de una terminología tan genérica)

¿En qué zonas de tu cuerpo sueles sentir tensión?

⇨ Frente
⇨ Ojos
⇨ Mandíbula
⇨ Cuello
⇨ Hombros
⇨ Parte superior de la espalda
⇨ Pecho
⇨ Brazos
⇨ Estómago
⇨ Manos
⇨ Dedos de las manos
⇨ Trasero
⇨ Nalgas
⇨ Piernas
⇨ Pies
⇨ Dedos de los pies

También puede ser útil observar a otras personas. La próxima vez que estés en el autobús, en el mercado o de pie haciendo cola en el banco, mira a tu alrededor. No vivimos en una sociedad relajada. Verás a la gente con los hombros tensos, los puños apretados y la frente llena de surcos por las preocupaciones que sienten en sus vidas. Estas zonas de tensión aparecen en el mapa de las tensiones. Con tan solo observar a esas otras personas puedes percibir lo que están sintiendo en ese momento. Trata de ponerte en su piel. Recuerda lo que sentiste la última vez que tuviste que hacer un examen o montar en bicicleta durante tres horas seguidas. Tu cuerpo estaba tenso.

Además de las zonas habituales de tensión (la parte superior de la espalda, el cuello y la mandíbula), también hay otras áreas que se tensan, que no son tan obvias: los dedos de los pies, la lengua, los párpados o el arco de los pies, por nombrar algunas. A medida que te vas familiarizando con las zonas de tu cuerpo en las que normalmente acumulas la tensión, poco a poco empiezas a tomar conciencia de las tensiones más sutiles, aunque también profundas. Una vez que eres capaz de observar tu cuerpo entero, puedes utilizar las herramientas necesarias para calmarte y crearte un ambiente tranquilo durante todo el rato en que estés haciendo un examen.

Ahora que sabes lo mucho que te afectan las tensiones de tu cuerpo, es el momento de estar más alerta y reconocerlas cada vez que aparezcan a lo largo del día.

Cerrar los sentidos

La tercera manera de desconectarnos de nuestro cuerpo es cerrar uno o más de nuestros cinco sentidos.

Sarah era una pianista de éxito que tocaba en una compañía de ópera. Era un alma sensible, muy exigente consigo misma. Se enorgullecía de sí misma por lo bien que se preparaba para cada concierto, pero un día tuvo que actuar sin apenas haber practicado. Un colega se había puesto enfermo, y Sarah entró en escena para tocar en la ópera *Il trovatore*, de Verdi. Pese a que le era familiar, hacía años que no la había ensayado, y ahora no disponía del tiempo suficiente para prepararse. Me contó:

—Comenzamos con una escena cuyas notas eran muy difíciles. Me quedé helada. Me empecé a obsesionar con mi partitura. No estaba escuchando a los cantantes ni estaba pendiente del director de orquesta... Peor aún, no estaba escuchando la música.

De las palabras de Sarah («Me quedé helada») podemos extraer lo siguiente: se había desconectado de su cuerpo porque no estaba respirando correctamente ni sintiendo la conexión a tierra. Contuvo la respiración y empezó a sentir cómo todo su cuerpo se tensaba. Pero hay algo más que nos puede dar una pista: «No estaba escuchando a los cantantes ni estaba pendiente del director de orquesta [...] no estaba escuchando la música».

Sarah cerró sus sentidos.

Nuestros cinco sentidos son la puerta de entrada a nuestra conciencia. Vemos, oímos, olemos, saboreamos y tocamos el mundo. Cuando cerramos uno o más de nuestros sentidos, nos desconectamos físicamente de lo que nos rodea. Cuando decimos que alguien «está volado», nos referimos casi siempre a que esa persona está desconectada de la realidad. Esto significa que no está en contacto, por medio de sus sentidos, con lo que está aconteciendo a cada momento a su alrededor. Si esta persona no utiliza sus sentidos para estar en el presente, se siente literalmente desconectada del mundo. Nuestras acciones dependen de la manera en la que interactuamos con el mundo; así que puedes entender que la falta de toma de tierra te ponga en situación de desventaja.

Me di cuenta de esto un día mientras almorzaba. No hacía más que pensar en mi reunión de las tres de la tarde. No estaba saboreando la comida que estaba ingiriendo. Pinché con el tenedor un poco de la ensalada de patatas y me la metí en la boca. Pero estaba completamente ausente. No estaba prestando atención a los sabores, las texturas ni la temperatura de la comida. Cuando finalmente cambié mi estado de conciencia, pude poner mi atención en las experiencias sensoriales de mi gusto, olfato y vista. Mi nivel de estrés descendió de inmediato, porque de nuevo estaba conectado al presente. Ya no me preocupaba lo que iba a ocurrir después. Al final, disfruté mucho de la comida, aunque seguía teniendo esa reunión a primera hora de la tarde. La reunión podía ir bien o mal, «pero ahora estoy comiendo», pensé.

La expresión «¡pon todos tus sentidos!» tiene verdadera importancia aquí: al abrir tus sentidos te conectas con lo que está sucediendo aquí y ahora. Y los exámenes siempre se realizan en el ahora.

Las otras dos maneras en las que te sueles desconectar (tu respiración y tu conexión a tierra) son bastante sencillas de reconocer en el momento de hacer un examen. Pero permanecer conectado a tus sentidos puede que te resulte un poco más difícil, porque estar demasiado atento a todo lo que sucede puede distraerte. No tienes que estar con tus cinco sentidos puestos en el resto de tus compañeros en todo momento. No tienes que percibir cómo respiran, si se sienten ansiosos o si se hurgan la nariz. Los sentidos no tienen que perturbarte, inquietarte o frustrarte. Debes utilizarlos de forma selectiva cuando haces un examen para que te ayuden, en lugar de obstaculizarte y empeorar tu rendimiento. En la siguiente sección te voy a mostrar cómo lograr esto. Por ahora, lo único que tienes que hacer es ser más consciente de los momentos en los que cierras tus sentidos. Utiliza un diario o un cuaderno para anotarlo todo.

> Utiliza tus cinco sentidos para permanecer en el presente.

Pon más atención

Antes de pasar a las tres herramientas que te ayudarán a estar tranquilo, me gustaría ayudarte a reconocer mejor cuándo y cómo te desconectas de tu cuerpo. A continuación se muestra una tabla que resume lo que se ha dicho en este capítulo. Lee lo que está escrito en la tabla y considera si las afirmaciones se ajustan a ti. Si no estás seguro acerca de algunas de ellas, no pasa nada. Es posible que tengas que hacer algunas observaciones de primera mano para que puedas recoger lo que los psicólogos llaman «datos de referencia» en tu diario o cuaderno.

Recuerda que cuanta más atención prestes a tu cuerpo y a sus posibles desconexiones, más consciente serás de tu estrés. En otras palabras, te volverás a conectar de inmediato y, de hecho, reducirás tu estrés sin que llegue a tener un impacto negativo en tu rendimiento. Aún mejor, lo mantendrás en un nivel óptimo (recuerda la curva de Yerkes-Dodson), así que podrás rendir al máximo.

Al leer lo que sigue a continuación, imagina como si hubieras hecho un examen hace poco o como si estuvieras a punto de hacer uno.

	INVENTARIO DE LA CONCIENCIA: EL CUERPO Cuando me encuentro ante una situación estresante, como por ejemplo cuando tengo que hacer un examen, me doy cuenta de lo siguiente en relación con mi cuerpo. *En cada categoría, ¿qué es pertinente en tu caso?*
RESPIRACIÓN	⇨ Contengo la respiración. ⇨ Mi respiración se vuelve muy superficial. ⇨ Respiro de manera irregular (jadeo, detengo la respiración, hago respiraciones muy cortas).
CONEXIÓN A TIERRA	⇨ No siento el suelo o la silla donde estoy sentado. ⇨ No siento mis pies en el suelo. ⇨ Siento tensión en algunas zonas de mi cuerpo (nómbralas).
USO DE LOS SENTIDOS	Tiendo a cerrar los sentidos (es decir, no soy consciente de ellos). Marca cuáles son: ⇨ Tacto ⇨ Olfato ⇨ Gusto ⇨ Vista ⇨ Oído

Recuerda que *ser consciente significa prestar atención a lo que está sucediendo dentro de ti.* Al estudiar para un examen o al examinarte puedes darte cuenta de que estás haciendo con tu cuerpo todo tipo de cosas que no te ayudan. Quizás no lo hayas notado antes. La diferencia ahora es que vas a prestar atención y a tratar los síntomas de tu cuerpo como señales de tráfico que te obligan a detenerte y reconectarte de nuevo.

Cuanto más consciente seas, mejor utilizarás las herramientas que te voy a dar.

LAS TRES HERRAMIENTAS PARA TRANQUILIZARTE

Ahora ya estás listo para aprender a utilizar las tres herramientas que te ayudarán a tranquilizarte. Estas herramientas te servirán para reducir rápidamente cualquier estrés que se manifieste en tu cuerpo. Son muy fáciles de utilizar. Si ya estás trabajando el hecho de ser más consciente de tu propio cuerpo, tienes mucho ganado.

Herramienta 1: la respiración

No debería sorprenderte que la **respiración** sea la primera herramienta. Vamos a trabajar juntos en esto.

⇨ Respira profundamente. Inspira por la nariz.
⇨ Espira. Expulsa el aire por la boca.
⇨ Haz lo mismo de nuevo. Inspira. Espira.

Observa tu respiración. Advierte cuándo dejas de prestarle atención. Cuando le pido a la gente que inspire profundamente, casi todo el mundo hincha los pulmones y la parte superior del pecho. Pero esto no es una respiración *profunda*. Si levantas los hombros y expandes el pecho, no te relajas; en realidad te tensas aún más. A esto lo llamo lucha o respiración de lucha, porque te prepara para la batalla o para huir. Respiramos así cuando sentimos miedo; es lo que el cuerpo hace cuando reacciona ante un peligro. Imagínate que estás caminando por la selva y que de repente te encuentras con un tigre feroz que te muestra sus dientes en señal de ataque. El miedo recorre todo tu cuerpo. Si observas tu respiración en ese momento en el que estás frente al tigre, te darás cuenta de que estás respirando con la parte superior del pecho, tanto si decides enfrentarte al peligro como huir de él. Sea como sea, esta es una

Inspira de forma relajada. Respira profundamente. Inspira y espira, con un ritmo constante.

respiración de supervivencia y su propósito no es que te relajes, sino que te mantengas alerta.

Por el contrario, una respiración tranquila se centra en otra parte del cuerpo totalmente diferente y mucho más profunda: el abdomen. Por eso la *herramienta 1* es una respiración abdominal (o diafragmática) relajante.

 EJERCICIO: RESPIRACIÓN ABDOMINAL

Para empezar, siéntate cómodamente en una silla con la espalda bien apoyada en el respaldo.

No cruces los brazos ni las piernas (si lo haces, cortas el flujo del aire).

Deja que las palmas de las manos descansen sobre los muslos y apoya ambos pies en el suelo.

Ahora coloca las manos sobre el ombligo y deja que el vientre se relaje. No aprietes el vientre (resiste la tentación de apretarlo hacia dentro para parecer más delgado). Deja que se hinche y relájate.

En primer lugar, espira por la boca. Ahora inspira por la nariz, pero no contraigas el vientre. Permite que se expanda. Siente el aire en los pulmones, pero no subas el pecho hacia arriba. Tanto el pecho como el vientre tienen que permanecer relajados. Al espirar pon tu atención en el vientre. Observa cómo se vacía de aire.

Lentamente, inspira y espira tres veces en esta posición que te permite sentirte abierto y expandido. El pecho tiene que permanecer relajado; es el vientre el que se ensancha.

Si deseas profundizar aún más, pon las manos alrededor de tu cuerpo. Lleva las palmas y los dedos de la mano a ambos lados de la zona lumbar. Ahora, respira profundamente y siente cómo la parte baja de la espalda se expande lentamente. Es un movimiento pequeño y sutil. Tienes que estar tranquilo y en sintonía para sentirlo. A medida que vayas percibiendo el suave movimiento de las costillas, te darás cuenta de que cada vez estás más calmado.

Ahora, inspira de nuevo con el vientre y la parte baja de la espalda. Espira.

Siente cómo te calmas. No fuerces la inspiración ni la espiración. No hiperventiles.

Puede que empieces a bostezar o a tener sueño. Muchas personas tienen esta reacción. Recientemente, una joven brillante y atlética de diecisiete años vino a verme para que la ayudara con el examen del SAT. No dejó de mover el cuerpo durante todo el rato en que me estuvo hablando. Como si el tiempo la apremiara, me recitó a gran velocidad la larga lista de actividades en las que estaba involucrada. No pude evitar fijarme en su respiración. Respiraba demasiado deprisa. Empezamos a trabajar con su respiración para que fuera más profunda y regular. En menos de cinco minutos comenzó a bostezar. Bostezó mucho. De hecho, al final se quedó dormida. Su sistema estaba tan constreñido y falto de oxígeno que necesitaba descansar, y en cuanto tuvo la ocasión su cuerpo la aprovechó. Por lo tanto, si bostezas, tienes sueño o te sientes mareado cuando empiezas a respirar más profundamente, puedes estar seguro de que esto es una buena señal. Tu cuerpo se está relajando; te está indicando que no está acostumbrado a respirar de una forma tan profunda y regular. ¡Recuerda que necesita descansar!

El objetivo de la respiración abdominal es que lenta y suavemente, y con determinación, trabajes en tu respiración. Puede que al principio te sientas un poco extraño e incluso mareado por todo el oxígeno que entra y sale de tu organismo. Tu sistema sencillamente no está acostumbrado a que respires de una forma tan profunda. Normalmente haces respiraciones cortas, superficiales e incluso entrecortadas. Sin embargo, después de un tiempo la respiración profunda y regular se siente como lo más natural del mundo.

Pon tu respiración en acción

La próxima vez que te des cuenta de que no estás tranquilo, trata las sensaciones de ansiedad como una señal de alerta. Si se te revuelve el estómago, empiezas a sudar o las piernas no dejan de temblarte, tu cuerpo te está enviando una señal: «Tienes que tranquilizarte». Tu cuerpo te está hablando. Lo primero que tienes que preguntarte es «¿cómo estoy respirando?», porque es lo más primario. Quizás no te hayas dado cuenta, pero probablemente tu respiración esté siendo demasiado superficial e irregular. Haz el ejercicio anterior, y sentirás cómo te tranquilizas inmediatamente.

Una vez que hayas comenzado a respirar profundamente, recuerda sentirte agradecido. Di «gracias» interiormente. ¿Por qué debes hacer esto? Gracias a tu conciencia estás respirando más profundamente. Es un regalo. Es algo que debes agradecer. Si crees que tu conciencia proviene de un dios, una diosa, un poder superior, tu yo superior, la naturaleza, el universo o la vida, el hecho de que esa conciencia venga a ti es como un regalo. En la gratitud se reconoce al dador y le alienta a que en un futuro siga dando. Imagina que recibes un regalo maravilloso de alguien y no le das las gracias. Puede que esa persona no vuelva a hacerte ningún regalo. Pensará: «¡Recuerdo que la última vez no me dio las gracias!». Cuando uno expresa gratitud, invita a que venga más gratitud hacia él.

Lo que la mayoría de la gente hace cuando se da cuenta de que «está respirando mal» es castigarse a sí misma. Piensa: «¡No puedo creer que todavía lo esté haciendo mal! ¿Cuándo voy a aprender?». Pero no te puedes juzgar así a ti mismo. Te insto a que des las gracias por ser capaz de reconocer tus viejos hábitos y que quieras cambiarlos. La gratitud es lo contrario a la crítica y hace que se extienda una atmósfera de bondad y compasión. Es justo el ambiente que necesitas para crecer interiormente.

Si respiras en profundidad y luego dices «gracias», reduces la sensación de estrés y realmente tienes la posibilidad de conseguir tu objetivo de obtener buenos resultados en los exámenes, porque estás construyendo una relación saludable con los poderes del cambio. Cuando respiras profundamente y de manera regular, les estás dando a tu cerebro, a tu sangre y a tu cuerpo el oxígeno que necesitan para funcionar de forma óptima. Incluso si no crees en un dios, una diosa o un poder superior, cuando expresas gratitud mejoras tu relación con tu propia conciencia y con tu yo superior (la mejor persona que puedes llegar a ser).

Herramienta 2: la conexión a tierra

Susan está a punto de examinarse del GRE.[1] Está sentada en un aula rodeada de estudiantes de último año de universidad. Todo el mundo está inquieto. La ansiedad se puede oler en el aire. Susan está sentada en el borde de su silla, con uno de sus pies enroscado alrededor de la pierna contraria y el otro en el aire sin tocar el suelo, y las piernas y las rodillas le tiemblan. Definitivamente, no se siente tranquila. ¿Dónde está el error?

---

1. El GRE es un examen que deben pasar los licenciados (excepto leyes, comercio y medicina) para acceder a la mayoría de los estudios de posgrado.

Susan ha perdido su **conexión a tierra**.

Siente cómo tu cuerpo se apoya en la silla y tus pies en el suelo

Mantenerse conectado a tierra tiene dos partes. Primero debes sentir cómo tu cuerpo se apoya en la silla y tus pies en el suelo. Para tener esta experiencia, haz el siguiente ejercicio a medida que lees:

 EJERCICIO: CONEXIÓN A TIERRA

Empieza por sentarte cómodamente en una silla con la espalda bien recta.
No cruces los brazos ni las piernas.
Apoya los pies en el suelo.
Respira profundamente expandiendo el vientre.
Ahora siente el suelo bajo tus pies.
Siente cómo apoyas los pies en el suelo.
A continuación siente tu cuerpo recostado en la silla. Siente las piernas, las nalgas y la espalda tocando la silla. Si la silla tiene apoyabrazos, siente los brazos apoyados en ellos.
Siente cómo tu cuerpo se apoya en la silla y tus pies en el suelo.

Esta es la primera parte de la conexión a tierra. Continúa durante un minuto y disfruta de la sensación que se apodera de ti.

¿Te has acordado de respirar? La mayoría de las personas, cuando hacen este ejercicio por primera vez, se olvidan de respirar. ¡No permitas que eso suceda! Se pueden utilizar dos herramientas simultáneamente. Puedes mantener una respiración profunda y regular a medida que te conectas a tierra y empiezas a sentir el contacto de tu cuerpo con el suelo y la silla.

La combinación de la respiración y la conexión a tierra es muy potente y te ayuda a conectarte con tu cuerpo. También te tranquiliza y relaja, además de mantenerte presente.

Liberar la tensión física

En la segunda parte del ejercicio de la conexión a tierra se trata de soltar la tensión física. Echemos un vistazo de nuevo a Susan mientras se está examinando. Sus hombros permanecen tensos y frunce el ceño. Aprieta los puños. Luego sujeta el lápiz con fuerza, casi hasta romperlo. Todo esto es *tensión física*. Cuando un cuerpo se tensa, la gravedad no puede ejercer correctamente su fuerza de atracción. La gravedad es una fuerza de sedimentación; lo atrae todo a la tierra. Al apretar los músculos de las piernas, el cuello, la espalda o la frente, estás tirando en sentido contrario a la gravedad; te estás desconectando de la tierra.

En una de las secciones anteriores has identificado las zonas de tensión de tu cuerpo. Ahora vamos a utilizar la herramienta de la conexión a tierra para eliminar la tensión. Otro nombre para la conexión a tierra es *dejar ir*. Esto significa exactamente lo que el verbo expresa: deja ir la tensión (suéltala) dondequiera que la estés sintiendo. Permite que la fuerza de la gravedad haga su trabajo, que la tensión salga de tu cuerpo por las plantas de los pies. Practica esto con un objeto en la mano. Empieza con algo suave, como un pequeño animal de peluche, una vieja pelota de tenis o una camiseta arrugada. Aprieta bien fuerte y siente cómo aumenta la tensión. Aprieta un poco más. Luego deja ir, suelta esa tensión. Relaja los músculos de la mano. El objeto caerá al suelo. Siente cómo una ola de calma recorre todo tu cuerpo.

Para practicar el «dejar ir» en tu cuerpo, haz el siguiente ejercicio, que se llama «escáner de la tensión/liberación».

 EJERCICIO: ESCÁNER DE LA TENSIÓN/LIBERACIÓN

Siéntate cómodamente en una silla, sin cruzar los brazos ni las piernas.
Contrae los músculos del pie y de la pierna izquierdos.
Ahora, cuando espires relaja los músculos de la pierna.
Contrae los músculos del pie y de la pierna derechos.
En la próxima espiración, relájalos.
Contrae el abdomen.
Espira y relájalo.
Contrae los músculos de la mano y el brazo izquierdos.
Espira y relájalos.
Contrae los músculos de la mano y el brazo derechos.

81

Espira y relájalos.
Contrae el pecho y los hombros.
Espira y relájalos.
Contrae los músculos del cuello.
Espira y relájalos.
Aprieta la mandíbula.
Espira y relájala.
Contrae todos los músculos de la cara.
Espira y relájalos.
Contrae todo tu cuerpo.
Espira y relájalo.

Después de realizar este ejercicio, localiza la zona de tu cuerpo donde acumulas más tensión. ¿Es la mandíbula? ¿La parte baja de la espalda? ¿Las piernas? Dondequiera que sea, siente la tensión que experimentas en esa zona de tu cuerpo y mantenla, e incluso auméntala, durante cinco minutos. A continuación, en la próxima espiración, deja ir esa tensión. Relájate. Deja que la tensión salga por las plantas de los pies. Al mismo tiempo, siente cómo tu cuerpo descansa en la silla y tus pies en el suelo (la primera forma de conectarte a tierra). Si lo haces bien, esto te encamina hacia un estado de tranquilidad total.

Herramienta 3: los sentidos

La tercera herramienta de la que dispones para tranquilizarte es utilizar los **sentidos**. Es fácil que puedas activar *uno* de tus cinco sentidos —la vista, el oído, el gusto, el olfato o el tacto— cuando tomas conciencia de sentirte ansioso. A medida que te conectes con tu entorno a través de los sentidos, empezarás a notar el cuerpo más calmado. Serás más consciente de lo que te rodea.

¿Qué relación hay entre la apertura de los sentidos y la tranquilidad? Esta herramienta es un poco más complicada que las dos primeras, así que quédate con la explicación que doy a continuación y todo te resultará más fácil.

Tus sentidos te conectan al mundo. Te dicen lo que estás viendo, escuchando, saboreando, tocando u oliendo. Sin ellos te sentirías perdido; no sabrías lo que está sucediendo a tu alrededor. Te sentirías totalmente desconectado, lo que sería aterrador. Un experimento muy conocido que se hizo en el campo de la psicología demostró este hecho. Cuando se puso a un grupo de personas en una habitación totalmente a oscuras y sin ningún tipo de ruido, de inmediato se sintieron desorientadas. Pronto se empezaron a sentir ansiosas. ¿Por qué? Porque no tenían puntos de referencia o algo que les resultara familiar. Se sentían totalmente perdidas, andaban a ciegas, desconectadas de cualquier posible *input* sensorial. La información sensorial es el modo en el que nos conectamos con el mundo. Dado que el estrés es una forma de desconexión, tiene sentido decir que para reducir el estrés, la ansiedad y la tensión es deseable que aumentes tu conexión, esta vez, a través de los sentidos.

Vamos a empezar con el sentido de la vista. Los oculistas dicen que cuando estamos ansiosos perdemos parte de nuestra visión. Vemos unas cosas y no vemos otras. Esto aparece reflejado en la expresión «visión de túnel». Comúnmente decimos que una persona tiene visión de túnel cuando no tiene una perspectiva completa acerca de algo. Podríamos decir que «John tiene visión de túnel cuando se trata de política», lo que significa que no es capaz de tener en cuenta otras posturas políticas, o no está dispuesto a ello. Al final llegamos a la conclusión de que no se puede hablar con John. Esto contrasta con una persona que tiene una visión más amplia de las cosas: «Jane está teniendo en cuenta varias opciones en la negociación». Jane también puede creer férreamente que su punto de vista es el correcto, pero su visión de la situación general no es tan reducida como la de quien solo puede ver uno de los lados.

Cuando hablamos de una *visión más amplia o más estrecha*, no solo nos estamos refiriendo a una cuestión de actitud, sino también a una conexión real por medio de nuestro sentido de la vista. Cuando abres tu sentido de la vista, puedes reducir el estrés en tu sistema. Esto también se aplica a los demás sentidos. Cuanto más practicas, más tranquilo te sientes.

Ahora vamos a trabajar con el sentido de la vista a través de un ejercicio muy sencillo. El propósito es abrir el sentido de la vista mediante la apertura de la visión periférica.

EJERCICIO: APERTURA DE LA VISIÓN PERIFÉRICA

Siéntate cómodamente y mira al frente.

Mantén la cabeza quieta, mueve los ojos hacia la izquierda todo lo que puedas e intenta ver hasta dónde llega tu visión.

Trae de nuevo los ojos al centro. Respira.

Ahora mueve los ojos hacia la derecha todo lo que puedas e intenta ver hasta dónde llega tu visión.

Trae los ojos al centro. Respira.

A continuación mira tan arriba como puedas. Ve todo lo que puedas que esté por encima de tu cabeza.

Trae los ojos al centro. Respira.

Y ahora mira tan abajo como puedas.

Y de vuelta al centro. Respira.

Finalmente mira al frente. Acabas de ampliar tu visión en las cuatro direcciones.

Observa si ahora ves mejor. Compara tu sensación de ahora con la que sentías antes de realizar este ejercicio.

Respira, siéntete conectado a tierra y disfruta de tu cuerpo relajado.

¿Por qué el hecho de expandir tu visión te va a relajar? Una respuesta rápida sería que cuando eres capaz de relajar los ojos, calmas todo tu cuerpo de arriba abajo, porque amplías tu visión periférica y usas tu sistema nervioso parasimpático. Todo tiene que ver con el funcionamiento del sistema nervioso humano.

Tu sistema nervioso se divide en dos: el sistema nervioso simpático y el sistema nervioso parasimpático. Cada uno tiene una función diferente y, a la vez, complementaria. El primero regula la excitación; te mantiene alerta. El segundo regula la relajación; te calma. Cuando tu organismo siente que corre peligro, el sistema nervioso simpático se activa y suena una alarma que envía señales de alerta a tu cerebro: «¡Peligro! ¡Ten cuidado!». La adrenalina fluye. La sangre comienza a bombear. El intestino se contrae. La respiración se acorta. Tus opciones son luchar o huir. Te preparas para atacar o para escapar de la amenaza. En contraste, cuando el peligro ya ha pasado, tu cuerpo necesita restablecerse, tranquilizarse y descansar. Es entonces cuando el sistema parasimpático toma el control. Necesitamos ambos sistemas, ya que se equilibran entre sí. Si todo el tiempo estuviéramos en estado de alerta, nos sentiríamos demasiado asustados, y si todo el tiempo estuviéramos relajados, sentiríamos demasiada indiferencia.

¿Cómo se relaciona todo esto con los ojos y con el hecho de calmarse?

Nuestro sentido de la vista se compone de dos partes, la visión central y la visión periférica, y cada una de ellas está conectada a su vez a una parte distinta del sistema nervioso. Utilizas tu visión central, que está conectada al sistema nervioso simpático, para identificar lo que tienes en frente o lo que se dirige hacia ti. Es indistinto si lo que ves delante de ti es un león feroz o una señal de tráfico, porque cuando tu visión central permanece activada, tu sistema nervioso siempre está un poco excitado. Por otro lado, cuando tienes una visión de conjunto y tu visión periférica, que está conectada a tu sistema nervioso parasimpático, se halla activada, te calmas.

Esto adquiere verdadera importancia especialmente para todos aquellos que tienen que hacer un examen, ya que las preguntas del examen se tienen que leer, y para ello se utiliza casi exclusivamente la visión central. Por lo tanto, estás poniendo demasiado énfasis en el sistema nervioso simpático, y esto te pone en un continuo estado de excitación. No es de extrañar que algunos estudiantes aseguren que se sienten cansados después de haber estado leyendo un libro durante un período de tiempo largo o después de un examen. Cuando usan los ojos para enfocar la mirada en las preguntas del examen, se están alterando sin darse cuenta. La lectura ininterrumpida durante períodos de tiempo largos crea mucho estrés. Creemos que lo que nos pone nerviosos es hacer el examen en sí, pero muchas veces lo que nos estresa es leer las preguntas, ya sea en una hoja de papel o en el ordenador. El problema es que estás activando tu sistema nervioso simpático. Necesitas dar un descanso a tus ojos. Si estás estudiando para un examen o estás examinándote, tienes que descansar la vista de vez en cuando y dejar que tu sistema nervioso parasimpático tome el control, te equilibre y te calme. Esto es lo que hiciste en el ejercicio anterior.

Lo que acabas de hacer con la vista también se puede hacer con los otros sentidos, aunque de una manera un poco diferente en función del sentido. Abre tu sentido del olfato o del gusto cuando estés sentado a la mesa. La mayoría de nosotros no prestamos demasiada atención a nuestra comida; comemos como si estuviéramos haciendo una parada técnica en una gasolinera: «¡Por favor, llene el depósito!». No saboreamos realmente los alimentos. La próxima vez que comas, tómate tu tiempo para degustar los diferentes sabores, sentir la variedad de las texturas de los alimentos y oler los aromas sutiles. Así es como cenan muchos europeos (en comparación con los estadounidenses). Ellos disfrutan de la comida y siempre que tienen ocasión la comparten con los demás.

Descansar los ojos de vez en cuando te ayuda a mantenerte tranquilo.

Trabaja con tu sentido del oído prestando atención a los sonidos que hay a tu alrededor. Tal vez lo primero sean los sonidos de tu propio cuerpo. Luego escucha los de la habitación donde estás. A continuación los de tu casa, y luego los de la calle.

Trabaja con tu sentido del tacto sintiendo las diferentes texturas de la ropa que llevas puesta. ¿Qué tacto tiene tu camisa o tu blusa? ¿Cómo responde tu cuerpo al roce con la ropa? ¿Cómo sientes la tela de tus pantalones en las piernas? Si sostienes un bolígrafo o un lápiz en la mano, siente su peso y firmeza. Mientras haces esto, siente tu respiración y tu conexión a tierra.

Conectarte con tus sentidos es una forma eficaz de estar presente y no dejarte arrastrar por la tensión y la ansiedad. Tus sentidos siempre están ahí para ayudarte y son las herramientas más prácticas de que dispones para conectarte con el momento presente. Me sorprende ver que la gente desconoce algo tan obvio. Los sentidos pueden ayudarte realmente a calmar el cuerpo.

Esta herramienta puede serte útil particularmente cuando tengas que prepararte para un examen o cuando te estés examinando. A veces empezamos a preocuparnos por lo que no sabemos, o nos imaginamos fallando todas las respuestas. Creemos que va a ocurrir lo peor. Nos imaginamos toda clase de escenarios catastróficos. Pero ¿acaso no has trabajado para que esto no suceda? Sí. Entonces, tranquilízate. Conecta con tus sentidos. Aquí y ahora. Respira. Siente tu conexión a tierra. Hazlo, porque funciona.

Cuando estés haciendo un examen

Por favor, no me digas: «No tengo tiempo para respirar en el examen». Hace poco un estudiante me dijo esto. Lo miré y le contesté:

—¿No tienes tiempo para respirar?

Creo que lo que quiso decir fue: «No tengo tiempo para prestar atención a la respiración y utilizar las herramientas necesarias para tranquilizarme». Mi respuesta fue:

—¡Estás respirando todo el tiempo! Lo que tienes que hacer es aprender a usar la respiración para aprobar el examen.

El proceso puede durar más o menos, pero al final marcará la diferencia en la forma de hacer el examen.

Sin embargo, si piensas que no puedes permitirte el lujo de realizar los otros ejercicios de este capítulo, por lo menos haz este de forma eficaz. Es como apretar el botón de «reiniciar». Si haces esto, tu atención mejorará y tu energía aumentará. Solo se tarda unos segundos en aprender a hacer este ejercicio y menos aún en realizarlo, una vez has adquirido la práctica.

 EJERCICIO: REINICIAR EL SISTEMA

Al espirar, cierra los ojos y relájate.
Siente cómo el aire recorre toda la parte de delante de tu cuerpo hasta el suelo, y relájate.
Ahora inspira, sintiendo el aire por la parte posterior de tu cuerpo, desde los pies hasta la parte superior de la cabeza.
Cuando llegues a la parte superior de la cabeza, abre los ojos.

Este ejercicio es muy bueno, porque combina las tres herramientas que te ayudan a estar tranquilo: la respiración, la conexión a tierra y los sentidos. Algunos estudiantes que utilizaron esta técnica subieron su puntuación en el SAT de cien a doscientos puntos.

La coherencia es la clave: decide que vas a utilizar todas estas herramientas (la respiración, la conexión a tierra y los sentidos) cada cinco, diez o veinte preguntas. Si normalmente estudias repasando exámenes anteriores, practica esta rutina durante el tiempo de estudio y, luego, aplícala el día del examen.

Una vez una estudiante se encaró conmigo después de haber trabajado juntos durante un tiempo con esta herramienta. Estaba bastante enfadada. Me dijo:

—He hecho lo que me explicó con la respiración. Pero no funcionó. ¿Y ahora qué?

Ten paciencia contigo mismo. Mantener la calma requiere práctica.

No hay otro «ahora» u otro «qué». No hay nada más importante que la respiración. La respiración es algo que te va a acompañar a lo largo de toda tu vida. Sin embargo, se necesita tiempo para llegar a ser consciente de ella. Se necesita tiempo para aumentar el conocimiento del cuerpo y utilizar conscientemente las herramientas para estar presente y tranquilo. Estás intentando cambiar viejos hábitos, así que ten paciencia contigo mismo. Si tienes problemas para recordar todo lo que tienes que hacer, te animo a que utilices mi CD *Dr. B's Gentle Prompts for Calming Down*. Es un CD que puedes descargarte en tu MP3 o iPod y usarlo mientras estudias. En él se oye mi voz. Cada cierto tiempo te pido que observes tu respiración, tu conexión a tierra y tu conexión con tus sentidos. Cuanto más oyes este recordatorio, más se entrena tu sistema.

Respira, conéctate a tierra y abre tus sentidos

Esto es todo lo que necesitas hacer. Tu cuerpo es el fundamento físico de tu poder. Siente tu cuerpo. Hazlo ahora, y sigue haciéndolo durante el resto de tu vida.

REVISIÓN FINAL: APRENDE A TRANQUILIZARTE

Cuando estés estudiando para un examen...

Toma conciencia

⇨ ¿Estás tensando alguna zona de tu cuerpo (los hombros, el estómago, la mandíbula...)?

⇨ ¿Te vienen a la mente pensamientos de ansiedad?

⇨ ¿Estás conteniendo la respiración?

Utiliza las herramientas

⇨ Respira profundamente. Lleva el aire al vientre y a la parte baja de la espalda tres veces. Inspira por la nariz y espira por la boca.

⇨ Conéctate con la tierra (los pies en el suelo, y las nalgas y la espalda apoyadas en la silla).

⇨ Abre tus sentidos (ve los colores, siente el tacto de tu ropa, escucha los sonidos).

Permanece en este estado durante unos minutos.

Luego, vuelve a estudiar. Permanece conectado a tu cuerpo.

Cuando estés haciendo un examen...

Toma conciencia

⇨ Presta atención a los momentos en los que no te sientes relajado (en los que sientas nerviosismo, tensión física, pensamientos acelerados).

Utiliza las herramientas

⇨ Respira profundamente. Lleva el aire al vientre y a la parte baja de la espalda tres veces. Inspira por la nariz y espira por la boca.

⇨ Conéctate con la tierra (los pies en el suelo, y las nalgas y la espalda apoyadas en la silla). Relaja la tensión.

⇨ Abre tus sentidos (siente el tacto de tu ropa, relaja los ojos).

Vuelve al examen. Permanece conectado a tu cuerpo.

Capítulo 5

CONFÍA EN TI MISMO

¡TODO ES UN ENREDO!

Sophie, una estudiante de segundo año de universidad, hablaba entre sollozos:

—Siempre me sucede lo mismo en todos los exámenes. Después de un par de minutos empiezo a tener problemas para recordar lo que estudié. A medida que voy leyendo las preguntas, el examen se vuelve cada vez más difícil. Creo que no sé nada. Siento como si me estuviera ahogando. Solo quiero que esta pesadilla termine de una vez.

Sophie estaba llena de frustración, sobre todo porque se preparaba a fondo antes de cada examen, pero sus resultados nunca eran buenos. Incluso sus amigos, sabiendo lo mucho que estudiaba, recurrían a ella cuando tenían alguna duda acerca del temario. Cuando sacó solamente un 5 en el examen (muy lejos del 8 que creía que se merecía), se decepcionó y se enfadó bastante. Me dijo entre lágrimas:

—En comparación con lo duro que trabajo, mis amigos apenas estudian en absoluto. Se distraen haciendo otras cosas, y estudian en el último momento. Ni siquiera entienden el temario. Y luego sacan mejores notas que yo. No es justo. ¡Yo flipo!

Cuando le pregunté a Sophie qué quería decir con lo de «flipar», lo describió como una sensación de asombro. Salía fuera de sí cada vez que intentaba responder las preguntas:

—Pienso que... no entendí la pregunta... no estudié lo que supuestamente tenía que haber estudiado... no me acuerdo de nada... no voy a acertar las respuestas... que no me van a renovar la beca. —Su voz se apagó. Me miró desalentada y me dijo susurrando—: Es un desastre.

Sophie estaba describiendo una de las peores experiencias que puede vivir uno cuando hace un examen: la pérdida de confianza en sí mismo. Cuando estás tratando de responder una pregunta y en tu mente empiezan a aparecer pensamientos negativos, tales como «no sé la respuesta», «no puedo resolver el problema» o «soy idiota», sin darte cuenta te estás «enredando»: «no lo recuerdo», «no soy lo suficientemente inteligente», «no voy a aprobar el examen». Por supuesto, toda esta negatividad te hace sentir mal. Cuando empiezas a dudar de ti mismo, el miedo se apodera de ti. Sientes que vas a fracasar, que no vas a aprobar el examen, y también tienes miedo de lo que otros vayan a pensar de ti si lo haces mal. La ansiedad y la duda pronto se convierten en una profecía autocumplida. De repente, no puedes recordar lo que has estudiado; te quedas en blanco. No estás seguro de tu propio razonamiento y juicio, y ya no sabes cómo responder a las preguntas del examen. Con toda esta negatividad, tu nivel de estrés se eleva y tu rendimiento empeora, sin importar lo mucho que te hayas preparado.

Si quieres que tu rendimiento se corresponda con lo mucho que has estudiado, necesitas tener confianza en ti mismo. Tienes que creer que puedes conseguir un resultado exitoso, que eres lo suficientemente inteligente, que comprendes todo el temario y que puedes responder todas las preguntas. Es la misma profecía autocumplida que acabo de mencionar hace un momento, pero esta vez en sentido opuesto. Has de ser más positivo. Cuando crees en ti mismo, es más fácil que tu rendimiento sea más bueno.

Para algunas personas, la confianza en uno mismo es algo misterioso. Creen que algunos nacen con confianza en sí mismos y otros no. Los más afortunados tienen confianza en sí mismos, pero no se sabe muy bien de dónde la sacan. ¿Nacieron con ella? ¿Los criaron de alguna forma especial? ¿La tienen por algo que comieron? Para mí, no es un misterio en absoluto. En este capítulo voy a demostrar que todos podemos tener confianza en nosotros mismos. Verás cómo puedes hacer que crezca la confianza en ti mismo. También te voy a ayudar a recuperarla cuando te sientas abatido.

LA CONFIANZA: TODO ESTÁ EN TU MENTE

¿Qué importancia tiene la confianza en nuestro *taburete de tres patas*? Una de las patas corresponde a la mente. Pues bien, tu confianza en ti mismo está determinada en gran parte por lo que ocurre en tu mente. «Mente» es una palabra imponente, y las definiciones varían según quien esté hablando de ella. Pregúntale a un filósofo, a un analista de sistemas, a un psicólogo y a un clérigo qué es la mente, y obtendrás cuatro respuestas diferentes. La mayoría de la gente piensa que se trata de un gran archivador o un disco duro donde la información se almacena. Cuando es el momento de hacer un examen, solamente tienes que ir a ese almacén, abrir la puerta, sacar la información, y luego volver a guardarla. Como psicólogo y *coach*, tengo una idea diferente acerca de lo que es la mente.

Para mí, es un charlatán, una emisora de radio que transmite un flujo constante de pensamientos que comparan, animan, critican, evalúan y juzgan todo lo que está dentro y fuera de uno: «Esa chica es hermosa», «Esta comida es asquerosa», «Es un idiota», «Me encanta comer bistecs», «No me gusta el brócoli»...

Cuando se trata de tu rendimiento en un examen, tu mente crea su propio monólogo, y a menudo se contradice: «Soy muy bueno en historia», «Soy terrible en geometría», «Siempre saco buenas notas en estas asignaturas», «Nunca voy a aprobar», «Entiendo esta pregunta», «No tengo ni idea de lo que tengo que responder», «Voy a sacar muy mala nota», y así sucesivamente.

Entrena tu mente para que sea tu apoyo constante y leal.

Cuando tu mente tiene pensamientos positivos, que te reafirman como persona y te dan coraje, como por ejemplo «Puedo hacerlo», «Tengo lo que necesito para hacerlo bien» o «Lo voy a conseguir», te sientes confiado. Tienes fe en ti mismo. Crees realmente que vas a tener éxito. Avanzas hacia delante, te sientes bien contigo mismo. Pero si a tu mente no hacen más que acudir pensamientos negativos, del tipo «No soy lo suficientemente inteligente», «Nunca lo voy a conseguir» o «Soy un perdedor», estás dejando que las dudas te invadan. No confías en ti mismo. Esto es una distracción, y este déficit de confianza puede dañar gravemente tu capacidad de hacer bien el examen y sacar buena nota.

En este capítulo te voy a entrenar para que tu mente funcione mejor. En primer lugar, vamos a examinar lo que es la confianza en realidad. A continuación veremos cómo la mente afecta al rendimiento tanto de forma positiva como negativa. Y finalmente te mostraré cómo fortalecer tu mente, incluso en los exámenes que más retos te plantean.

¿QUÉ ES LA CONFIANZA?

La palabra «confianza» está compuesta por dos raíces latinas: *con* («con») y *fidelis* («fe», «confianza»). Una persona con confianza, segura de sí misma, tiene fe en sí misma y confía en poder cumplir con las tareas que tiene encomendadas.

Fidelis tiene un significado adicional, que es «lealtad», por lo que podemos decir que una persona segura de sí misma también es fiel a sí misma. Cuando está haciendo un examen y las preguntas son difíciles, no abandona a la mitad. Cree que puede seguir adelante y llegar hasta el final.

Si normalmente luchas contigo mismo y tienes poca confianza, es probable que sientas lo contrario cuando haces un examen. Cuando las cosas se ponen difíciles, quieres salir corriendo: «No puedo hacerlo. Me marcho de aquí. Abandono». Cuando echas un vistazo por el aula donde te estás examinando, ves que todo el mundo está centrado en su examen: «Ellos pueden hacerlo; ¿qué pasa conmigo?». Te puedo decir, después de haber trabajado con miles de estudiantes en los últimos treinta años, que estás proyectando en ellos una seguridad que probablemente no tienen. Muchos otros de los examinandos presentes en el aula están luchando ferozmente con su diálogo interno negativo. Se sienten abrumados por el examen y desearían estar en cualquier otro lugar, pero no huyen. Pueden parecer tranquilos y centrados, al igual que tú se lo puedes parecer a ellos, pero en su interior también sienten la misma angustia y tienen ganas de huir.

Querer huir es un problema, porque significa que tu atención no está puesta plenamente en el presente. Se podría decir que estás fuera del aula, y no dentro. Tu mente, como tu cuerpo y tu espíritu, es un jugador clave en tu «equipo de tres». Tiene que desempeñar su papel de manera que puedas ganar. Siempre que afrontas un reto, ya sea en un aula, un campo de juego, un teatro o una sala de conciertos, necesitas que tu mente esté contigo, para alentarte y apoyarte en lo bueno y en lo malo, y que no se vuelva contra ti y te dificulte el desarrollo de la tarea. Cuando tu mente está gritando «¡déjame salir de aquí!», es una manera de abandonarte a ti mismo, lo que sin duda podemos llamar una forma de deslealtad. Tienes que entrenarte para ser leal a ti mismo, tener fe en tus capacidades y confiar en que vas a poder hacer bien tu trabajo.

NEGATIVIDAD Y DESCONEXIÓN

Tu evaluación constante, tu mente charlatana, tiene dos lados: el positivo y el negativo. El lado positivo te transmite mensajes de apoyo y aprobación: «Puedo hacerlo. Tengo suficientes agallas. Soy lo suficientemente inteligente». El lado negativo te transmite mensajes de desaprobación, destructivos y desalentadores: «No voy a tener éxito. No sé lo que estoy haciendo. No puedo hacerlo».

En matemáticas, un signo negativo es un signo de menos, de resta. Lo disminuye todo. Cuando estás diciendo cosas negativas sobre ti mismo, tu mente está restando de lo que eres y te quita la posibilidad de que tengas un gran éxito. En otras palabras, eres «menos». Estás desconectado del lado positivo de tu mente, ese lado que quiere apoyarte y alentarte para que hagas lo mejor que puedas aquello que tienes que hacer. Una mente negativa te aleja de tu camino o te deja tirado en la cuneta.

Cuantas más cosas negativas te digas a ti mismo (cuanto más te desconectes del lado positivo), más crecerá tu estrés. Recuerda la idea básica: *el estrés es una forma de desconexión*. Cada vez te sientes más ansioso y

«No puedo...», «no sé...», «no soy...»: los pensamientos negativos te crean ansiedad.

preocupado, y eso hace que te olvides de lo que has estudiado y que no confíes en tu propio juicio, lo que hace que cometas más errores. Es evidente que tu rendimiento se va a ver seriamente afectado.

Liza, que se estaba preparando para el examen del LSAT[1] para entrar en la facultad de derecho, sufrió de esta negatividad. A pesar de ser una mujer joven y brillante, con un promedio académico muy bueno, Liza se derrumbaba cada vez que se sentaba a estudiar para ese examen tan importante. Esto iba a afectar a su puntuación. Si su puntuación era alta, podría cumplir su sueño de la infancia: recibir una beca y entrar en la facultad de derecho. Una puntuación alta podría demostrar que todo el tiempo y el dinero que había gastado en cursos de preparación valieron la pena y no fueron un desperdicio de recursos valiosos.

Mientras Liza hablaba, me di cuenta de que le temblaban las manos y la voz. Se notaba que estaba agitada. Así que inmediatamente pensé que lo mejor era darle las tres herramientas para aprender a calmarse y a relajar su cuerpo. Le enseñé a regular su respiración, a mantenerse conectada a tierra y a abrir sus sentidos, al igual que hice contigo anteriormente. A pesar de que experimentó un cierto alivio después de lo que hicimos en la primera sesión, unos días más tarde me llamó por teléfono, decepcionada. Me dijo que el alivio que había sentido solo fue temporal.

—Todavía me siento estresada —añadió. Parecía agotada.

Para nuestra segunda sesión le pedí que trajera su libro de preparación del LSAT, que incluye unas preguntas prácticas. Quería observar cómo reaccionaba mientras contestaba a las preguntas. Cuando comenzó el proceso, la vi utilizar obedientemente las herramientas que le había enseñado. Sin embargo, al cabo de un rato empezó a mover la cabeza en señal de negación. Sudaba y estaba inquieta. Parecía angustiada y preocupada. Hizo otro intento de utilizar las herramientas que le había enseñado para calmarse, pero no paraba de sacudir la cabeza, tan deprisa que claramente parecía que estaba sufriendo una crisis. Preocupado por su bienestar, le pedí que se detuviera.

—¿Qué está pasando? —le pregunté.

---

1. Examen para acceder a la Facultad de Derecho.

Se volvió hacia mí y, mirándome con una expresión de mucho dolor y sacudiendo la cabeza, me dijo:

—No puedo hacerlo. No soy lo suficientemente inteligente para hacer este examen. Siempre he querido ser abogada, pero supongo que no tengo la suficiente inteligencia para conseguirlo.

Ser abogada era el sueño de Liza desde su infancia. Durante muchos años había trabajado duro para lograr ese sueño, pero su diálogo interno negativo estaba causando que se desconectara de un modo importante de su lado positivo. No estaba siendo leal a sí misma, y ciertamente no era consciente de que sus pensamientos negativos la estuvieran apartando de su objetivo, ni de que eran la verdadera causa de su estrés. Con toda esta desconexión, ¿cómo podía manejarse bien? No estaba en equilibrio. Una vez que fue capaz de aprender y utilizar las herramientas para tener confianza en sí misma, pudo estudiar sin problemas y acabó obteniendo una muy buena puntuación en el LSAT.

SENTIRSE SOLO

Cuando piensas mal de ti mismo, te desconectas, no solo de todo lo positivo que hay dentro de ti, sino también de la gente que hay a tu alrededor y que puede ofrecerte su apoyo. Tal vez lo que te sucede es que tienes miedo de decirles a los demás lo que realmente sientes acerca de ti mismo, porque crees que te van a tachar de estúpido y débil. Crees que nadie puede entender realmente por lo que estás pasando. Después de todo, los demás parecen muy seguros de sí mismos, ¿verdad? Pues no es cierto.

Nadie está seguro de sí mismo todo el tiempo. Pero todo el mundo puede aprender a sentirse seguro.

A veces es natural sentirse mal consigo mismo. Nadie va por la vida sintiéndose totalmente seguro de sí mismo en todo momento. Todos perdemos la confianza en nosotros mismos de vez en cuando. Esto le ocurre a todo el mundo. Tal vez pienses que eres el único que cree que es tonto o estúpido, y que si alguien se entera te va a humillar; estás seguro de que tus compañeros, tus profesores y tus padres van a pensar mal de ti. En algunas culturas, a esto se le llama «perder la credibilidad», y puede provocar una serie de sensaciones desagradables y vergonzosas.

Así que no dices nada. Guardas dentro de ti todos esos pensamientos negativos y pesimistas.

Para evitar que los demás te humillen, te mantienes alejado de ellos, incluso de las personas que más pueden apoyarte. Pero el aislamiento solo hace que te sientas peor; favorece tu estrés en los momentos críticos, cuando cierto apoyo de otras personas podría serte realmente de gran ayuda. Todos necesitamos el estímulo de aquellos que están cerca de nosotros; sin el apoyo de los demás agonizamos en silencio y nos sentimos perdidos.

Thomas, un chico de dieciséis años, hijo de dos abogados, sufrió esta sensación de sentirse totalmente solo. Independientemente de lo mucho que estudiara, cada vez que escuchaba la palabra «examen» perdía la confianza en sí mismo y se aislaba. En nuestra primera sesión admitió que veía las preguntas del examen y se quedaba en blanco. Cuando le pregunté por qué, se encogió de hombros y dijo: «No lo sé». Esa fue la mejor respuesta que pudo darme. Se asustó y miró hacia otro lado.

A medida que empezamos a trabajar juntos, me enteré de que Thomas tenía una hermana mayor y un hermano menor que eran personas muy triunfadoras. Sus profesores y sus padres constantemente lo comparaban con ellos. Aunque los padres de Thomas expresaban preocupación por su hijo y parecían querer lo mejor para él, en realidad estaban más preocupados por su propia imagen social. No les gustaba ser vistos como los padres de un niño al que no le va bien en la escuela. Se escondían tras una fachada de «todo está bien».

Pero, desde luego, no todo «estaba bien» para Thomas. Estaba cursando su segundo año en un instituto de secundaria muy competitivo, donde, a su parecer, todo el mundo era extremadamente competente. Sentía vergüenza de admitir ante sus profesores, su tutor y sus amigos que se sentía estúpido. Sin nadie con quien hablar, se sentía solo en el centro. En casa, donde sus padres querían mantener una cierta imagen y no discutían ese asunto abiertamente, evitaba hablar de sus problemas, porque no sentía que estuvieran dispuestos a escucharlo. Se sentía atascado.

Así es como muchas personas se sienten cuando pierden la confianza en sí mismas y en su capacidad de hacer frente a los exámenes.

Se sienten aisladas e inmovilizadas. Si bien es cierto que cuando te encuentras en un aula haciendo un examen estás solo, eso no significa que no puedas contar con ningún apoyo. No estás realmente atascado; solo te sientes atascado. Si aprendes a confiar en ti mismo, cuando vayas a hacer un examen tu mente estará allí contigo, como un amigo que te apoya y te ayuda en los momentos más críticos, esos momentos en los que casi no te quedan fuerzas y lo abandonarías todo. La forma en la que utilizas tu mente y te hablas a ti mismo lo cambia todo.

PRIMERO TOMA CONCIENCIA

En este libro te estoy dando a conocer un tipo de entrenamiento que se divide en dos pasos para mejorar tus resultados en los exámenes.

Paso 1: toma conciencia de las señales que te avisan del estrés que sientes y de tu desconexión.

Paso 2: utiliza las herramientas específicas para volverte a conectar contigo mismo, reducir tu nivel de estrés y aumentar tu rendimiento.

En el capítulo anterior aplicamos esta estrategia de dos pasos para trabajar la desconexión de tu cuerpo. Primero tuviste que reconocer los signos físicos de esa desconexión (presión en el pecho, palpitaciones, tensión en los músculos, etc.), y luego aprendiste y practicaste las tres herramientas necesarias para volver a conectarte físicamente (respiración, conexión a tierra y conciencia de tus sentidos).

En esta sección vamos a aplicar el mismo proceso de dos pasos a tu mente. Vas a empezar tomando conciencia de lo que está ocurriendo en ella y, después, examinarás los pensamientos negativos que tienes sobre ti mismo.

El catálogo de la negatividad

La mente tiene varias maneras de transmitir negatividad cuando estás haciendo un examen; todas ellas te desconectan de tu lado positivo y debilitan tu confianza en ti mismo. Al leer las descripciones que se presentan a continuación, identifica cuáles se ajustan más a tu diálogo interno cuando estás en medio de un examen:

⇨ **Dudas de ti mismo.** Tu monólogo interior está lleno de frases que comienzas con las palabras «no puedo», «no sé», «no soy»... Por ejemplo: «Voy a suspender este examen porque incluso mi padre dice que no soy bueno en matemáticas» o «Siempre fallo en los videojuegos, así que no tengo la coordinación de manos y ojos necesaria para salir airoso de este examen de conducir». Estás dudando de tus habilidades. Te encuentras tan atrapado en tu propia espiral descendente que te es difícil pensar en cualquier otra cosa, sobre todo en lo que realmente quieres: acertar las respuestas del examen.

⇨ **Crees que hay algo malo en ti o que eres una mala persona.** Estos pensamientos suenan algo así como: «Soy un desastre», «Soy un perdedor», «Debo de ser defectuoso», «Nadie de mi familia ha pasado del instituto», «Los O'Connor sencillamente no estamos hechos para la universidad», «Mi hermana me dice que nací sin cerebro» o «Nadie me lo va a decir, pero creo que nací con algún defecto; es por eso por lo que siempre estoy entre los últimos de la clase». Crees que el hecho de pensar esto demuestra que eres deficiente, y que probablemente no haya ningún remedio.

⇨ **Te arrepientes del pasado.** No dejas de pensar sobre lo que deberías haber hecho y no hiciste: «En sexto de primaria perdí el tiempo porque estuve todo el rato jugando a la Nintendo. Eso me ha arruinado la vida. Nunca me pondré al día» o «Si no me hubiera entretenido leyendo todos esos libros equivocados para prepararme el examen...». Te autocastigas porque no supiste aprovechar las oportunidades del pasado.

⇨ **Te imaginas lo peor (proyección hacia el futuro).** Tu negatividad se extiende al futuro inmediato: «Sé exactamente lo que va a pasar en el examen. A alguien se le va a caer el lápiz o se va a rascar la oreja, y eso va a hacer que me distraiga, y luego voy a sacar una mala nota y nunca entraré en el ranking de las mejores marcas estatales... Acabaré en una universidad tan cutre que lo mejor es que abandone ahora y me ponga a trabajar en lo que sea». Tienes ganas de abandonar o de huir.

⇨ **Te sientes impotente y solo.** Sientes que no puedes hacer nada para cambiar la situación y que nadie te puede ayudar: «No tengo ninguna oportunidad entre tanta competencia. Los demás son mejores que yo. Todo lo que tengo es a mí mismo, y eso no es mucho» o «Todo el mundo sabe lo mucho que estudio y que luego no consigo ningún buen resultado. Me veo como un perdedor, y nadie invierte en un perdedor». Te sientes solo y tal vez desesperado.

⇨ **Tienes miedo a la humillación y al castigo.** Te imaginas una reacción negativa de tu padre, un profesor o un amigo. Puedes oír a los demás diciéndote (o gritándote): «Has vuelto a fallar. ¿Qué es lo que te pasa? Incluso los alumnos menos inteligentes aprobaron el examen» o «Hijo, cuando yo tenía tu edad, nunca traje a casa tan malas notas. ¿Cómo explicas esto? ¿Qué? ¡¿Ahora no me quieres responder!?». Esto hace que cada vez tengas más pensamientos negativos.

⇨ **Tienes miedo de que la historia se repita.** Tuviste problemas en un examen pasado, y ahora que estás estudiando para hacer otro tienes miedo de volver a fallar: «La última vez saqué muy mala nota. No sé cómo puedo hacerlo mejor esta vez. Mejor que me conforme con una mala nota».

⇨ **Tu pensamiento se vuelve desorganizado.** Mientras estás haciendo un examen, te encuentras con que este no se ajusta a la forma en la que ordenaste el temario en tu mente mientras estudiabas. Te desorientas. No puedes organizar las ideas en tu mente, que en este momento experimenta un desorden caótico: «Oh, Dios mío, ¿qué es esto? Nunca he visto esto antes. No me acuerdo de nada. Lo estudié todo mal. ¡Mi memoria está llena de agujeros, como un queso suizo!».

⇨ **Empiezas a ser supersticioso.** Comienzas a pensar que las pequeñas cosas de cada día —como los calcetines que usas, la taza con la que te tomas el café o el camino que eliges para ir al colegio o al trabajo— tienen un impacto directo en tu rendimiento en el examen: «La última vez que hice un examen llevé una foto de mi novia conmigo y eso funcionó. ¿Qué foto debo llevar ahora encima?». Si bien este tipo de pensamiento

101

no parece negativo, sí indica que te sientes impotente ante un examen y que tienes miedo de perder el control.

⇨ **Otras posibilidades.** Tal vez hay otras maneras en las que la negatividad aparece en tu mente. Si es así, puedes escribirme a la dirección de correo electrónico que te doy a continuación. Estaré encantado de leer tus comentarios. Estoy clasificando las diferentes maneras en que la gente se siente mal consigo misma. Envíame un correo electrónico a drb@ testsuccesscoach.com y hazme saber cualquier cosa que creas que se puede añadir a esta lista, para las ediciones futuras de este libro.

Tu propio catálogo

¿Qué pasa por tu cabeza? Con el ejercicio que sigue vas a desarrollar tu conciencia para detectar los pensamientos que atraviesan tu mente.

 EJERCICIO: TU CORO INTERIOR (NEGATIVO)

Siéntate con los pies apoyados en el suelo y respira profundamente, expandiendo el vientre.
Después de que te hayas relajado, rellena el cuadro de abajo, siguiendo este procedimiento:

1. Lee las preguntas de cada categoría.
2. Cierra los ojos.
3. Ve las respuestas en tu «pantalla interior».
4. Abre los ojos.
5. Escribe las respuestas en tu cuaderno.

PENSAMIENTOS NEGATIVOS	¿Cuáles son tus pensamientos negativos y tus dudas acerca de ti mismo y tu rendimiento? ¿Qué te dices a ti mismo cuando empiezas con un «no puedo», «no sé», «no soy»…?

ARREPENTIRSE DE ALGO PASADO	¿De qué te arrepientes en lo que se refiere a tu preparación para el examen?
IMAGINARSE LO PEOR	Enumera tres cosas que tienes miedo que sucedan si tu rendimiento en el examen no es demasiado bueno.
SENTIRSE INDEFENSO Y DESESPERADO	¿Te sientes indefenso y desesperado acerca de tus capacidades y desempeño? Enumera tres cosas.
MIEDO A LA HUMILLACIÓN Y AL CASTIGO	¿Quiénes se enfadarán o se sentirán defraudados si haces mal el examen? ¿Qué van a decir o hacer? Nombra tres personas.
MIEDO A QUE LA HISTORIA SE REPITA	¿Qué experiencias poco gratificantes has tenido con exámenes pasados? ¿Crees que se van a repetir?
DESORGANIZACIÓN EN LOS PENSAMIENTOS	Describe lo que les sucede a tus pensamientos cuando se nublan por la duda y el desorden.
OTRAS FORMAS DE NEGATIVIDAD	¿Hay otras formas en que experimentes la negatividad? Si es así, anótalas.

El bucle de letanías

En el momento en que estaba escribiendo este capítulo, un nuevo cliente tuvo su primera sesión conmigo. Joanne había suspendido dos veces un examen de licencia estatal para poder ejercer de psicóloga, y ahora se encontraba en un estado de pánico total. Si suspendía una tercera vez, perdería su trabajo, porque para trabajar necesitaba esa licencia. Como madre soltera, la idea de quedarse en paro la paralizaba por completo. Cuando le pedí que me hablara del examen, dijo:

—No puedo retener toda esa información en mi cabeza. Quiero decir..., estudio mucho, pero no creo que pueda hacerlo. Tal vez no sirva como psicóloga.

«No puedo», «no sé», «no soy»... Se estaba infravalorando a sí misma, y eso hacía que se sintiera agobiada. Era lamentable, porque en realidad era una psicóloga clínica muy capacitada y brillante. Es cierto que el examen de licencia era un obstáculo para ella –tenía que recordar una gran cantidad de información para el examen–, y se le sumaba el hecho de ser madre soltera con dos hijos pequeños. Sin embargo, el estrés de Joanne no procedía de eso que me estaba contando, sino que le venía de estar atrapada en un bucle de pensamientos negativos que la desalentaban constantemente. Esto había sido realmente contraproducente para ella; no importaba lo mucho que estudiara o la cantidad de información que retuviera en la mente, porque una vez que comenzaba este bucle de pensamientos negativos no terminaba nunca.

Yo llamo a esto «bucle de letanías». Es una lista personal infinita de los resultados terribles que se repiten una y otra vez, donde no hay escapatoria, de modo que al final se cumplen realmente las predicciones negativas. Te dices a ti mismo que no eres lo suficientemente bueno para tener éxito y, sorpresa, ¡no tienes éxito! Crees que no puedes enfrentarte a ese examen, y realmente no puedes. Pero ¿acaso no te vas a dar una nueva oportunidad? Este bucle tiene algo que parece casi religioso, es como una letanía, porque sigues repitiendo una y otra vez los mismos pensamientos negativos, como si toda tu vida estuviera dedicada a ellos. ¿Cómo se pueden hacer bien las cosas cuando la mente, uno de los jugadores clave del equipo de tres, está completamente centrada en lo negativo acerca de ti y de tus posibilidades?

El pensamiento negativo da lugar a una profecía autocumplida.

Si tu autoestima es baja, lo primero que has de hacer es darte cuenta de este bucle de letanías. Debes observar y reconocer tu propia negatividad, sin luchar contra ella. Todos tenemos nuestra propia lista de pensamientos negativos y de autocríticas, un repertorio muy amplio de cosas que «no podemos» o «no sabemos» hacer, o de cosas que «no somos», las cuales empiezan a rondar por nuestra cabeza siempre que nos hallamos ante una prueba que para nosotros constituye un desafío.

Hay ciertos mensajes negativos que a menudo se repiten en tu mente.

Tu bucle de letanías personal

Mira el cuadro anterior. Escribe en tu cuaderno de tres a cinco afirmaciones negativas que repitas a menudo. Este es tu bucle de letanías personal. En la siguiente sección vamos a trabajar con esta lista. Te mostraré cómo usar las herramientas para que tengas más confianza en ti mismo.

Tienes dos opciones:

Opción 1: puedes repetir estas frases, o mantras, y ver cómo la profecía se cumple («Quien cree que va a fallar acaba fallando»). Esto sería similar a ir hacia atrás, o, en el mejor de los casos, sería como quedarse de pie quieto y sin poder moverse. Sorprendentemente, esto es lo que hace la mayoría de la gente por defecto, ya que no se le ocurre que haya otras alternativas.

Opción 2: puedes decidir, en este momento, que deseas avanzar y aprender a transformar estos pensamientos para que tu mente sea una ayuda en vez de un obstáculo.

Si eliges la opción 1, no te puedo ayudar. Nadie puede. Casi que no sirve de nada que leas este libro. Tienes derecho a quedarte atascado y a no dejar que nadie te diga lo contrario.

Sin embargo, lo más probable es que si tienes este libro entre tus manos es porque quieres cambiar la opinión que tienes de ti mismo. Así que te recomiendo que escojas la opción 2 y continúes con tu camino hacia la transformación.

Para aventurarte en este camino, debes decidir en este momento que la negatividad ya no va a ser tu compañera. Afirma con claridad y contundencia lo siguiente:

No quiero estar atrapado en estos pensamientos de derrota durante más tiempo. Cuando uno de estos pensamientos se manifieste, voy a reconocer su presencia, pero no voy a perder el tiempo con él. No dejaré que jueguen conmigo. No dejaré que se recreen en mi mente. Soy consciente de que esta clase de pensamientos me debilitan y de que son como señales de tráfico que me avisan de que me estoy desconectando. Tan pronto como me dé cuenta de ello, utilizaré las herramientas de las que dispongo para volver a conectarme y a confiar más en mí mismo.

¡Vuelve, vuelve, dondequiera que estés! Permanece en el presente

Toma conciencia de este momento antes de usar las herramientas. Cuando te desconectas de tu mente y empiezas a pensar de forma negativa, no solo te debilitas, sino que también te alejas del momento presente.

Digamos que tienes que hacer un examen importante al final de esta semana. Piensas: «No voy a ser capaz». ¿En qué tiempo estás? ¿En el presente? No. Lo más probable es que tengas un pie en el pasado, puesto que recuerdas experiencias anteriores que fueron desastrosas, y un pie en el futuro, puesto que te proyectas hacia delante pensando que vas a volver a fallar.

Por alguna razón, te estás engañando a ti mismo creyendo que en el presente no puedes hacer nada, solo porque anteriormente no lo hiciste. Arrastras contigo recuerdos de fracasos horribles del pasado, y los revives una y otra vez en el presente. En este momento estás viviendo a través del pasado y, literalmente, no puedes ver que ha transcurrido el tiempo. Es posible que hayas estudiado el temario desde entonces, y quizás hayas mejorado tus habilidades. Ahora eres una persona diferente. Tu pensamiento erróneo dice que eres el mismo que suspendió el examen de geometría de hace tres años, pero no eres esa persona. Has avanzado. Sencillamente, te estás aferrando a algo negativo de tu pasado. O quizás lo que estás haciendo es predecir tu futuro; te estás imaginando lo peor. Pero este momento presente no es ni tu pasado ni tu futuro. En este momento puedes dejarte abrasar por las llamas o, como el ave Fénix, resurgir de las cenizas. Puedes dejarte caer en el agujero de los sentimientos negativos y la ansiedad, o decirte a ti mismo que tienes la posibilidad de hacer las cosas de una forma diferente, en este momento. ¿Qué dirección vas a tomar?

Lo normal es que la mente humana oscile constantemente entre el pasado y el futuro. *Retrocede, avanza rápido, retrocede, avanza rápido, retrocede, avanza rápido...* Imagina qué sucedería si hicieras eso con tu coche todo el rato. Al final se estropearía y te acabarías quedando tirado en medio de la carretera. No podrías ir a ninguna parte. Eso es lo que el pensamiento negativo hace con tu mente. Te inmoviliza.

La verdad es que el pasado ya pasó y que el futuro aún no ha tenido lugar. El presente es el momento de la acción. Es tu campo de posibilidades.

Las siguientes tres «herramientas de la confianza» están diseñadas para hacer que te asientes firmemente en el presente.

TRES HERRAMIENTAS PARA QUE CONFÍES MÁS EN TI MISMO

Las tres herramientas que presento para que crezca tu confianza en ti mismo y se fortalezca están basadas en uno de los diccionarios que tengo. Cuando busqué el significado de la palabra «confianza», vi que estaba incluida en un párrafo que englobaba otras dos definiciones: confiar, «compartir los secretos con alguien de confianza» y confidente, «alguien en quien confías; un amigo del alma».

Cuando leí esto, pensé: «¡Excelente!, esta es exactamente la manera de empezar a construir rápidamente la confianza: confiar en un confidente». Como verás más adelante, este es el comienzo de una hoja de ruta. Cuando la sigas, empezarás a sentirte mejor y más positivo.

Te voy a dar las tres herramientas que necesitas para ello a través de una serie de ejercicios. Te voy a pedir que cierres los ojos y luego te voy a guiar para que visualices una serie de imágenes en tu mente. Esta es la técnica que se utiliza en la psicología del deporte, y es muy efectiva para prepararse para los exámenes. Los deportistas utilizan esta técnica constantemente, ya sea en el campo, en la cancha o en la piscina. Así es como refuerzan su confianza en sí mismos. Si empiezan a fallar, no pueden permitirse el lujo de detenerse para hablar con su entrenador o llamar a su consejero; tienen que sacar la fuerza de su interior. La *visualización guiada* les proporciona las herramientas. Ocurre lo mismo cuando te examinas de algo. Si te topas con una pregunta difícil, tu confianza comienza a debilitarse; lo que necesitas entonces es una «caja de herramientas interior» para fortalecer la confianza en ti mismo de inmediato. La visualización guiada te enseñará a hacerlo.

Herramienta 1: confiar

Esta es la primera herramienta para recuperar y fortalecer tu confianza.

EJERCICIO: CONFÍA EN TU CONFIDENTE

Siéntate en una posición cómoda, preferentemente en una silla con un respaldo recto.

No cruces los brazos ni las piernas, y cierra los ojos.

Respira profundamente, poniendo tu atención en el vientre.

Siente los pies apoyados en el suelo, y las piernas, las nalgas y la espalda apoyadas en la silla.

Elije uno de los pensamientos negativos que más a menudo repites (selecciónalo de tu bucle de letanías) y empieza a repetirlo en tu mente. Por ejemplo: «No soy capaz de hacer este examen».

Observa con los ojos de la mente lo que ves cuando estás pensando en esa idea de derrota. ¿Cómo afecta eso a tu postura? ¿Y a tu expresión facial? ¿Cómo te sientes físicamente? ¿Y emocionalmente? ¿Y espiritualmente?

Una vez que tengas una imagen clara de cómo te ves y cómo te sientes, *barre* toda esa negatividad hacia la izquierda.

Ahora visualiza un espejo delante de ti. Por el momento está vacío.

A continuación, imagina que alguien aparece delante de ti en ese espejo, alguien en quien confías, alguien que confía en ti. Puede ser uno de tus padres, un hermano, un pariente, un amigo, un profesor, un compañero... Puede ser una persona que esté viva o alguien que haya fallecido. Puede ser una entidad espiritual o una imagen de tu yo superior.

Ve esa persona o entidad con mucha claridad. Es tu confidente.

Cuéntale eso por lo que estás pasando y la negatividad que está presente ahora en tu vida. No te guardes nada. Confíale todos tus secretos y preocupaciones. Comienza por tus «no puedo», «no sé», «no soy» («no puedo hacer esto», «no sé hacerlo», «no soy lo suficientemente bueno»).

Tu confidente escucha todo lo que tienes que decir sin juzgarte, criticarte o evaluarte.

Abre los ojos.

Vamos a explorar qué acaba de suceder.

En primer lugar, ¿quién apareció en tu espejo como tu confidente? He aquí una lista de los confidentes que aparecen a menudo:

⇨ Mi yo superior.

⇨ Mi hermana o hermano.

⇨ Mi padre.

⇨ Mi madre.

⇨ Mi novio (o novia).

⇨ Jesús.

⇨ Alá.

⇨ Dios.

⇨ Mi abuela, que falleció el año pasado.

⇨ Mi espíritu animal.

⇨ Mi ángel de la guarda.

⇨ Mi profesor de primaria.

Este es tu confidente, aunque solo lo sea en esta ocasión. La próxima vez que hagas este ejercicio puede que la persona o la entidad que aparezca sea otra, pero confía en que la persona o entidad que ha aparecido en este caso es tu mejor confidente en este preciso momento.

A veces la gente se extraña de la persona o entidad que aparece. Una vez, cuando estaba haciendo este ejercicio con un estudiante de secundaria y le pedí que viese a alguien en el espejo, empezó a llorar. Detuve el ejercicio y le pregunté:

—¿Qué ocurre?

Hizo un gesto de negación con la cabeza:

—¡No ha aparecido nadie en mi espejo!

Estaba triste. Le pregunté:

—Cuando te sientes decaído, ¿quién te anima?

Parecía un poco avergonzado, pero después de un rato admitió que a veces, cuando se siente triste, habla con su perro *Popeye*.

—Está bien –le dije–. ¿Por qué no utilizas la imagen de *Popeye* para este ejercicio?

Esto demuestra que todos tenemos a alguien especial en quien podemos confiar. No juzgues la elección; solo confía en ese alguien especial.

¿Por qué confiar es la primera herramienta para fortalecer la confianza en nosotros mismos? Porque cuando estás anclado en pensamientos negativos y los ocultas, te sientes terriblemente mal. Los sentimientos se vuelven muy pesados y, como las arenas movedizas, te tragan. Pero cuando le cuentas a alguien lo que te ocurre (le confías tus secretos y preocupaciones), te alejas de ese lugar en el que te has estado sintiendo tan solo y asustado. Te liberas de tus males. Descargas estos sentimientos acerca de ti mismo en alguien que no te juzga ni te critica. Por eso tenemos sacerdotes, pastores, rabinos, consejeros y terapeutas con quienes hablar. Son personas con las que podemos hablar acerca de nuestros males sin ser juzgados. Por fin podemos descargar todo ese diálogo interno tan negativo.

Puede que te sirva saber que casi todos esos juicios que emites hacia ti mismo los demás también los hemos emitido hacia nosotros mismos alguna vez. Enseñé esta herramienta en una clase de estudiantes de Enfermería, y les pedí que escribieran en una hoja las cosas negativas que le habían dicho a su confidente. Después leí lo que habían escrito, de forma anónima, a la clase. Al cabo de unos días una de las estudiantes me envió un correo electrónico en el que me decía: «Me siento mucho mejor sabiendo que no soy la única que se siente mal consigo misma. Ahora no me veo tan rara o tan diferente». Observo esto continuamente en las clases cuando los estudiantes comparten sus preocupaciones. Se dan cuenta de que los demás sufren por las mismas cuestiones. Entonces ya no están solos. En algún momento u otro, todos perdemos la confianza en nosotros mismos. No importa que ese lapso de tiempo sea breve o crónico; lo mejor es desprenderse de esos sentimientos opresores. Para eso hay que confiar. Cuando confías en alguien y le cuentas cuál es tu problema, sientes un gran alivio. Es una experiencia muy positiva. En uno de mis talleres, un higienista dental dijo:

Reconocer tus propios pensamientos negativos es el primer paso para liberarte de ellos.

—Confiar es como espirar. Al soltar lo que has estado guardando en tu interior, puedes inhalar un poco de aire fresco.

Una vez que hayas confiado, estarás listo para la siguiente herramienta.

Herramienta 2: reflejar

Vamos a continuar con el ejercicio de visualización.

EJERCICIO: UNA IMAGEN POSITIVA DE TI MISMO

Siéntate cómodamente, con la espalda bien apoyada en el respaldo de la silla. Respira profundamente y siente tu conexión a tierra.

Cierra los ojos.

Ve a tu confidente en el espejo. Acaba de escuchar tus pensamientos y sentimientos negativos, y te responde. Tu confidente refleja una imagen precisa y positiva en respuesta a lo que le has contado. Te habla empezando sus frases con «tú puedes», «tú tienes», «tú eres»... Escucha lo que te dice y acepta ese reflejo positivo de ti mismo.

Agradece a tu confidente su apoyo (¿recuerdas lo que hablamos anteriormente sobre la importancia de dar las gracias?).

Inspira y espira.

Abre los ojos.

Esta es la segunda herramienta: **reflejar**. Vamos a explorarla juntos.

En primer lugar, ¿qué es lo que ha reflejado esa imagen que ha aparecido en el espejo? ¿Qué te ha dicho tu confidente? Presta atención a ello por un momento y escribe las frases en tu cuaderno. Estas son algunas de las frases que suelen decirles los confidentes a mis clientes y alumnos:

- ➪ «¡Eres capaz; adelante!».
- ➪ «No me vengas con cuentos. Te he visto hacer esto antes».
- ➪ «¿Se puede saber qué haces aún así de atascado?».
- ➪ «Tienes la suficiente capacidad como para hacerlo».
- ➪ «Puedes conseguirlo. Ya lo has hecho antes».
- ➪ «Lo puedes hacer bien, porque has trabajado duro».
- ➪ «Sabes todo lo que necesitas saber».
- ➪ «Eres lo suficientemente inteligente».

Esta herramienta es necesaria por dos razones.

En primer lugar, cuando la mente se ha quedado atascada en sentimientos negativos, nos olvidamos por completo de nuestras voces interiores genuinamente positivas y potencialmente útiles. De hecho,

111

tenemos dos voces dentro de nosotros: una que es positiva y alentadora, y otra que es negativa y dañina. ¿Por qué siempre escuchamos la voz negativa y dañina? Sobre todo, por una cuestión de hábito. Aunque creo que todos nacemos con el potencial necesario para sentirnos bien con nosotros mismos, por desgracia hay fuerzas negativas que nos dañan. En nuestras vidas y en la sociedad en general, estas fuerzas tienen más influencia que esas otras que nos podrían ayudar a confiar más en nosotros mismos y a ser más competentes. ¿Recuerdas lo que dije antes sobre los medios de comunicación? Enciende el televisor en cualquier momento del día o de la noche, y lo que escucharás serán mensajes básicamente negativos: la razón por la que necesitas ese coche, ese champú, esa ropa, ese televisor de plasma, etc., es que no eres lo suficientemente bueno tal como eres. Con demasiada frecuencia las escuelas refuerzan esta negatividad, al fomentar la competencia y la comparación constantes. En lugar de cultivar lo positivo de cada niño, adolescente o joven, el mensaje es «no eres lo suficientemente bueno». Si solo ves lo negativo, es normal que al final te sientas mal contigo mismo. Recuerda que en matemáticas un signo negativo es una resta.

Pero tú no eres *menos* que cero.

Tienes que centrarte en lo positivo que hay en ti. Puede que lo hayas olvidado o que no le prestaras la suficiente atención, pero a partir de ahora debes escuchar ese mensaje interno positivo. Afirma cosas positivas sobre ti mismo para sentirte empoderado.

En segundo lugar, esta herramienta también es importante por otra razón. Tiene que ver con lo que yo llamo «la nutrición psíquica». Cuando te criticas y te humillas a ti mismo, por dentro es como si te estuvieras alimentando con alimentos poco nutritivos, o con comida basura: «No puedo hacer esto», «Yo no soy así», «No tengo la suficiente fuerza»... Este tipo de pensamientos son muy tóxicos. Imagínate lo que sería agarrar un trozo de carne podrida y ponértelo en la boca. Causaría estragos en tu sistema digestivo. ¡Es veneno! ¡No lo hagas! Pero eso es exactamente lo que estás haciendo cuando te repites la larga letanía de «no puedo», «no sé», «no soy»... Deja de pensar así. Deja de alimentarte con esos «alimentos» tan poco nutritivos. No sigas esa dieta. No te ayuda; solo te hace daño.

Quiero hacer hincapié en que el espejo refleja algo que es preciso y positivo en cuanto a ti. Pero no está diciendo: «Eres el mejor del mundo», «Eres un superhéroe», «No puedes hacer nada mal». Este tipo de afirmaciones son artificiales. El espejo refleja lo que eres pero sin exageraciones; refleja algo que ya ha sido demostrado, algo que has olvidado, porque hasta ahora no has hecho otra cosa que alimentarte de negatividad.

Escuchar y aceptar lo que tu confidente te dice mediante afirmaciones positivas es un gran paso en la corrección de tu dieta psíquica. Si quieres ser feliz contigo mismo y mejorar tu rendimiento, comienza por alimentarte con frases positivas. Es como alimentar a tu cuerpo con sopas y ensaladas saludables. Si sigues una dieta de pensamientos positivos, te sentirás fuerte cuando te enfrentes a cualquier reto, en especial a los exámenes.

> Tienes un lado positivo, fuerte y lleno de confianza. Dirígete hacia él. Escucha su mensaje.

Una vez que hayas iniciado la corrección de tus «hábitos alimenticios mentales» estarás listo para la última herramienta que te va a ayudar a tener confianza en ti mismo.

Herramienta 3: visualizar los pasos de la confianza

La confianza es la seguridad que tienes en ti mismo. Se basa en lo que haces (en tus acciones) y no solo en lo que dices. La tercera herramienta, **visualizar**, se centra en la acción. Tal acción debe llevarse a cabo por primera vez en tu mente. En otras palabras, tienes que verte a ti mismo haciendo lo que pensaste que no podías hacer. Con esta herramienta vas a imaginarte a ti mismo teniendo éxito. Vas a cultivar una imagen interna que te ayudará a sentirte mejor contigo mismo. Tendrás que utilizar tu imaginación como trampolín para llegar a lo más alto.

Vamos a continuar con nuestros ejercicios de visualización. Esta es la tercera herramienta que presento para fortalecer la confianza en ti mismo.

EJERCICIO: VISUALIZAR PASOS PEQUEÑOS Y MANEJABLES

Siéntate cómodamente y cierra los ojos.

Respira profundamente y siente tu cuerpo apoyado en la silla y el suelo.

Acabas de explicar toda tu negatividad a tu confidente. Tu confidente ha reflejado una imagen precisa y positiva de ti mismo, y le has dado las gracias por ello.

Espira y deja que la imagen de tu confidente se disuelva.

Ahora te ves dando pasos pequeños y manejables para corregir la negatividad inicial.

Visualiza cada pequeño paso en detalle. Ve cómo tienes éxito en cada paso que das. No importa lo pequeños que sean; lo importante es que los puedas manejar y que te veas a ti mismo teniendo éxito.

Espira. Abre los ojos.

¿De qué trata esta herramienta? ¿Por qué es necesaria?

Hace una semana recibí una llamada de Harry, un hombre de sesenta años que estaba cursando su tercera carrera universitaria. Se había estado formando como terapeuta. Había asistido a las clases de la universidad y escrito su tesis. Sin embargo, tenía problemas con el examen para obtener la licencia. Ya lo había suspendido dos veces. Llegó a mi oficina muy desmoralizado. Sus pensamientos y su diálogo interno eran un auténtico campo de minas de negatividad:

—No sé cómo aprobar el examen. Es demasiado temario para un viejo como yo —me dijo.

Trabajamos en su confianza. Obviamente, en esto era en lo que cojeaba: su mente, su confianza. Utilizamos las tres herramientas que he descrito. Fue capaz de confiar en un confidente —para él, una entidad espiritual—, que le transmitió mensajes positivos, los cuales reconoció como verdaderos: «Harry, ya has pasado por esto antes. ¡Puedes hacerlo de nuevo!».

Cuando llegó a la tercera herramienta —visualizar pasos pequeños y manejables para superar la negatividad—, Harry estaba desconcertado. Abrió los ojos. No podía hacerlo. Todo parecía demasiado difícil, como si estuviera mirando al monte Everest y pensando: «No voy a poder escalar eso». Se quería dar por vencido.

—Tengo que estudiar demasiadas cosas —dijo.

Trabajamos con esta herramienta para identificar los pasos pequeños y asumibles necesarios a fin de preparar el examen. Esto es lo que se le ocurrió:

⇨ Apagar el teléfono y cerrar la puerta. Ajustar la alarma del reloj para que sonase al cabo de treinta minutos. Leer solo una sección del temario del libro de preparación para el examen.

⇨ Cuando sonase la alarma, tomarse un descanso de cinco minutos.

⇨ Volver a estudiar durante otros treinta minutos. Finalizar el apartado que estaba estudiando.

Estos sencillos pasos le ayudaron a hacer más digerible todo lo que tenía que estudiar sin que se sintiera abrumado. Una mente que no se ahoga con la gran cantidad de información que tiene que aprenderse se encuentra en una posición mucho más ventajosa para entender el temario y memorizarlo.

Harry hizo el ejercicio y se visualizó iniciando y completando cada paso con éxito. Pero al final de la sesión todavía parecía desanimado. Murmuró algo así como «ojalá sirva de algo», y puso reparos para fijar otra sesión conmigo:

—Todavía me siento abrumado —confesó mientras se dirigía hacia la puerta.

Una semana después, Harry me envió un correo electrónico en el que decía: «Voy poco a poco. Un paso tras otro. Todo es mucho más fácil». Sentí un poco de esperanza. No le volví a ver, pero tres meses más tarde recibí otro correo electrónico de él en el que me comunicaba que acababa de aprobar el examen. «Todo fue posible porque pude verme a mí mismo dando un paso pequeño tras otro», escribió. Ten en cuenta que Harry no apreció el valor de esta herramienta cuando se la enseñé. Hasta que la puso en práctica por su cuenta, no se convenció de su efectividad.

Esta tercera herramienta en realidad no consiste en adoptar unas medidas. Eso vendrá en el próximo capítulo, dedicado a la atención. Esta herramienta es como la antesala, la preparación del terreno. En otras palabras, estás usando tu *imaginación* para verte a ti mismo teniendo éxito en la consecución de tus objetivos. Esto es necesario, porque primero todo tiene lugar en la imaginación. Mira a tu alrededor. Todo lo que ves —la mesa, la silla, el ordenador, la bombilla, este libro— primero alguien lo creó en su mente, mucho antes de que se manifestara en el mundo físico. Es lo mismo cuando tienes que hacer un examen. En primer lugar, debes imaginar pasos pequeños y manejables en tu mente. Luego tienes que imaginarte dando esos pasos, uno a la vez. Tu imaginación debe allanar el terreno. Así es como realmente va a crecer tu confianza en ti mismo.

Debes utilizar tu imaginación de manera positiva si lo que quieres es tener éxito y avanzar sin desviarte. No lo dejes todo en manos de la suerte. ¿Qué ocurrirá si en el momento del examen no tienes suerte? ¿Quieres un método que funcione de forma fiable, especialmente cuando las cosas se pongan difíciles y empieces a perder la confianza en ti mismo? Visualízate avanzando con éxito, dando pasos pequeños pero seguros. Si te ves teniendo éxito, al final lo acabarás teniendo. Es más, las imágenes positivas son como depósitos en tu banco de optimismo. Cuanto más hayas ahorrado, más rico serás y más recursos tendrás a los que poder recurrir cuando la pregunta de un examen constituya un reto para ti.

La otra parte de esta herramienta que es importante es que *des pasos pequeños y manejables.*

Traza tu propio camino hacia el éxito imaginándote dando pasos pequeños y manejables.

Esto es así porque *todo lo que logramos en la vida se consigue dando pasos pequeños y manejables.* Mira cómo un bebé aprende a caminar. Primero se pone a cuatro patas y empieza a gatear. Llega un momento en que se puede sostener de pie y da pasos muy pequeños. Y, por último, se deja ir y comienza a caminar.

Este es el mismo proceso que seguimos con todo en la vida, a pesar de que por lo general no lo notamos.

Si presentas un historial de suspensos y bajo rendimiento en los exámenes, tienes que cambiar de patrón. Esto comienza con la visualización. Has de imaginarte a ti mismo teniendo éxito. **Visualízalo.** Una vez que lo visualices, tienes que verte dando pequeños pasos hasta llegar a tu meta. Entonces puedes abrir los ojos y seguir adelante con ganas y entusiasmo.

CÓMO UTILIZAR LAS HERRAMIENTAS DE LA CONFIANZA

Fomenta la confianza en ti mismo mientras estudias

Incluso mientras estudias para un examen es posible que ya sientas que empiezas a perder la confianza en ti mismo. Tu diálogo interno negativo hará que te sientas ansioso, agobiado y sin esperanza, y cuando eso ocurra, no vas a querer estudiar. Así es mucho más fácil que te desconectes. Pero, por supuesto, eso solo hará que tu estrés aumente y tu rendimiento baje.

Para evitar que esto suceda, comienza cada sesión de estudio con las tres herramientas que te he enseñado para tener confianza en ti mismo. Reúne tus apuntes y tus libros, y cierra los ojos. Revisa tu pensamiento: ¿tienes pensamientos negativos? Si es así, utiliza la primera herramienta –**confía** en tu confidente– y libérate de los pensamientos negativos. Tu confidente **reflejará** algo preciso y positivo de ti. Deja que el espejo refleje una imagen positiva de ti mismo, y **visualízate** dando los pasos pequeños y manejables que puedes dar cuando abras los ojos para que tu sesión de estudio sea todo un éxito. Abre los ojos y ponte manos a la obra.

Si cuando estás estudiando empiezas a sentirte derrotado, detente y utiliza las herramientas. Al hacer esto con regularidad y constancia estarás fortaleciendo los *músculos* de tu confianza, y verás los resultados cuando hagas el examen. Al estudiar, usa tu cuaderno para llevar un registro de tus pensamientos negativos y de las herramientas que utilizas para corregir esa negatividad.

Uno de los mayores problemas que tienen los estudiantes es que cuando estudian se sienten abrumados. «Tengo que estudiar demasiadas cosas» es un estribillo que oigo a menudo. Como vimos en el ejemplo de Harry en el apartado anterior, si te fijas en el conjunto es lógico que te pongas nervioso (¿te acuerdas del monte Everest?). Tienes que dividir ese «todo» en partes reducidas. Da pasos pequeños y manejables. Si lo haces correctamente, conseguirás tu objetivo.

Cómo conservar la confianza durante el examen

Cualquier buen examen pone a prueba tu confianza, porque te plantea nuevos retos. Un examen te pone a prueba. Te adentras en terreno desconocido. Aquí es cuando más necesitas a la mente para que te anime, no para que te pisotee. Practica con las herramientas cuando estudies, y ya verás cómo estas te acompañarán cuando te estés examinando.

El caso de Carla es un buen ejemplo:

Cuando hice el examen de biología, me encontré con una pregunta que era diferente a lo que había estado practicando. Pensé: «¡Nunca voy a resolver esto!», y empecé a enloquecer. Estaba segura de que mi puntuación iba a ser terrible y de que no iba a poder entrar en la universidad. Afortunadamente, me di cuenta de que me estaba desconectando de mi mente y de mi cuerpo, y me tranquilicé. Acto seguido, utilicé las herramientas de la confianza. Tan pronto como empecé a visualizar que daba pasos pequeños y manejables, vi cómo podía trazar un camino a través del problema. Todavía no sé si contesté las preguntas correctamente, pero fui capaz de tranquilizarme en vez de alterarme. Esto marcó una gran diferencia para mí.

A continuación, un ejercicio más que te va a ayudar antes de acabar este capítulo.

¡Mantén a los intrusos alejados!

Incluso si tienes confianza en ti mismo, de vez en cuando un «intruso» puede entrar en tu mente para tratar de perturbarte y debilitarte. Un intruso puede ser un pensamiento o sentimiento negativo y perturbador que entra en tu mente de forma inesperada y repentina. Puede adoptar diversas formas:

⇨ Una sensación de hundimiento. Te juzgas por lo mal que te está yendo el examen.

⇨ Un recuerdo de un examen que suspendiste o hiciste bastante mal.

⇨ Preocupación por miedo a olvidar el temario.

⇨ Miedo a lo que pueda suceder si no tienes éxito.

⇨ Preocupación por lo que los demás puedan pensar de ti.

Cualquiera de estos intrusos puede aparecer sin previo aviso, y fácilmente te puede incordiar cuando lo que necesitas es estar al cien por cien de tus capacidades. Es muy fácil enredarse con el intruso, discutir con él y preguntarle cosas. Cuando se supone que debes estar centrado en las preguntas del examen, tu interior se ha convertido en un campo de batalla:

—¡No puedes resolverlo! –grita tu lado negativo.

—¡Por supuesto que puedes! –exclama tu lado positivo.

—No, no se puede.

—Sí, sí se puede. ¡Puedo!

—Es inútil, voy a fallar.

—No voy a fallar; ¡déjame en paz!

Y mientras tanto el tiempo pasa. Estás perdiendo un tiempo valioso. Tu desconexión te está causando un estrés enorme. En lugar de quedarte enredado en una maraña interior, necesitas una medida de emergencia para aplicar cuando un intruso irrumpa en tu espacio mental. Necesitas deshacerte de él.

Voy a ayudarte a entrenar tu mente para que esté libre de intrusos. Este ejercicio es divertido y muy eficaz. Te ayudará cada vez que un pensamiento o una imagen negativos intenten molestarte. Con una práctica constante, tendrás la suficiente habilidad como para mantener tu espacio mental limpio y permanecer seguro, fuerte y lleno de poder.

 EJERCICIO: LIMPIAR EL ESPACIO

Cierra los ojos.

Inspira y espira tres veces.

Visualiza un lugar, con el máximo de detalles posibles, donde te sientas muy cómodo. Siente ese lugar. Puede ser la habitación de una casa o un lugar que en el pasado fue especial para ti; o crea un espacio ideal en tu imaginación. Intenta ver todos los detalles. ¿Qué hay en ese espacio? ¿Hay muebles? ¿Hay paredes o es un espacio abierto? ¿De qué color es? ¿De dónde viene la luz?

Ahora siente que tienes tres herramientas poderosas para usar que te ayudarán a limpiar el espacio cuando un intruso entre en él. Las herramientas son:

1. Una escoba fuerte.
2. Una pala robusta.
3. Una manguera de gran alcance.

Asegúrate de que ves estas herramientas con claridad y de que sabes exactamente dónde están.

Ahora ve y siente cómo un intruso entra en tu espacio. Es una energía negativa que puede tomar la forma de una persona, un sentimiento, un pensamiento, un recuerdo o una imagen. Puede ser algo que sientas; no necesariamente tienes que verlo. Tan pronto como seas consciente de que está ahí, toma una de esas tres herramientas y utilízala con gran determinación. Barre la negatividad hacia fuera a la izquierda. Agarra la pala y tira la basura hacia fuera a la izquierda. O abre el agua a presión y moja la negatividad, y, de nuevo, apártala hacia la izquierda. Confía en tu intuición y deja que te diga qué herramienta necesitas. Cualquiera de ellas te hará sentir bien (incluso puedes crear una nueva herramienta por tu cuenta).

Cuando hayas limpiado el espacio, devuelve la herramienta a su lugar.

Respira profundamente. Inspira. Espira.

Abre los ojos.

Imbal, una estudiante de Odontología bastante tímida, vino a verme con muchos miedos acerca de sus exámenes clínicos —exámenes prácticos que tenía que realizar sobre un paciente mientras un miembro de la facultad la calificaba—. Después de hablar un buen rato, encontramos que su mente estaba llena de imágenes negativas. Se imaginaba a su profesor de pie junto a ella, suspirando ruidosamente, agitando la cabeza y diciéndole: «¿Cómo puedes pensar que vas a ser dentista?». E Imbal se iba deprimiendo cada vez más; pensaba: «No voy a terminar este examen a tiempo». Claramente tenía un intruso en su mente que no la dejaba pensar con claridad, lo que hacía que desconectara de lo que le tenía que hacer al paciente. Estos pensamientos le estaban impidiendo hacer bien su trabajo.

Le enseñé a Imbal el ejercicio de mantener fuera a los intrusos. La primera vez que lo hizo, espontáneamente inventó su propia herramienta —una poderosa arma de vaporización que convertía en gas todo aquello que se cruzaba en su camino (¡y eso que era tímida!)—.

CONFÍA EN TI MISMO

Imbal empezó a utilizar este ejercicio cada vez que un pensamiento negativo se interponía en su camino. En el examen fue capaz de mantenerse en contacto con el paciente y su rendimiento fue mucho mejor. Por otro lado, se dio cuenta de que tenía mucha fuerza en su interior; lo que necesitaba sencillamente era un estímulo y una herramienta para limpiar su espacio y dar rienda suelta a su poder.

He tenido clientes que han inventado todo tipo de herramientas: pistolas láser, botes de espray, respiraciones fuertes y contundentes, anillos mágicos... Cualquier cosa que funcione es válida; puedes ser todo lo creativo que quieras.

EN RESUMEN

Para adquirir confianza en ti mismo tienes que transformar tu mente. En lugar de quedarte atrapado en pensamientos autodestructivos, utiliza las tres herramientas. En primer lugar, emplea la herramienta de **confiar** para liberarte de tus pensamientos negativos. Ahora estás en condiciones de recibir mensajes positivos (el **reflejo** de una imagen precisa y positiva de ti mismo). Esto te dará claridad y fuerzas para seguir adelante. Por último, **visualízate** avanzando con éxito mediante pasos pequeños y manejables hacia la confianza en ti mismo.

Estas tres herramientas te ayudarán a mantenerte conectado al lado positivo de tu mente para que te dé apoyo y ánimos. Tu estrés bajará y tu rendimiento aumentará. Quizás esto no ocurra de inmediato. Es una cuestión de equilibrio, esfuerzo y práctica. No puedes utilizar las herramientas una sola vez y pensar que ya está todo hecho, que ya eres una persona totalmente segura. Como todo lo bueno en la vida, tienes que trabajar para conseguirlo. Si te das cuenta de que estás perdiendo tu confianza, debes corregirlo. Utiliza las herramientas antes de que el estrés se vuelva incontrolable.

> Utiliza las herramientas de la confianza para entrenar a tu mente y que esta trabaje para ti.

Mientras escribía este capítulo, recibí una llamada de Rachel, una trabajadora social que había suspendido el examen para obtener la licencia en tres ocasiones. Cuando se presentó en mi oficina, apenas podía mantener la compostura. Su rostro estaba tenso y tenía muchas ojeras. Después de algunas formalidades introductorias, le dije:

—Voy a hacer un experimento. –Me miró a los ojos y exclamé–: ¡EXAMEN!

Inmediatamente se puso a llorar. Insistía una y otra vez en que no iba a aprobar. Rachel creía en muchas supersticiones:

—Cuando me visto por la mañana, si me pongo estos zapatos creo que voy a suspender. Pero si me pongo otros zapatos, puede que apruebe.

Sentía que no podía controlar nada, ni siquiera su propio pensamiento. A medida que íbamos trabajando, con regularidad, con las herramientas básicas –la respiración, la conexión a tierra y los sentidos–, aprendió a reconocer sus pensamientos negativos y a redireccionarlos. Utilizar las herramientas de la confianza no fue fácil para ella, porque su hábito de desconectar y sentirse mal era muy fuerte. Pero estaba decidida a cambiar y trabajó mucho para disolver el viejo hábito mediante el establecimiento de uno nuevo que la ayudara.

En el momento de escribir estas líneas Rachel está a pocas semanas de examinarse. El último correo electrónico que recibí de ella fue positivo; miraba con ilusión hacia el futuro: «Me siento mucho mejor. No me imagino ninguna catástrofe. Creo que realmente puedo aprobar».

Recuerda que Barack Obama ganó las elecciones a la presidencia de los Estados Unidos con su famoso lema «*Yes, we can*» («Sí, podemos»).

Nadie gana diciendo «¡no, no puedo!».

Rachel se va a enfrentar a ese examen con fuerza y valentía.

REVISIÓN FINAL: CONFÍA EN TI MISMO

Cuando estés estudiando para un examen...

Toma conciencia
- ⇨ ¿Estás alimentando pensamientos negativos?
- ⇨ ¿Puedes identificarlos? Escríbelos.

Utiliza las herramientas
- ⇨ **Confía** en un confidente. Confiésale tu negatividad.
- ⇨ El confidente **refleja** tus cualidades positivas. Observa ese reflejo.
- ⇨ **Imagínate** dando pasos pequeños y manejables. Vuelve a estudiar, mientras permaneces conectado a tu mente positiva.

Cuando estés haciendo el examen...

Toma conciencia
- ⇨ Fíjate en las cosas negativas que estás diciendo sobre ti mismo y advierte cómo tu confianza se debilita.
- ⇨ Respira, conéctate a tierra y abre tus sentidos (ejercicios del capítulo 4, «Aprende a tranquilizarte»).

Utiliza las herramientas
- ⇨ **Confía** en un confidente. Confiésale tu negatividad relativa al tema que te preocupa.
- ⇨ Escucha lo que tiene que decirte: tu confidente **refleja** algo preciso y positivo sobre ti mismo.
- ⇨ **Imagínate** dando los pasos pequeños y manejables que necesitas dar para responder la pregunta que tienes delante de ti.
- ⇨ Abre los ojos y responde la pregunta, manteniéndote conectado a tu mente positiva, que te apoya.

Capítulo 6

APRENDE A ENFOCARTE

TUS METAS

El 20 de febrero de 1998, dos mil millones de personas en todo el mundo estaban pegadas a sus televisores, observando atentas la ronda final del campeonato de patinaje artístico femenino de los Juegos Olímpicos de Invierno que se celebraba en Nagano (Japón). De Milwaukee a Moscú, las pantallas se iluminaron cuando apareció la imagen de una joven patinadora estadounidense de catorce años, de Sugarland (Texas). Tara Lipinski, menuda y grácil, se deslizaba por la pista de patinaje de una manera extraordinaria. Ganó la medalla de oro. Tras su triunfo, los medios de comunicación quisieron averiguar de dónde le venía su pasión. Tara, cuando aún llevaba pañales, se quedó anonadada mirando los Juegos Olímpicos de Invierno de 1986. Cuando la competición terminó, sacó un Tupperware, lo colocó en medio del comedor, se subió encima y triunfalmente se presentó a sí misma como la ganadora de la medalla de oro. A los dos años, esta niña se marcó una meta: convertirse en una campeona. Doce años después, cincuenta mil aficionados que animaban en el estadio y miles de millones de personas desde sus casas fueron testigos de su éxito.

¿Cómo lo logró? En pocas palabras, tenía una meta, y ella y su familia trabajaron para alcanzarla. Cada mañana patinaba dos horas y media antes de ir a la escuela. Su madre cosía los trajes y su padre la acompañaba en las competiciones regionales del país. Nada era demasiado en la búsqueda del éxito. Esta joven atleta sencillamente se centró en su meta. Sabía qué quería y estaba dispuesta a hacer todo lo necesario para conseguirlo.

Esto es lo que hacen todos aquellos que consiguen grandes cosas en la vida: se centran en sus objetivos. Imagínate a un jugador de la NBA a punto de tirar a la canasta. En medio de fans gritando y luces deslumbrantes, dirige su atención hacia la canasta y anota el tanto. Todos los deportistas de élite pasan años de dura formación en los que sufren fracturas de huesos y lesiones musculares, y todo para ser los mejores. Los deportistas son un buen ejemplo del poder que tiene centrarse en una meta. Nosotros los vemos desde nuestros televisores, y los apoyamos cuando ganan y lloramos cuando pierden. Nos enseñan lo que significa permanecer completamente conectados a nuestras metas.

Esto, por supuesto, se aplica a cualquier profesional que tenga éxito. Considera el caso de un cirujano cerebral que tiene que operar a un niño de seis años de una lesión, potencialmente mortal pero minúscula, ubicada en el lóbulo frontal izquierdo. El cirujano no puede distraerse ni un segundo, porque eso podría dar lugar a que su paciente nunca volviera a hablar. Cuando termina, después de cinco horas, informa a los padres preocupados de que las células cancerosas han sido eliminadas correctamente. La pareja llora aliviada, y el cirujano se quita los guantes sabiendo que ha hecho bien su trabajo. ¿Qué tiene en común con el deportista? Que se centra en su trabajo. Nunca pierde de vista sus objetivos. Todos los abogados, dentistas, artistas, médicos y empresarios de éxito pasan varios años cultivando sus habilidades. Siempre que tropiezan (como todo el mundo), se levantan y vuelven a empezar. Probablemente hayan tenido que enfrentarse a un gran número de pruebas, pero siempre se mantuvieron centrados.

La *atención* es la tercera pata del taburete. De las tres patas, la atención es imprescindible, ya que sin ella no se puede conseguir ningún objetivo. En otras palabras, no llegamos a ninguna parte en la vida. Si no te puedes mantener tranquilo en un examen, siempre puedes recurrir a tu respiración. Si sientes que pierdes la confianza en ti mismo, puedes usar tu fuerza de voluntad (o el ejercicio del confidente) para responder a la mayoría de las preguntas. Pero no es tan fácil lidiar con las posibles distracciones. Si no puedes centrarte o enfocar la atención, tu rendimiento se verá afectado. Sin atención, la única manera de lograr un relativo éxito en un examen es tener suerte, que las preguntas sean fáciles o que por casualidad ya sepas las respuestas. Si yo estuviera en tu lugar, no me arriesgaría. Me gustaría aprender a centrarme.

¿Qué quiero decir con estar enfocado? Según el diccionario, enfoque tiene dos definiciones. Como un sustantivo significa: «El centro de interés o actividad». Piensa en el centro de una diana. Como un verbo significa: «Dirigirse hacia un punto o un propósito concreto». Piensa en lanzar el dardo directamente hacia ese centro. Cuando se trata de un examen, enfocarse es tanto un sustantivo como un verbo. La meta es obtener una buena puntuación en el examen, y a la vez trabajar para alcanzar esa meta.

Con un enfoque mantenido se puede conseguir cualquier cosa.

Tus metas tienen que estar conectadas a tu espíritu

Estar centrado es, en última instancia, estar conectado a tu interior, a tu espíritu. Tus metas pueden involucrar a tu cuerpo y a tu mente, pero se originan en otra parte de tu ser. Algunas personas llaman a esto alma, Dios, Diosa o poder superior. En este libro, lo voy a denominar «espíritu» o «tu propósito más elevado». Piensa en el espíritu como en tu generador de energía: produce la energía que necesitas para alcanzar tus metas.

A lo largo de la historia, el espíritu ha guiado a hombres y mujeres para convertirse en grandes líderes, científicos, poetas y deportistas. Mahatma Gandhi imaginó una India independiente y luego inició el movimiento nacional de la no violencia. Marie Curie planteó la hipótesis de la existencia de las propiedades atómicas y finalmente descubrió su estructura. Lord Byron concibió y escribió una poesía maravillosa. Mozart imaginó música gloriosa y a continuación compuso grandes piezas musicales. Cuando era niño, Michael Jordan quería ser un gran jugador de baloncesto; para conseguirlo se entrenó a diario, y al final terminó «volando» por el aire, desafiando a la mismísima ley de la gravedad.

Tu espíritu se expresa como tus metas más profundas y como la determinación de hacer todo lo que sea necesario para alcanzarlas. El vocablo «espíritu» tiene la misma raíz latina que la palabra «inspirar». Inspirar es respirar. Yo siempre hablo de las metas de una persona como la forma en que el espíritu respira a través de ella. Cuando alguien, como los mencionados anteriormente, permiten que esto suceda, se dice que están inspirados. También se sienten estimulados, animados y fortalecidos.

Esto es cierto para todos nosotros. Piensa en una meta que te propusiste y en cómo luego trabajaste con tenacidad para alcanzarla. Tal vez lo que quisiste fue aprender a patinar sobre hielo, hornear un pastel o aprobar un examen de química. ¿Recuerdas lo centrado que estabas en tu meta? Lo más probable es que sintieras que todo tu ser vibraba por dentro. Te sentías entusiasmado y satisfecho.

Es cierto que, pese a estar centrado, tienes que esforzarte para alcanzar tu meta; tienes que seguir trabajando duramente. Pero hay una recompensa, y no tienes ni que llegar a la meta para obtenerla. Durante el proceso te sientes realizado, porque tienes una meta y estás participando plenamente en su consecución, lo que significa que estás satisfecho con tu espíritu por cada paso que das.

Tu espíritu es tu fuerza motriz. Cuanto más conectado estés a tu espíritu, en mayor medida alcanzarás tus metas.

No me lo acabo de inventar; hay una base histórica que apoya lo que estoy diciendo. Durante miles de años, distintos santos y sabios han asegurado que el espíritu es lo que los ha movido a emprender grandes cosas. Como señaló el mitólogo Joseph Campbell: «Sigue tu dicha». Lo que quiso decir fue: «Deja que tu espíritu guíe tus acciones». ¿Crees que tienes que ser una persona religiosa para tener éxito? No, no hace falta. Solo debes entender que tu espíritu es tu fuerza motriz y aprender a mantenerte en contacto con él. Entonces, cuanto más te acerques a tu meta, más fuerte te sentirás; tu vida estará más organizada y será menos caótica.

Cuando estás desconectado de tu espíritu, ocurre lo contrario. Si no tienes una meta, o si tu meta es en realidad la meta de otra persona, la vida parece carente de sentido. Avanzas sin rumbo fijo. No obstante, solo con tener una meta no es suficiente; también hay que trabajar para alcanzarla. Si constantemente te distraes, terminarás con la sensación de que no has hecho nada más que dar vueltas en círculos, y te desanimarás.

En este punto, es muy posible que te estés preguntando: «Si estar centrado es algo tan beneficioso y natural, debe de ser fácil de conseguir, ¿verdad?».

Yo no diría que es fácil. Has de saber cómo establecer tus metas y la manera de seguir trabajando para alcanzarlas. La gente de éxito lo tiene porque tiene una meta y trabaja en pos de ella. Está conectada a su espíritu. Las personas que no están centradas y se distraen con facilidad se quedan siempre a la mitad del camino. Su rendimiento se resiente, porque están desconectadas de su espíritu. Si quieres mejorar tus resultados en los exámenes, tu espíritu (que es el tercer miembro de tu equipo formado por tu cuerpo, tu mente y tu espíritu) tiene que estar plenamente comprometido y conectado con tu objetivo de estudiar y hacer el examen, a lo largo de todo el proceso.

¿Cómo mantenerte conectado al espíritu? En primer lugar, tienes que marcarte metas que sean importantes para ti. Veamos los distintos pasos.

Ten tus propias metas

Recientemente, dos padres algo ansiosos trajeron a su hija de dieciséis años a mi consulta. Allie era una estudiante de secundaria brillante, con un promedio de notas muy bueno. Pero en su primer intento en el SAT sus resultados fueron desastrosos. Con sus padres presentes en mi oficina, le pregunté a Allie:

—¿Por qué estás aquí?

Ella respondió rápidamente:

—Porque mi madre quiere que consiga resultados más altos en el SAT.

«Vaya —pensé—, esto es nuevo; una joven que dice la verdad delante de sus padres». Ellos se quedaron con la boca abierta. Tal vez fue demasiada honestidad. Con una sonrisa tímida, me miró y añadió:

—Y... yo no quiero trabajar para conseguirlo.

Se produjo una pausa. El ambiente era tenso y cortante. Ahora todo el mundo se preguntaba cómo iba a responder a eso. Pensé en ello durante unos segundos; luego llevé la mano detrás de la silla y saqué un pequeño frasco lleno de purpurina. Lo sacudí hacia arriba y hacia abajo, y le dije:

—Mira esto, Allie. A esto yo lo llamo polvos mágicos. ¿Por qué no te los llevas a casa y te los echas en la cabeza cada noche antes de ir a dormir? Tal vez la magia funcione y saques una nota altísima. Así podrás pasar más rato con tus amigos o viendo la televisión. No tendrás que esforzarte, y tal vez saques una puntuación alta en el examen del SAT. ¡Piensa en el dinero que se van a ahorrar tus padres si no tienen que traerte a verme!

Allie se rió. Lo pilló de inmediato. No existen los polvos mágicos. No hay nada que haga que la gente alcance su meta sin trabajo. Todos tenemos que trabajar duramente. Eso sí, las metas han de ser nuestras, y no de nuestra madre o del tío Pepito. Aunque Allie se resistía al principio, era una chica lo suficientemente inteligente como para no dejarse engañar, incluso por su propia insensatez. En lugar de permanecer en una batalla infructuosa con su madre, se dio cuenta de que ir a una buena universidad era su meta y de que los resultados del SAT eran importantes para acabar estudiando allí. Cuando identificó el objetivo como suyo, su espíritu se revitalizó; se sintió motivada, se puso a ello y la siguiente vez que se examinó del SAT sus calificaciones fueron considerablemente mejores.

Asegúrate de que sea tu meta

Sé el dueño de tu objetivo. O de lo contrario vas a terminar luchando con tu padre, tu profesor, tu entrenador o contigo mismo.

A menos que la meta sea tuya, lo más probable es que no vayas a trabajar para lograrla. ¿Por qué habrías de hacerlo? Al fin y al cabo, no es lo que quieres. Si alguien más te está empujando a alcanzar esa meta, es posible que de vez en cuando te esfuerces un poco, pero solo cuando esa persona (por lo general un padre, o tal vez un profesor) te fuerce. Después de un tiempo, los dos os cansaréis de este juego y os enfadaréis. Tú te sentirás resentido o enfadado; perderás interés y dejarás de esforzarte. Tirarás la toalla, y las consecuencias serán terribles. Nada de esto es divertido. Si tu principal razón para querer sacar una buena nota en un examen es satisfacer a tus padres, es mejor que rediseñes tu plan. Eres tú quien ha de querer tener éxito.

Haz que tu meta sea importante

Cuando les pregunto a mis clientes qué quieren conseguir y me responden: «Quiero que mis puntuaciones en el SAT sean más altas», «Quiero aprobar el examen para obtener la licencia» o «Quiero sacarme el carné de conducir», les digo: «¿Esto es todo lo que quieres?». En otras palabras, aprobar un examen no es un objetivo final; es un paso hacia algo más grande, hacia una meta que es importante dentro de tu vida concebida como un todo. Con puntuaciones más altas en el SAT, tienes la oportunidad de ser aceptado por una universidad mejor; si apruebas el examen para obtener la licencia, verás cumplido tu sueño de convertirte en un profesional; el carné de conducir te dará libertad para ir adonde quieras (¡suponiendo que tengas acceso a un coche!). Por lo general, alcanzar una meta requiere mucho esfuerzo. Si estás dispuesto a dedicar todos los esfuerzos necesarios para alcanzarla, cuanto más en consonancia esté tu meta con la dirección de tu vida, con más ganas querrás trabajar por ella, más querrás superar las pruebas y los exámenes que te conduzcan hacia ella. Por tanto, tu rendimiento en esos exámenes es importante para tu vida: *la calidad de tu futuro depende de tu rendimiento actual*. Aprobar un examen no es una meta final; es un paso hacia algo más grande, hacia una meta que es importante dentro de tu vida concebida como un todo.

Piensa en un examen que estés a punto de hacer y contesta esta pregunta: ¿por qué quieres hacerlo? Asegúrate de que tu respuesta esté conectada con tu meta más grande, con adónde vas y con quién quieres llegar a ser. Escribe en tu cuaderno esta meta más grande, lo que significa para ti y cómo vas a llegar hasta ella.

Con una meta altamente deseable en la mente, dedicar tu tiempo y esfuerzo a un examen te será mucho más fácil. El trabajo puede ser difícil, el tema de la clase puede ser aburrido y el profesor puede que no te inspire demasiado, pero tienes que sacar una buena nota porque sabes lo que está en juego para ti.

Considera cómo vas a llegar

Incluso la mejor de las metas es solo un punto de partida, no algo que se tenga que alcanzar sea como sea. Visualizar tu futuro brillante y exitoso quizás te haga sentir lleno de entusiasmo, pero no te dice específicamente la forma de alcanzar esa meta. Seguro que has oído el viejo refrán que dice «Un viaje de mil millas comienza con el primer paso». Para alcanzar tu meta tendrás que dar muchos pasos pequeños. Por ejemplo, si eres estudiante universitario y tu meta es ser médico, tendrás que cursar varias asignaturas complementarias, como por ejemplo química. Incluso ese examen de química al que tendrás que enfrentarte requiere ciertos pasos: aprobar los exámenes parciales, entregar informes al laboratorio y mantener un buen rendimiento hasta el final. Cada uno de estos pasos constituye una pequeña meta en sí mismo.

Para asegurarte el éxito, necesitas una secuencia de acciones que te llevarán a tu meta final. Si te encaminas correctamente, te será menos difícil enfrentarte a los retos. Tienes que seguir la dirección correcta. La consecución de una meta no puede implicar hostilidad. Tú no dices: «¡Quiero ir a Princeton!», caminas hacia el despacho del rector de la universidad y le pides una beca completa de cuatro años. Lo que haces es trabajar por tu sueño, poco a poco, un paso tras otro. En las dos secciones que siguen a continuación voy a mostrarte cómo hacerlo.

Dividir el trabajo en pasos pequeños

Para muchas personas, su meta más elevada parece inmensa y abrumadora. En lugar de dejar que las arenas movedizas de la desesperación te traguen, recuerda que cualquier meta puede dividirse en pasos pequeños y manejables. Estos pasos tienen una estrecha relación con los pasos pequeños y manejables de las herramientas de la confianza.

Digamos que tienes que prepararte para un examen de historia de la Edad Media, del siglo XII al XIV. Es sábado por la tarde y tienes tres horas por delante para estudiar. ¿Qué vas a hacer? En primer lugar, vamos a ver lo que hizo Nikki cuando tuvo tres horas por delante para estudiar para un examen:

Pensé en lo más sensato: me fui a la biblioteca, porque no quería oír cómo el teléfono sonaba todo el rato. Mi objetivo era revisar todo el temario, pero después de echar un vistazo al montón de libros y apuntes que tenía me quedé helada. Me parecía demasiado, y no sabía por dónde empezar. Pasé tanto tiempo decidiendo cuál era la mejor forma de estudiar que apenas conseguí hacer nada.

¿Te resulta familiar? Disponemos de un tiempo precioso para estudiar y lo único que hacemos es ordenar papeles. Nikki me dijo que su objetivo era revisar el temario, pero eso no es emprender una medida de acción, sino que es un objetivo en sí mismo. Al mirar ese montón de libros se debió de sentir como un escalador mirando una montaña: «¿Cómo voy a conquistar esa cima?». La idea la intimidaba bastante. Sin unos pasos específicos que seguir, se dejó llevar por su propia ansiedad.

Evita el error de Nikki y procede de forma inteligente. Organiza el temario que tienes que estudiar y divide la tarea en pasos pequeños de acuerdo con el tiempo del que dispongas.

Paso 1	12.00 mediodía	Organizar los apuntes de acuerdo con los capítulos.
Paso 2	12.20 de la tarde	Volver a leer el capítulo 1 en profundidad. Resaltar los puntos importantes.
Paso 3	13.20 de la tarde	Tomarse un breve descanso.
Paso 4	13.25 de la tarde	Llevar a cabo una rápida revisión de los capítulos 2 y 3, con especial atención a los puntos importantes. Hacer un examen final de cada capítulo y puntuar.
Paso 5	14.15 de la tarde	Tomarse un breve descanso.
Paso 6	14.20 de la tarde	Leer las notas de clase de los tres capítulos.
Paso 7	15.00 de la tarde	Acabar de estudiar por hoy. Diseñar un plan para mañana.

CÓMO TRIUNFAR EN LOS EXÁMENES

Las pasos pequeños hacen más fácil alcanzar la meta, pues esta se va logrando de una forma progresiva. Nikki no tenía por qué sentir la carga de revisar todo el temario de una vez; si se hubiera dividido la tarea en pasos pequeños y manejables, habría sentido que podía hacerlo. No es abrumador dar un primer paso; cualquier persona puede hacerlo. Si hubiera abordado su tarea de esta manera, esto la habría ayudado a utilizar sabiamente su tiempo y energía.

Explica detalladamente los pasos que vas a seguir: haz que sean pasos SMART[1]

Si necesitas un poco más de orientación para escribir algunos pasos, lo que sigue te va a ayudar. Es un proceso que ha sido probado con el tiempo para hacer precisamente esto. Se llama la fórmula SMART. Cuando tus pasos son inteligentes, cumplen los siguientes criterios:

S = *specific* (específicos)
M = *measurable* (mensurables)
A = *adjustable* (ajustables)
R = *realistic* (realistas)
T = *time-based* (basados en el tiempo)

¿Qué significan estos criterios? Significa que tu objetivo es:

ESPECÍFICO. Es preciso y está bien definido.
MENSURABLE. Puedes evaluar si lo estás alcanzando.
AJUSTABLE. Puedes cambiarlo o modificarlo si es necesario.
REALISTA. Es alcanzable dado el tiempo, la energía y los recursos de los que dispones.
BASADO EN EL TIEMPO. Se establece un calendario o se definen los tiempos.

El propósito de esta fórmula es ayudarte a plantear unos pasos que sean alcanzables, que estén dentro del ámbito de lo factible. Tus metas pertenecen a lo que llamaríamos deseos, pero luego tenemos

---

1. El autor utiliza el concepto *smart*, que en castellano se traduce por «inteligente». En la presente traducción se ha utilizado el concepto original para no alterar el juego que el autor hace con las siglas (N. de la T.).

que colocarlas dentro de lo factible. Uno no puede trazar el camino hacia sus metas con poca precisión, sino que los pasos tienen que ser precisos, razonables y alcanzables.

Una buena manera de ver lo que no se debe hacer es observar lo que hizo Hal. Hal estaba estudiando para su último examen de biología. Su rendimiento a lo largo del semestre era de *bien*. Le di la hoja de pasos (a continuación está el ejemplo) y le pedí que rellenara la columna izquierda de la hoja con los pasos que creía que tenía que seguir. En el lado derecho, yo evaluaba si eran pasos SMART o no.

LA HOJA DE PASOS DE HAL

Asunto: examen final de biología / fecha: 10 de marzo / fecha del examen: 4 de abril

SMART = específico / mensurable / ajustable / realista / basado en el tiempo

Pasos de Hal	¿Son inteligentes (SMART)?
«Repasarlo todo».	Como se ha dicho, esta medida es demasiado general y poco precisa. Cuando todo es demasiado general, tendemos a sentirnos abrumados. Nos paralizamos en vez de sentirnos motivados. Esta medida de acción **no es específica**.
«Mostrar lo que sé».	Se trata de una declaración vaga que podría significar cualquier cosa. Puede que sepas mucho, pero no necesariamente lo que necesitas para el examen. «Mostrar lo que sé» sencillamente **no se puede medir**.
«Voy a estudiar todos los días de 14.00h a 17.00h de la tarde».	Si bien esto parece una medida de acción admirable, no es realista. Todo el mundo sabe que siempre ocurren sucesos inesperados, incluso cuando lo hemos planeado todo. En estos momentos, esta medida de acción **es rígida y poco ajustable**. Hal se aboca al fracaso.

Pasos de Hal	¿Son inteligentes (SMART)?
«Mi meta es sacar un 10 en el examen».	Hasta el momento las calificaciones de Hal en biología han oscilado entre 6 y 7. No es lo que más domina. De hecho, mantener este ritmo supone una lucha para él. ¿Puede sacar un 10 en el examen? No es probable. Además, esta ni siquiera es una medida de acción; es una meta. **No es realista.** Hal acabará llevándose una gran decepción.
«Practicaré con los exámenes anteriores y trabajaré con ellos hasta que me aprenda bien el temario, sin importar el tiempo que tarde».	Esto podría funcionar si Hal tuviera todo el tiempo del mundo para prepararse el examen de biología. Sin embargo, no puede dedicar todo el día a esto. Todo eso lleva tiempo. Esta medida de acción **no se ajusta a unos tiempos reales.**

Después de que habláramos de sus pasos, y siguiendo como pauta la fórmula SMART, Hal revisó su hoja de pasos. Así es como quedó al final:

LA HOJA DE PASOS DE HAL (REVISADA))

Asunto: examen final de biología / fecha: 10 de marzo / fecha del examen: 4 de abril

SMART = específico / mensurable / ajustable / realista / basado en el tiempo

Pasos de Hal (revisados)	¿Son inteligentes (SMART)?
«Repasar un capítulo por día durante los próximos cinco días».	Esta medida de acción **es específica.** Explica concretamente qué va a hacer cada día para prepararse para el examen. Al ser específico, Hal sabe lo que tiene que hacer.

Pasos de Hal (revisados)	¿Son inteligentes (SMART)?
«En las preguntas prácticas, mi objetivo es responder correctamente el ochenta por ciento de ellas».	Hal tiene un punto de referencia y un objetivo claro. Esta medida de acción **es mensurable**. Si se plantea que el ochenta por ciento de las respuestas han de ser correctas, podrá analizar sus respuestas erróneas y hacer las correcciones necesarias. Al llegar a este porcentaje de respuestas correctas es más probable que Hal alcance la nota que quiere.
«Cada día voy a revisar mi calendario y planeo estudiar de dos a tres horas diarias. Intentaré que sea así siempre que pueda».	Esta medida de acción le permite ser flexible. Hal reconoce que necesita estudiar de dos a tres horas diarias, y **se ajusta** a su agenda.
«Voy a estudiar lo suficiente para subir mi nota a un 8».	El rendimiento de Hal hasta la fecha ha sido de 6, más o menos. Con esta medida de acción, se está presionando a sí mismo para hacerlo un poco mejor, pero sin excederse. Esto **es realista**. Es probable que consiga la nota que quiere.
«Voy a practicar con exámenes anteriores durante una hora, y luego me doy media hora más para analizar mis respuestas».	Hal debe buscar un equilibrio entre la preparación del examen y el resto de sus obligaciones. Al crear una medida de acción **basada en el tiempo**, es más fácil que logre sus objetivos y aun así tenga tiempo para sus otras obligaciones.

A partir de ahora, cada vez que tengas que estudiar para un examen intenta que tus pasos sean SMART (inteligentes). Por un lado, incluso si tienes una gran cantidad de material para estudiar te mantendrás tranquilo si estructuras tu tiempo y estableces objetivos inmediatos que realmente se puedan cumplir; por otro lado, estos pasos te ayudarán a saber qué tienes que hacer con claridad y, sobre todo, de un modo manejable.

Un consejo importante: cuando escribas en una hoja los pasos que deseas llevar a cabo, anota lo que quieres hacer, y no lo que no quieres hacer. En otras palabras, escribe en positivo. Los pasos negativos pueden ser punitivos, y en realidad no ofrecen indicaciones útiles: «No te apresures», «No te olvides de estudiar lo que es importante para el examen», «Por el amor de Dios, ¡no te olvides de nada!». Esto hará que tu mente se rebele: «¡No me digas lo que tengo que hacer!». Un enfoque positivo te hace sentir mejor y te conduce en la dirección correcta.

Tal vez sientas que prepararte para usar la fórmula SMART es simplemente una regla más que te estoy imponiendo («¡sé específico!», «¡sé flexible!», «¡sé realista!»). A la mayoría de las personas no les gustan las reglas; pero te aseguro que esto no es una regla con exigencias. Es un modelo diseñado para hacerte la vida más fácil.

Tómate un descanso

Antes de pasar a la siguiente sección, donde te voy a mostrar cómo mantenerte centrado para poder lograr tus metas, quiero enseñarte un ejercicio práctico que te ayudará a alcanzarlas: aprender a hacer descansos regulares. Los estudiantes piensan que deberían ser capaces de estudiar de manera regular, alertas y atentos todo el rato durante muchas horas. Esto no es realista. Las investigaciones sobre el funcionamiento cognitivo (sobre cómo una persona piensa y aprende) muestran que lo óptimo es estudiar de veinte a cuarenta minutos y luego hacer un descanso. Es el tiempo ideal para poder comprender y retener la información. Así que tomarte un descanso ayuda realmente a tu rendimiento. Como ya comenté en el capítulo 4, de vez en cuando tienes que dejar que participe tu sistema parasimpático, porque te calma. Cuando no descansas, tu sistema nervioso simpático –que tiene que ver con la excitación, la ansiedad y la respuesta de lucha o huida– agota rápidamente tu energía. Estudiar durante dos o tres horas seguidas parece algo propio de los estudiantes serios, pero por lo general es

Para mantener un rendimiento alto, tu cuerpo y tu mente tienen que descansar de vez en cuando.

contraproducente y puede llevar a un drenaje crónico de la energía disponible de la persona.

Les digo a mis clientes que compren un temporizador barato y lo programen para que suene entre treinta y cuarenta y cinco minutos después. Tienen que trabajar de forma continuada hasta que suene, y luego parar y hacer un descanso de cinco minutos. Después han de ajustar el temporizador de nuevo y ponerse otra vez a estudiar. Al cabo de tres ciclos de este tipo (aproximadamente una hora y media en total), deben hacer un descanso más largo (de quince minutos). Las pausas se deben planificar y hacer a un ritmo regular. Vas a ver cómo esos descansos te dan la oportunidad de relajarte. Cuando programas tus pausas, no te sientes culpable por tomarte un descanso en medio de tu estudio; has estado estudiando durante un rato y ahora te mereces descansar. Tras el descanso, vuelves a estudiar, sabiendo que al cabo de un rato vas a poder descansar de nuevo.

Me he encontrado con estudiantes que no confían en sí mismos a la hora de hacer descansos, porque en el pasado esos cinco minutos a menudo se convirtieron en media hora, una hora o incluso toda una tarde. Después de tanto tiempo, no les apetece volver a estudiar. Suelen decir: «Si me alejo de mi escritorio y hago un descanso, no voy a volver a estudiar». Sí, eso puede ocurrir, pero también puedes romper con ese hábito. Es esencial tomarse descansos y aprender a volver a estudiar de nuevo. Si te obligas a estudiar durante largos períodos de tiempo, puede que tu rendimiento se resienta, porque sin darte cuenta empiezas a prestar menos atención (por lo general después de cuarenta y cinco minutos). Sientes que estás haciendo todo contra tu voluntad, te cansas y te resientes, y tus breves descansos se convierten en largas siestas. En el siguiente capítulo voy a darte más sugerencias sobre cómo tomarse descansos con eficiencia, así como muchos otros consejos útiles. Pero por ahora, sal a comprar un reloj.

Listo para seguir adelante

En resumen, marcarte una meta es lo primero que tienes que hacer para mantenerte centrado en tu tarea. Detallar un plan de acción paso a paso es tu segundo objetivo. Ahora ya sabes hacia dónde te diriges y cómo vas a llegar hasta allí. Pero ¿vas a hacerlo?

LIDIAR CON LAS DISTRACCIONES

Hasta ahora he estado hablando de lo que anuncié como centro de atención o foco: la meta en sí. He estado hablando del sustantivo y ahora hay que trabajar con las acciones necesarias para alcanzar la meta (centrarse o enfocar la atención). Si los pasos son claros, ya sabes lo que tienes que hacer. Pero tomar pasos y mantenerse en el camino no es lo mismo. Sabes que tienes que estudiar un capítulo de tu libro de historia durante tu tiempo de estudio esta noche. Este objetivo está claro, pero ¿qué sucede cuando abres el libro y te pones a estudiar realmente?

Te diré lo que ocurre: o bien haces el trabajo y consigues tu objetivo, o bien, si eres como la mayoría de la gente, te distraes. Incluso con pasos bien definidos, todos nos enfrentamos a las distracciones. Es el mayor obstáculo para el estudio y el rendimiento en un examen.

Distracciones, distracciones, distracciones

La distracción es nuestro enemigo número uno. Nos hace perder ese flujo constante de energía que nos mantiene en el buen camino para la consecución de nuestros objetivos. ¿Cuántas veces te has propuesto hacer algo y al final te has pasado todo el día entretenido en pequeñas tareas que no habías planeado y que no tenían nada que ver con tus objetivos? En breve tienes un recital, pero no has practicado en los dos últimos días. O bien debes rellenar los formularios de los impuestos, pero te entretienes limpiando el jardín. O bien has de estudiar para los exámenes finales, pero te vas a dar una vuelta en coche.

Las distracciones muestran que estás desconectado de tu espíritu. Si buscas en un diccionario la palabra «distracción», te vas a encontrar con tres significados diferentes pero interrelacionados entre sí:

⇨ Un obstáculo para la atención.
⇨ Un entretenimiento que provoca un cierto interés placentero que nos aleja de preocupaciones y problemas.
⇨ Confusión mental, trastorno.

Esto define a la perfección lo que es la distracción. En primer lugar, tu atención se desvía. En segundo lugar, te gusta porque gracias a ella no lidias con el trabajo que tienes enfrente. En tercer lugar, se produce una acumulación de estrés, ya que has estado tanto rato perdiendo el tiempo que ahora te sientes ansioso o deprimido. Lo que comenzó como un pequeño obstáculo en tu capacidad para sostener la atención termina siendo el contenido de una sesión de terapia.

La distracción es tu enemigo y te derrota cada vez que se lo permites. Si tarde o temprano acabamos distrayéndonos, ¿cómo vamos a superarlo? Por decirlo de otra manera más positiva, ¿cómo te puedes mantener conectado y seguir avanzando hacia tus metas? Es muy sencillo. Como hemos visto en los anteriores capítulos dedicados a cómo tranquilizarnos y tener confianza en nosotros mismos, tienes que hacer dos cosas: en primer lugar, darte cuenta, tan pronto como sea posible, de que estás empezando a desconectarte (en este caso, a distraerte); en segundo lugar, utilizar herramientas específicas para volver a conectarte y retomar tu camino.

DESARROLLA TU CONCIENCIA

La clave aquí es aprender a cortar este problema de raíz antes de que pierdas el control. Lo que quieres es desarrollar tu conciencia para que esta te avise cada vez que te desvíes. A veces las personas no se dan cuenta de que se están desconectando. Sus mentes están fuera de órbita, y una hora más tarde se percatan de ello y dicen: «¡Oh!, no he estado escuchando esta conferencia». Otros saben que se están distrayendo, pero no hacen nada para corregirlo. Se niegan a cambiar. Se justifican diciendo: «Vaya, tengo que levantarme del escritorio para lavar la ropa. Eso no es una distracción sino algo que tengo que hacer».

La historia de Scott es un ejemplo de ello. Era un estudiante de primer año de Medicina que se estaba quedando rezagado. Como estudiante, su rendimiento durante el curso había sido muy bueno, pero en los exámenes finales sus puntuaciones fueron bastante bajas. Al principio, el hecho de que no se pusiera a estudiar hasta dos días antes del examen no le suponía ningún problema, porque en el instituto siempre le había funcionado esta estrategia. Sin embargo, en este caso tenía demasiado material para estudiar y no podía dejarlo para el final. Se había creado un horario de estudio bien pautado y sólido. Pero los viejos hábitos tardan en morir. Seguía distrayéndose hasta que se acercaba la fecha del examen. No obstante, curiosamente era consciente de ello y se sentía un poco desconcertado consigo mismo porque no estaba haciendo nada al respecto. He aquí una transcripción de una de nuestras primeras sesiones:

—Había planeado estudiar desde el mediodía hasta las cuatro de la tarde y luego ir al gimnasio.

—Dime lo que pasó cuando te sentaste a estudiar.

—Primero, saqué mis libros y mis apuntes. Pero los papeles eran un desastre, así que los puse en orden.

—Y eso te llevó...

—Alrededor de media hora.

—¿Y después?

—Me puse a sacar punta a mis lápices. ¡Ah, sí!, y también llamé a mi novia para recordarle que comprara la salsa de carne para la pasta. Esa noche venían unos amigos a cenar a casa. Luego me bebí un vaso de agua, fui al baño y me puse a estudiar.

—¿Qué hora era?

—Yo diría que la una.

—¿Qué hiciste entonces?

—Abrí el libro de bioquímica por el primer capítulo y empecé a estudiar.

—Buena idea. ¿Y cuánto tiempo estuviste estudiando?

—Probablemente alrededor de una hora.

—Así que te quedaste ahí sentado pegado a los libros una hora...

—Más o menos. Bueno, algo así. Tuve que comprobar que mi perro estaba bien. El veterinario le había puesto una venda en la pata, por lo que necesitaba asegurarme de que estuviera bien. También me entró un poco de hambre, así que me fui a buscar un vaso de leche... y una galleta para acompañar. ¡Necesitaba una galleta!

—Por supuesto. Scott, suena como que querías estudiar, pero que un montón de cosas te lo impidieron.

—Más o menos, pero yo tenía que hacer todas esas cosas.

—Oh, no estoy cuestionando eso. Solo me pregunto si tenías que hacerlas en esos precisos momentos. ¿Acaso todas esas cosas no te... como diría yo... hicieron descarrilar?

—Se podría decir que sí.

—Pues ya lo he dicho.

Ambos acabamos riendo.

Cuando Scott me dijo que se había pasado el resto de la tarde estudiando, descubrí que en realidad no había estudiado mucho. Fue a ver cómo se encontraba su perro tres veces, y él y su novia hablaron largo y tendido sobre qué tipo de salsa debían comprar para sus invitados cuando descubrió que eran vegetarianos. Se dirigió al cuarto de baño otra vez, y luego fue a buscar algo de comer a la nevera. Al final nuestra conversación terminó con Scott diciendo:

—No puedo creer la cantidad de cosas que estuve haciendo en lugar de estudiar. Realmente pensaba que había estado estudiando.

Puede parecerte increíble que Scott no se diera cuenta de que se estaba distrayendo felizmente con otras cosas, pero créeme, durante mis treinta años de experiencia como *coach* he visto que esto sucede una y otra vez. He escuchado toda clase de distracciones; los estudiantes se inventan cualquier excusa para posponer su estudio. A continuación expongo una lista que he compilado. No sigue ningún orden específico, pero te dará una idea de las cosas con las que la gente se distrae.

LISTA (CASI) DEFINITIVA DEL DOCTOR BERNSTEIN SOBRE LAS ACTIVIDADES QUE DISTRAEN

¿Reconoces algunas de estas actividades?

- Mirar la televisión
- Jugar a los videojuegos
- Salir con amigos
- Ver vídeos en YouTube
- Enviar mensajes de texto por el móvil
- Ir a un bar
- Cortarse las uñas
- Organizar el escritorio
- Limpiar la habitación
- Limpiar toda la casa
- Mirar Facebook
- Soñar despierto
- Contemplar tu vida
- Ir de compras
- Comer
- Pensar en ir de compras
- Pensar en comer
- Abrir la nevera y mirar qué hay para comer
- Twittear
- Hablar por teléfono
- Comprobar tus provisiones de comida
- Pasar el aspirador
- Ir a dar una vuelta en coche

- Ir al cine
- Navegar por Internet
- Ir a la playa
- Escuchar música
- Tirar papeles viejos
- Lavar la ropa
- Pagar las facturas
- Entretenerte con el iPod
- Limpiar la cartera
- Ordenar documentos
- Leer periódicos o revistas
- Buscar trabajo
- Jugar con una pelota
- Comprar on line (eBay, etc.)
- Comprobar y responder el correo electrónico
- Ir a un centro comercial
- Preocuparte por el dinero

- Ir al gimnasio
- Pensar en ir al gimnasio
- Jugar a la canasta
- Patinar o ir con el monopatín
- Jugar con tu mascota
- Regar las plantas
- Pensar en el sexo
- Practicar sexo
- Mirar las plantas
- Recoger las hojas muertas
- Leer un libro
- Hacer la lista de la compra
- Quejarse
- Deambular por la casa
- Ver reposiciones en la televisión
- Dormir

Ahora añade tus propias distracciones a la lista. ¿Necesitas otra página? (es broma).

A medida que leías esta lista puede que en algunos puntos dijeras: «¡Sí!, fui a comprar algo de comida. Pero realmente lo necesitaba: una adolescente tiene que comer si quiere crecer». Lo entiendo; sé que tienes que hacer algunas cosas de la lista, pero no cuando se supone que debes estar estudiando para un examen. Si persistes en decir que estas pequeñas actividades no se pueden evitar, pregúntate: ¿realmente tienes que ir de compras *ahora*?, ¿vale la pena que sacrifiques así la seguridad de tu vida futura (es decir, la meta a la que te conduce estudiar y aprobar un examen)?, ¿o solo te estás distrayendo porque no quieres abordar los libros de estudio?

A menudo mis clientes creen que no pueden hacer nada al respecto. Están seguros de que la *postergación* es algún tipo de enfermedad genética con la que nacieron o que es inherente a su naturaleza. Pero no es algo genético. No nacieron con ello. No es algo inherente. Y no es una enfermedad, algo así como un germen que se contagia por el aire. La palabra «postergar», en sí misma, indica una acción. Es una palabra elegante para referirse a la distracción. Estás haciendo una cosa en lugar de otra. Estás poniendo tu atención en algo diferente en lugar de ponerla en el estudio. Lo importante es lo centrado que estés haciendo eso que haces. Si estudias, tienes que poner toda tu atención (estar centrado) en los libros o en los apuntes. Cada vez que dejas algo para más tarde gastas energía innecesariamente y no le das a tu atención la importancia que se merece.

Aprende a reconocer los síntomas asociados al hecho de distraerte y desconectarte de tu meta, así como reconoces que los estornudos y la mucosidad en la nariz son los síntomas de un resfriado. Un síntoma de que te estás desconectando de tu espíritu es permitir que tus acciones se desvíen de tu meta. Es por eso por lo que resulta importante cultivar y desarrollar la conciencia, y reconocer cuándo te distraes –ya que es fundamental que te detengas y vuelvas a conectarte con tu espíritu y tus objetivos–. Hagamos una lista de algunos de los síntomas que puedes reconocer:

SÍNTOMAS COMUNES DE LA DISTRACCIÓN

⇨ La actividad que te distrae de repente te parece que es mucho más importante que estudiar.

⇨ Te sientes cansado y agotado después de haber puesto toda tu energía en hacer otras cosas.

⇨ Estás nervioso porque en el fondo sabes que lo que estás haciendo no es lo que deberías hacer.

⇨ Tu mente está sobrecargada de pensamientos que empiezan por «no puedo enfrentarme a esto», «no puedo hacerlo», «no estoy seguro de si...».

⇨ No solamente estás ansioso, sino que además estás preocupado por tu ansiedad.

⇨ Estás empezando a perder la confianza en ti mismo, ya que, una vez más, no has cumplido con lo que te propusiste.

⇨ Otras personas te están regañando, perdiendo la confianza en ti y cuestionando tus motivos.

¿Qué síntomas indican que te estás distrayendo? Haz una lista en tu cuaderno.

Date cuenta de que estar distraído viene de dentro de ti. Si estás esperando a que alguien te reconduzca, dependes de una señal externa. Hay dos problemas con las señales externas: en primer lugar, a menos que tengas un asistente personal nadie va a estar todo el rato a tu lado diciéndote lo que tienes que hacer y, en segundo lugar, cuando alguien constantemente te pincha (un padre, un profesor, un entrenador), te resistes y te enfadas. A nadie le gusta que le manden.

Sin embargo, una señal interna es completamente diferente. Es un pensamiento o una emoción que viene de dentro de ti. Reconoces por ti mismo que estás distraído. Te dices: «Me he distraído y me he desviado del camino. Tengo que volver». Es esencial que aprendas a corregirte sin juzgarte, porque si te hablas con amenazas (como un padre enfadado o un profesor frustrado), a continuación sentirás como si te estuvieras castigando a ti mismo: «¡Vuelve al trabajo o de lo contrario...!», «Si suspendes este examen, voy a enfadarme contigo», «Eres un perdedor», «No puedo creer que no estés estudiando». ¿Te resulta familiar? Si nunca le hablarías así a un niño de cinco años, tampoco lo hagas contigo mismo. En otras palabras, un diálogo interno negativo, como hemos visto en otros capítulos, te distrae.

El siguiente ejercicio te mostrará cómo cultivar y desarrollar tu conciencia sin prejuicios ni amenazas que te desconecten. Esto, a su vez, te ayudará a desarrollar las señales internas necesarias para centrarte.

EJERCICIO: LOS SÍNTOMAS QUE INDICAN QUE ESTÁS DISTRAÍDO

Cierra los ojos. Respira profundamente con la atención puesta en el vientre.
Siente cómo tu cuerpo se apoya en la silla y tus pies en el suelo.
Visualiza tu meta y cómo trabajas para alcanzarla.
Ahora ve cómo te distraes con cualquier actividad.
¿Qué sientes cuando te distraes? ¿Qué sensación te queda?
¿Te sientes ansioso, frustrado, enfadado, tenso, molesto, nervioso, fuera de ti, ineficiente, carente de energía, deprimido, perdido, inseguro o desesperanzado?
Abre los ojos.

Como podemos ver, hay ciertas emociones que acompañan a la distracción, y una vez que aprendemos a reconocerlas nos pueden informar de lo que está sucediendo. Es de vital importancia que seas consciente y reconozcas los síntomas de la distracción durante tus horas de estudio, cuando todavía puedes recuperar el tiempo perdido. Una vez que estés en el aula examinándote, no vas a poder volver atrás; el reloj no se va a detener. ¡No hay tiempo que perder! Necesitas asegurarte de que la «luz de tu conciencia» comienza a «parpadear en rojo» tan pronto como tu mente empiece a vagar, por lo que rápidamente puedas reconducir tu atención y volver al examen.

El principal problema de la pérdida de la atención en un examen es que estás desaprovechando el tiempo. Eso no te ayuda a responder mejor las preguntas del examen. Una vez que el tiempo ha pasado ya no hay manera de recuperarlo. Y, por supuesto, como te parece que has perdido el tiempo, te sientes ansioso, y eso hace aún más difícil que vuelvas a centrarte en el examen. A medida que todo esto ocurre, te vas desconectando cada vez más de tu espíritu. Es como si hubieras caído al agua en medio del océano. El barco se aleja y tú, poco a poco, te vas hundiendo. Además, cuando te distraes en un examen, pierdes tu foco de atención. Esto por lo general tiene un resultado negativo, porque muchos exámenes ponen a prueba, en realidad, tu capacidad de pensar sobre un tema complejo de una manera sostenida.

Para ayudarte a cultivar y desarrollar tu conciencia cuando te distraes y pierdes tu foco, mantén un registro en tu cuaderno. Al registrarlo todo, verás que pierdes tu atención más a menudo de lo que creías.

Si tienes el hábito de distraerte en otras áreas de tu vida, puedes estar seguro de que también te va a ocurrir lo mismo cuando estés haciendo un examen. Como he dicho anteriormente, parte del reto en cada examen es que mantengas la atención durante todo el tiempo que dura. Si no has cultivado y desarrollado tu atención, cuando durante el examen surja la mínima dificultad, te sentirás perdido. Distraerte se ha convertido en un hábito, y no importa cuánto te comprometas a cambiar. Tus resultados en los exámenes lo demuestran.

Si permites que otras tareas o pensamientos, agradables o desagradables, desvíen tu atención de estudiar, o si continuamente esperas hasta el último momento para estudiar, tienes un problema. No me sirve que utilices el mismo estribillo de siempre: «Así es como funciono; es mi manera de trabajar». Tal vez distraerte y posponer las tareas hasta el último momento no fue un problema en la escuela primaria o incluso en el instituto, porque eras un estudiante inteligente y las materias te resultaban fáciles, pero en el momento en que llegues a la universidad puede que ya no te funcione. Ahora te enfrentas a una competencia real; y en el momento en que curses estudios de posgrado te estarás enfrentando a algo mucho más serio. Hay quienes aseguran: «Al final voy a poder salirme con la mía. No me preocupa. Puedo controlarlo todo. Voy a estudiar todo el temario en el último momento». En el caso de aquellos que no se observan demasiado a sí mismos, puede que este hábito esté tan arraigado en ellos que no lo sepan ver. Las acciones se convierten en hábitos, y los hábitos duran toda la vida —en el mercado laboral, las personas enfocadas en sus metas te vencerán siempre.

Al no admitir que tienes un hábito, acabas haciendo lo que hacen los adictos: se acostumbran a tener un comportamiento autodestructivo y lo niegan todo. Llegará un momento en que te verás obligado a enfrentarte a ti mismo y a tus comportamientos dañinos; tendrás que hacer un balance y preguntarte: «Si continúo así, ¿voy a pasar de curso? ¿Voy a poder graduarme?». Tienes que despertar, ser honesto contigo mismo y aceptar el hecho de que te sueles distraer y no puedes estudiar de forma continuada, y admitir que eso te está perjudicando.

Este es el primer paso: ser consciente de lo que estás haciendo. Sabes que te distraes y que estás dispuesto a enfrentarte a ello. Por desgracia, eso no significa necesariamente que desees cambiar. Aún tienes que responder a esta pregunta: «¿Realmente quiero dejar de distraerme y empezar a centrarme?». Algunas personas responden que no, porque estar distraídas no es particularmente desagradable para ellas; de hecho, les gusta. Cuando le pregunté a una estudiante cómo se sentía cuando desviaba la atención, esperaba que me contestara que era frustrante. Pero me respondió alegremente que se sentía bien:

Las personas que tienen éxito en los exámenes, en las competiciones y en el escenario han practicado cómo centrarse.

—Me gusta mucho; prefiero jugar con mi gato a estudiar.

Para ella, se trataba de una distracción agradable. Pensé: «¡Por supuesto que es más divertido hacerle arrumacos a tu gato que estudiar cálculo! Pero esta no es la cuestión». No se lo dije; solo le pregunté cómo se sentía una hora antes de un examen, y me dijo que a menudo reflexionaba sobre lo mucho que se había distraído en lugar de estudiar. Su estado de ánimo no era exultante:

—Me entra un ataque de pánico; es un desastre total.

Y ahí lo tenemos: se siente bien en el momento en que no se esfuerza para centrarse, pero los efectos a largo plazo pueden ser devastadores. No solo sufría por la ansiedad que sentía cuando entraba en el aula para examinarse, sino también por la reprimenda de sus padres, y odiaba decepcionar a los profesores que habían visto potencial en ella. Su hábito de divertirse y distraerse en lugar de estudiar no iba a cambiar por sí solo. Ella tenía que transformarse totalmente.

LAS TRES HERRAMIENTAS PARA PERMANECER ENFOCADO

Tengo una buena noticia para ti: si tienes un hábito y estás dispuesto a trabajar para cambiarlo, puedes hacerlo. Puedes romper con tus viejos hábitos inútiles, y establecer otros nuevos y útiles. Y si utilizas las herramientas que voy a darte, tus posibilidades mejorarán enormemente. La comprensión y el uso de estas herramientas no requieren un grado avanzado en psicología. Pueden parecer simples y, de hecho, lo son. Sin embargo, nunca deja de sorprenderme que la gente no haga las cosas más simples para mejorarse a sí misma. Siguen cometiendo los mismos errores. Continúan con los mismos viejos patrones, y luego piensan que por arte de magia las cosas van a cambiar.

Para cambiar, hay que tomar medidas. No puedes sentarte en una silla, mirar fijamente a la pared y esperar ser, al cabo de un rato, una persona totalmente diferente. Y no se puede tomar una pastilla que cure todos los malos hábitos. Así que si quieres que las cosas sean diferentes, tienes que actuar de manera diferente.

¿Recuerdas la primera ley de Newton? Todo cuerpo permanece en un estado de reposo o movimiento rectilíneo uniforme a menos que otros cuerpos actúen sobre él. Estos otros cuerpos tienen que ejercer una fuerza superior a la de costumbre para alterar su estado o trayectoria. Tienes que hacer algo realmente diferente, no solo tratar de detener lo que has estado haciendo hasta ahora. Si no actúas de otro modo en su lugar, los viejos hábitos volverán a aparecer, llenarán el vacío que has dejado y actuarán de nuevo. Lo que necesitas es adoptar pasos paulatinamente. A través de la repetición, estos pasos se acabarán convirtiendo en nuevos hábitos.

Tienes que entrenarte con las tres herramientas que presento a continuación. Esto es todo: tres herramientas. Solo es necesario que las utilices de forma coherente y con determinación.

Herramienta 1: ¡detente! Mira lo que estás haciendo

Imagina que estás conduciendo de Miami a Nueva York. Crees que estás circulando en la dirección correcta; pero en realidad te has estado dirigiendo todo el rato hacia el sur en lugar de hacia el norte. Si no dejas de preguntarte si estás siguiendo la dirección correcta, puede que termines en la Pequeña Habana en lugar de en Times Square. Para asegurarte de que esto no ocurre, lo primero que tienes que hacer es detener el coche.

Ahora imagina que estás en medio de un examen y empiezas a distraerte. Es viernes por la tarde y tan pronto como termines el examen tienes pensado conducir hasta la playa para pasar allí el fin de semana. «¡Qué buena idea!», piensas. De repente, el profesor anuncia: «Treinta minutos para el final», y eso te devuelve de golpe a la realidad. ¿Cuánto tiempo has perdido fantaseando con ir a la playa y hacer una barbacoa? ¿Acaso no deberías haberte dado cuenta de que te estabas distrayendo? Podías haber dicho: «¡Espera un momento!, el fin de semana no ha empezado aún. Mi mente está yendo en la dirección equivocada». Cuando eres capaz de hacer esto, detienes tus distracciones y te mantienes en el presente.

El ejercicio siguiente te mostrará cómo utilizar esta primera herramienta y te ayudará a detener cualquier tipo de distracción.

EJERCICIO: DETENER LAS DISTRACCIONES

Siéntate cómodamente en una silla. Pon la espalda recta. Coloca bien la cabeza y el cuello. No cruces los brazos ni las piernas. Apoya los pies en el suelo y coloca las manos sobre los muslos. Espira y cierra los ojos.

Visualiza un objetivo. Digamos que estás preparándote para un examen, y en este momento, durante la próxima hora, tu objetivo es estudiar un capítulo de una manera organizada y minuciosa.

Fíjate en cómo trabajas para conseguir ese objetivo. Ve los libros delante de ti e imagínate abriendo uno de ellos y comenzando a leer el primer capítulo.

Te visualizas trabajando para conseguir ese objetivo. Te ves leyendo y memorizando el texto.

Ahora ve cómo te empiezas a distraer. Inesperadamente, el rostro de un amigo que hace mucho que no ves aparece en tu pantalla mental. Te preguntas qué es de su vida. Empiezas a recordar viejos tiempos y sientes nostalgia. Decides llamarlo por teléfono.

Ahora utiliza la **primera herramienta: ¡detente!** Ves una señal de *Stop*, un semáforo en rojo, un agente de tráfico con la mano alzada o una señal de alarma. Dejas de distraerte (en este caso, dejas de pensar en llamar por teléfono a tu amigo).

Mueves la mano con la intención de agarrar el teléfono, pero te das cuenta: «Estoy empezando a desviarme del camino. Estaba estudiando y ahora, de repente, estoy a punto de hacer una llamada telefónica». El impulso para hacer esa llamada es fuerte. Hace mucho tiempo que no ves a tu amigo. Pero te disciplinas y te dices a ti mismo: ¡detente!

Una vez que hayas dejado de distraerte, pregúntate: «¿Esta distracción me acerca a mi objetivo?». ¿Acaso llamar a tu amigo te va a ayudar a sacar mejores notas en tu examen de la próxima semana? Claramente, la respuesta es NO.

Abre los ojos.

Sharon, estudiante de Medicina, cuenta la siguiente historia sobre cómo aprendió de primera mano el valor de esta herramienta durante un examen final de anatomía.

La segunda pregunta del examen era muy difícil y empecé a pensar en lo peor: «¡Oh, no! Voy a perder mi beca y nunca terminaré la carrera de Medicina». Me quedé atrapada en pensamientos ansiosos durante un minuto o dos. Entonces me di cuenta de que me estaba distrayendo: «¡Eh, espera un momento! Me estoy distrayendo». Rápidamente utilicé la primera herramienta. Me detuve en seco. Y me pregunté: «¿Preocuparme me va a ayudar con el examen?». Claramente, la respuesta fue que no, así que me concentré en el examen de nuevo. Esto ocurrió un par de veces más. Cada vez me era más fácil darme cuenta de lo que estaba pasando y cortaba en seco la distracción. No dejé que los pensamientos negativos me apartaran de mi camino.

Por supuesto, no era la primera vez que Sharon utilizaba esta herramienta. Se había estado entrenando mientras estudiaba. En el momento en que se sentó en su pupitre para hacer el examen, sabía lo que tenía que hacer si se distraía.

Este tipo de *alto* o *parada* es una disciplina que se enseña en casi todas las tradiciones espirituales. ¿Por qué? Estas tradiciones, especialmente las más antiguas, han reconocido la importancia de ser dueños de nuestra atención. Si quieres meditar, rezar, alcanzar la iluminación, comunicarte con los grandes espíritus, entender el significado de la vida o cumplir tus objetivos y tus más altos propósitos, debes ser capaz de controlar tu atención. Si te distraes, no conseguirás nada. A menos que hagas un esfuerzo consciente para dejar de distraerte y cambies de dirección, te hundirás en una inercia letárgica. Es muy fácil caer en la trampa y dejarse llevar por lo que es agradable y placentero, pero esto nos hace movernos en círculos sin rumbo fijo. Dicho de otra manera, es más sencillo rodar cuesta abajo que hacer el esfuerzo de subir la cuesta; pero el tiempo pasa y la vida se acaba, y te has alejado cada vez más de tus grandes metas.

Muchas tradiciones espirituales relacionan distraerse con dormirse. Detenerse es como escuchar una alarma, un timbre, que te dice que despiertes y que vuelvas a conectarte con tu más alto potencial, con tu yo superior. Si no puedes dejar de distraerte, acabarás yendo a la deriva. Cuanto más lejos te lleve la corriente, más difícil te será volver a lo que es importante para ti. Los maestros espirituales saben que la única manera de dejar un hábito es, antes que nada, **pararse, detenerse**.

No vas a poder hacer nada hasta que dejes de distraerte. Lo primero que se les dice a quienes abusan de sustancias (drogas, alcohol, etc.) cuando empiezan un tratamiento de desintoxicación es que no pueden ayudarles a menos que dejen de tomar esas sustancias.

Mientras que no lo hagan, no pueden empezar con la terapia. No pueden ir a una clínica para tratarse y decir: «Necesito un poco de cocaína para poder sentirme bien en esta sesión». Por supuesto, a todos nos gustaría sentirnos bien cuando nos enfrentamos a algo difícil como es un programa de rehabilitación o un examen, pero no es así como funciona.

Tienes que parar. Tienes que hacer un alto en el camino. Tienes que detenerte. Pero no creas que solo con pensar que quieres parar vas a conseguirlo y dejar de distraerte. Si tienes un examen mañana y sabes que debes estudiar, pero de repente te encuentras hablando con tu hermana por teléfono, no sirve que pienses: «¡Debería dejar de hablar por teléfono!»; esto por sí solo no hará que ocurra nada. Has de colgar el teléfono para dejar de distraerte. La gente confunde el pensamiento con la acción. Para parar de verdad, tienes que colgar el teléfono y volver a estudiar.

A mis clientes se lo describo de esta manera: «No conduzcas sobre la acera ni en la casa». Lo que quiero decir es que si tratas de conducir tu coche por la acera o dentro de casa, probablemente estropearás tu césped y destrozarás la puerta de entrada de tu vivienda. Al final te detendrás, pero será demasiado tarde. Lo habrás estropeado todo. Si tu coche está subido a la acera, esa es la primera señal para detenerte. Debes darte cuenta de que estás subiéndote a la acera antes de que sea demasiado tarde y destruyas tu casa.

Pero ¿por qué es tan difícil hacer esto? ¿Por qué nos cuesta tanto detenernos? Piensa en ello como en una batalla entre dos partes de ti mismo: el adulto y el niño. La parte adulta entiende que la gratificación inmediata no es buena a largo plazo y renuncia a los placeres por el estudio; el niño, en cambio, quiere una gratificación inmediata, jugar en lugar de trabajar, pasar tiempo haciendo cosas divertidas y sentir placer ahora mismo, no después. Los niños solo están interesados en lo que les satisface en ese momento: comer, jugar, chuparse el dedo, abrazar a mamá... Tu niño interior es posible que desee una buena calificación; puede ver lo importante que es conseguir ese objetivo que el adulto quiere. Sencillamente no quiere trabajar o sacrificarse por ello.

Detén tus distracciones en cuanto asomen. Corta el problema de raíz.

Los niños parecen indefensos y vulnerables, pero no te equivoques; también son unos tiranos. Harán lo que sea para que se los escuche, incluso si tienen que hacer un berrinche para ello. Cuando estés estudiando para un examen y las distracciones aparezcan, el niño querrá seguirles el juego. Pero si tú te apartas de esas distracciones y te centras de nuevo en los libros, será como quitarle el chupete de la boca al niño: no le gustará. El chupete le da placer. Empezará a llorar y a gimotear: «¿Por qué haces esto? ¡Devuélveme el chupete!». Para una persona que se supone que debe estudiar, esto se presenta como una resistencia: «Yo no quiero dejar de ver la televisión. Este es mi programa favorito». Pero solo es el niño llorando por el chupete.

Los niños son tiernos y adorables, pero tú no eres un niño. Podrías tener uno dentro de ti, pero tú no eres él. Eres una persona adulta que está a punto de hacer un examen, y ningún niño pequeño va a aprobar un examen, conseguir un buen trabajo, un techo donde cobijarse o un plato de comida que traer a la mesa. El adulto es quien tiene que lidiar con todo eso. Los niños se sientan y esperan a que los demás les den lo que piden. A menos que tengas un buen fondo fiduciario, no puedes permitirte el lujo de dejar que el niño que hay dentro de ti te tome el relevo.

Jason es un buen ejemplo de ello. Era un estudiante de secundaria que se estaba preparando para el SAT, por tercera vez, porque lo había hecho muy mal en sus dos primeros intentos. Aún tenía otra oportunidad para mejorar su nota, pero esa iba a ser la última, por lo que se hallaba bajo una presión considerable. Lo curioso de Jason era que constantemente respondía a preguntas sencillas con respuestas erróneas. La razón era sencillamente que leía las preguntas demasiado rápidamente como para llegar a comprenderlas. Todo lo que quería hacer cuando se estaba examinando era acabar lo antes posible para jugar al tenis, algo que le encantaba; además era muy bueno jugando. En lugar de tratar de leer con más lentitud las preguntas, lo único que deseaba era mejorar su golpe de fondo. Me dijo honestamente que no estaba estudiando para el examen del SAT porque no podía dejar de jugar al tenis. El niño se estaba saliendo con la suya. Decidí hacer un llamamiento al adulto que había en él.

—Jason, ¿qué meta tienes en la vida?

—Quiero hacer un montón de dinero –respondió en tono alegre.

—Suena muy bien. ¿Cómo vas a hacer eso?

—Conseguiré un trabajo fantástico. Quiero ser corredor de bolsa.

—¡Ya, después de acabar la secundaria!

—¡No!, claro que no. Primero tengo que ir a la universidad y a la facultad de negocios.

—Ya veo... ¿Y cómo vas a entrar en la universidad?

—Necesito una buena puntuación en el SAT –afirmó un poco deprimido.

—Sí, pero si sigues jugando al tenis todo el rato...

—Puedo volver a examinarme del SAT en un par de meses.

—¿Qué va a cambiar en un par de meses?

—No estoy seguro –contestó pensativo.

—¿Quieres decir que prefieres jugar al tenis ahora, sacar otro pésimo resultado en el SAT y luego tener que volver a pasar por esto en dos meses?

—Bueno, si lo planteas así...

Al final de nuestra conversación, Jason se dio cuenta de que no podía seguir así y dejar que el niño se saliera con la suya. Tenía que poner manos a la obra. En ese momento, no en un futuro hipotético. Hasta entonces todo lo que había hecho era lo que él quería y cuando quería. Lo que le dije a Jason es que si seguía así podía olvidarse de su futuro. Su niño, como el de todos nosotros, era impulsivo; quería una gratificación inmediata: «Quiero jugar al tenis. No quiero estudiar. Prefiero pasármelo bien». Si se quedaba atascado en ese patrón de complacer constantemente al niño que llevas dentro, no avanzaría nunca. Podía imaginármelo de mayor, envejecido, sin rumbo y derrotado, ahogado en una charca enfangada de conductas adictivas, intentos fallidos y oportunidades perdidas.

El ejercicio «Detener las distracciones» de la página 151 puede servirte como guía. Es un ejercicio basado en la lógica que te puede orientar. Pregúntate: «¿Esta distracción me acerca a mi objetivo?». Si utilizas la lógica, la respuesta será claramente NO. De hecho, te animo a hacerte esta pregunta cada vez que sientas que te estás distrayendo. Te obliga a asumir las consecuencias de tus acciones. Cuando te planteas qué va a suceder si desatiendes tus obligaciones, tomas conciencia de lo que realmente es importante para ti. Estás enseñando al niño a que tenga un poco de paciencia y a que no pida una gratificación inmediata: «Primero, vamos a hacer esto bien, y luego ya nos centraremos en lo que queramos. Al final sentiremos que hemos hecho un buen trabajo».

Resumiendo, cuando te distraigas y pierdas el enfoque, utiliza la primera herramienta (¡detente!). Luego pregúntate: «¿Esta distracción me acerca a mi objetivo?».

La respuesta es NO.

Ahora ya estás listo para la segunda herramienta.

Herramienta 2: escuchar

Detener las posibles distracciones es solo el primer paso. Necesitas una segunda herramienta que redirija tus acciones hacia tu objetivo o meta final. El siguiente ejercicio te muestra cómo utilizar la segunda herramienta para mantenerte centrado.

 EJERCICIO: ESCUCHA A TU ESPÍRITU

Siéntate cómodamente en una silla. Inspira y espira, y cierra los ojos.

Visualiza un objetivo. Puede ser el mismo con el que trabajaste en el último ejercicio u otro distinto. Digamos que se trata de terminar de estudiar un capítulo.

Te visualizas trabajando para conseguir ese objetivo. Te ves leyendo el capítulo y memorizando el contenido.

Ahora ve cómo te empiezas a distraer. El teléfono suena. Te levantas para ir a responder.

Utiliza la **primera herramienta (¡Detente!)**. Ves una señal de *Stop*, un semáforo en rojo, un agente de tráfico con la mano alzada o una señal de alarma. Dejas de distraerte. No te levantas de la silla.

Hazte la pregunta: «¿Esta distracción me acerca a mi objetivo?». Claramente, la respuesta es NO. No contestes al teléfono; que la persona que te está llamando deje un mensaje de voz.

Espira.

Ahora utiliza la **segunda herramienta: escucha** la voz interior que te dice exactamente lo que tienes que hacer para volver a centrarte en tu objetivo. Tal vez la voz te dice algo así como: «¡Vuelve al punto donde dejaste la lectura cuando sonó el teléfono y continúa desde allí!».

Después de escuchar tu voz interior, abre los ojos.

La segunda herramienta es **escuchar** el mensaje de tu voz interior. Escucha el mensaje que recibes. Sin embargo, puede que la primera vez que trates de escuchar tu voz interior te sientas un poco confundido. Tienes que pensar en tu objetivo. Si lo que quieres es prepararte para un examen, tu voz interior te guiará en la dirección correcta. Vuelve a centrarte y deja lo demás a un lado. Algo dentro de ti sabe exactamente lo que tienes que hacer en este momento para prepararte para el examen.

Por supuesto, ese examen no es la meta más trascendente de tu vida, pero aun así es importante. Te conecta con tu yo superior —tu espíritu—, que opera incluso en las pequeñas decisiones que tomas a lo largo del camino que recorres para alcanzar tu meta final.

Todos nosotros tenemos una voz interior que nos guía todo el tiempo, y no solo en lo que se refiere al ámbito académico. Joanne ha estado pensando en un viejo amigo desde hace meses, y su voz interior le dice: «¡Llámale!». Roger está indeciso porque no sabe a qué dentista ir, y su voz interior le aconseja: «¡Escoge el que tu amigo te recomendó!». Marjorie está masajeando el hombro de su cliente, y su voz interior le señala: «¡Masajea más fuerte en este punto!». La voz proviene de su espíritu. Se trata de una guía interna que siempre está dando instrucciones claras y útiles, en respuesta a la vida.

Ese coro de voces que oímos dentro de nuestra cabeza no tienen que ser mensajes contradictorios. A veces parece como si todo el mundo estuviera hablando a la vez. Soy muy consciente de que hay personas que hacen cosas dañinas y destructivas, y luego aseguran que estaban siguiendo su voz interior. En su forma más leve, la voz negativa fomenta los malos hábitos; le dice a la gente que pierda el tiempo y evite responsabilidades. A medida que aumenta su fuerza, aparecen las adicciones, como beber, jugar, practicar sexo sin control y tomar drogas. En su forma más fuerte, hace que la gente mienta, engañe, robe y mate. Esta, con toda seguridad, es la voz del mal.

> La voz de tu espíritu siempre te guía hacia tu más alto potencial. Confía en ella.

Así que ¿cómo puedes saber cuál de ellas seguir? Debes reconocer las voces de ese coro interno. Para ello necesitas estar conectado a tu yo superior —tu espíritu—, para que te ayude a diferenciarlas. He aquí una pista:

La voz de tu espíritu siempre te dirige hacia lo que es beneficioso para ti y para los demás, y no hacia lo que causa daño.

Su mensaje te guía para dar ese primer paso que te conducirá hacia tus verdaderos objetivos en la vida. Su voz está conectada a la luz, y te dice cómo permanecer alineado con tu meta más alta.

En términos prácticos, cuando te enfrentas a un examen, ¿reconoces esta voz? En primer lugar, distínguela de las otras voces. Susan, estudiante de segundo año de universidad, tenía que escribir un ensayo para su clase de literatura comparada, pero no dejaba de distraerse. Le pedí que prestara atención a todas las voces que escuchaba en su cabeza. Contó siete.

Hicimos una lista con ellas, y luego pudimos ver que cada una de esas voces impulsaba a Susan en una dirección diferente.

La voz	¿Qué le decía?	Orientación de la voz
1	«Escribe sobre algo fácil».	Huida
2	«Tienes que darte por vencida; nunca vas a hacer un buen trabajo».	Abandono
3	«¿Por qué estás tan interesada en esto?».	Duda
4	«Esto es muy duro; tú realmente no quieres hacerlo».	Resistencia
5	«No eres capaz de lidiar con esta materia tan difícil».	Derrota
6	«Tú eres increíble. Puedes hacerlo todo».	Alabanza
7	«Anota las seis ideas más importantes sobre las que debes escribir».	Acción

Aunque ninguna de estas voces es incorrecta, la número 7 es la que realmente debe escuchar, porque le ofrece una clara orientación hacia su objetivo.

Para probar que es la voz del espíritu, usa un enfoque científico. Intenta eliminar esta voz. Si vuelve y te direcciona hacia tu objetivo, eso significa que es la voz del espíritu. Si te distrae y te aleja de tu objetivo, no lo es.

Después de muchos años de ayudar a la gente a cumplir con sus objetivos, estoy convencido de que cada uno de nosotros tiene una voz interior y de que todos somos capaces de escuchar sus señales. Si seguimos lo que nos dice que hagamos, todo será más sencillo.

Si tienes problemas para entender lo que es esta voz interior, no te preocupes: te voy a ayudar. Esto es lo que les digo a mis clientes.

En primer lugar, toma las iniciales de tu nombre completo y anótalas en letras mayúsculas en un trozo de papel. Las mías son BBB. ¿Cuáles son las tuyas? Escríbelas en tu cuaderno.

A continuación, si vives al este del río Misisipi, pon una W delante de tus iniciales, y si vives al oeste, pon una K.

¿Qué se obtiene?

En mi caso, si estoy en California soy KBBB, y si estoy en Nueva York soy WBBB.

¿Qué te recuerda?

Sí, son dos emisoras de radio. Se trata de tu emisora de radio personal.

Esa es la voz. Es tu propia frecuencia privada. Transmite para ti y para nadie más, y siempre está ahí para guiarte. De hecho, transmite veinticuatro horas al día, siete días a la semana, los trescientos sesenta y cinco días del año. La mente es como una radio que está constantemente cambiando de frecuencia. Cuando la enciendes, escuchas muchas voces desde las distintas emisoras, pero solo una de ellas es tu propia emisora personal, la que transmite desde tu espíritu.

De modo que tienes tu propia emisora de radio que es tu espíritu, y cuando fijas la frecuencia en ella recibes una señal que te indica cómo mantenerte centrado en lo que es más importante en tu vida, en este mismo momento. El mensaje que te intenta transmitir podría ser de gran trascendencia, como por ejemplo que consultes a tu médico inmediatamente acerca de esa sensación incómoda que tienes en el pecho. O, si eres estudiante, puede que te esté tratando de decir que elijas un curso determinado para el próximo semestre. Por lo general, la gente piensa que su voz interior solo se ocupa de las cuestiones más importantes y trascendentales de la vida, como por ejemplo «¿por qué estoy aquí?» o «¿qué sentido tiene la vida?». Pero la vida se compone de situaciones ordinarias y de actividades que implican decisiones que te llevarán en una dirección determinada, ya sea hacia lo más alto de tu potencial o hacia una vida de estancamiento y destrucción. Por eso es tan importante que escuches tu voz interior, incluso cuando estás inmerso en lo más ordinario. La vida te pone a prueba constantemente. Cada decisión que tomas te hace crecer como ser humano o te empequeñece.

La gente describe esta experiencia de saber qué tiene que hacer guiada por su voz interior de diferentes maneras. Algunas personas sienten mucha tranquilidad; otras sencillamente saben lo que tienen que hacer y se sienten bien consigo mismas porque han puesto fin a su propia lucha interna, o también sienten un gran poder dentro de sí mismas porque saben que si siguen esa voz interior van a tener éxito en sus vidas.

Sin embargo, no siempre es fácil escuchar nuestra voz interior. A veces la tratamos como la repetición de una alarma: dejamos que nos despierte, pero luego, tan pronto como las cosas se ponen difíciles, volvemos a quedarnos dormidos y reaparecen nuestros viejos hábitos. Frank estaba estudiando para el examen de unas oposiciones de la Administración Pública. Tenía que aprobar ese examen para ascender en su puesto de trabajo. Su voz interior le decía que dejara de navegar por Internet, por sus blogs y tiendas *on line* favoritos, y que volviera a centrarse en los libros. Pero después de un tiempo se negó a escuchar esa voz. Necesitaba un mensaje más fuerte, una especie de sacudida interior. Un día escuchó: «¡Frank! Si sigues comprando en eBay en lugar de estudiar, no vas a conseguir ese ascenso y te vas a quedar en este puesto de trabajo que tienes ahora para el resto de tu vida. ¿Eso es lo que quieres?». Escuchó ese mensaje. Dejó el teclado del ordenador y se puso a estudiar. Al final, aprobó el examen. A veces un mensaje suave ya es suficiente, como por ejemplo: «No enciendas el teléfono móvil». Pero en otras ocasiones necesitamos mensajes algo más contundentes: «¡Presta atención al sendero, porque si no te vas a caer por el acantilado!». Cuando escuchas un mensaje tan convincente, cuyo propósito solo puede ser que vuelvas a enderezarte, sabes que está conectado con tu espíritu.

Antes dije que a veces no es fácil escuchar esa voz. Pero ¿acaso no te gustaría escucharla? Está claro que quieres seguir los dictados de tu corazón. En un principio, a todos nos gustaría seguir esa orientación gratuita de forma continuada. Naturalmente, cada persona tiene sus propias resistencias, pero he encontrado que hay tres dificultades que son comunes en casi todo el mundo. La primera dificultad es el cuestionamiento: «¿Por qué no puedo sencillamente hacer lo que quiero? ¿Por qué tengo que escuchar esa voz que me pide que asuma responsabilidades y que haga frente a algo que es frustrante y difícil?». En segundo lugar, existe la necesidad de tener el control: «No quiero seguir esa guía interior. Quiero decidir por mí mismo». Y la tercera forma de resistencia es la apatía: «¿Por qué habría de molestarme?». La persona dice, encogiéndose de hombros: «Es inútil. Nunca lo voy a conseguir».

En los tres casos, la persona se aleja de su propia voz interior y se niega a aceptar su presencia, apoyo y orientación, en parte porque no reconoce su importancia. Es como si Albert Einstein tratara de explicarte algo sobre el funcionamiento del universo y tú no le prestaras atención. ¿Qué hace la gente cuando no le gusta lo que les está diciendo la voz? Intentan cambiar de dial. Tratan de buscar otra emisora de radio, que suene mejor: «Esto es más agradable. Esto es algo que me gusta y que me hará sentir mejor». Puede que cambiar de pista funcione con tu iPod, pero no con tu espíritu. Sin embargo, es bueno saber que incluso cuando cambias de emisora tu espíritu sigue tratando de transmitir su mensaje. Tal vez no escuches muy bien tu voz interior, pero nunca va a dejar de transmitir su mensaje.

> Tu espíritu está transmitiendo mensajes muy claros por tu emisora personal. ¡Mantente sintonizado con esta emisora!

Cuando mis clientes son víctimas de este tipo de resistencia, les pregunto: «¿Quién está realmente luchando aquí?». Invariablemente se dan cuenta de que cuando están evitando escuchar la voz, se están haciendo daño a sí mismos. De nuevo, esto se puede aplicar incluso a las situaciones más pequeñas y cotidianas. A veces me voy a dormir muy tarde; me tumbo en la cama y me acuerdo de que no me he cepillado los dientes. Mi voz interior me dice: «Es necesario cepillarse los dientes». Pero le respondo: «¡No; estoy cansado!». La voz interior vuelve de nuevo, y si estoy de mal humor le digo: «¡Déjame en paz! Solo por esta vez». Pero después de unos minutos me doy cuenta. ¿Con quién estoy discutiendo? ¿A quién se le van a deteriorar los dientes? Si no me los cepillo, ¿quién va a tener que ir a la consulta del dentista y pagar una fortuna? Es entonces cuando escucho la voz. Esa es la pregunta que me hace despertar y actuar.

Lo importante aquí es recordar que cuando no escuchas tu propia voz interior, te haces daño a ti mismo. No importa si te gusta lo que dice la voz; sí importa que la oigas y sigas la dirección interior que te marca en lugar de discutir, porque te parece incorrecto o desearías que fuera diferente. Basta con escuchar. Si realmente haces lo que te dice, tarde o temprano reconoces su valor y aprecias que te esté conduciendo hacia la dirección correcta.

Herramienta 3: Cumplir

Solo con escuchar tu voz interior no es suficiente. Tienes que seguir adelante y actuar en la dirección que te indica. En otras palabras, has de tomar las medidas necesarias para cumplir con lo que te dice que hagas. La tercera herramienta consiste en cumplir con tu propósito. Para ello, primero debes visualizarlo en tu mente y, luego, actuar de forma debida.

Así es como entreno a mis clientes para utilizar esta herramienta; este ejercicio pasa por las dos primeras herramientas y luego introduce la nueva:

 EJERCICIO: CUMPLIENDO CON TU PROPÓSITO

Cierra los ojos. Inspira y espira tres veces.
Visualiza tu objetivo. Por ejemplo, tienes que terminar de leer una novela para un examen de inglés. Ve cómo trabajas diligentemente para conseguir tu objetivo. Estás muy centrado en tu tarea, y te sientes revitalizado y lleno de fuerza.

Ahora ve cómo te distraes. Tienes hambre y te apetece un helado. Quieres levantarte de la silla e ir hacia la nevera a buscar el helado. Utiliza la **primera herramienta:** **¡detente!** Mira lo que estás haciendo. Pregúntate: «¿Esta distracción me acerca a mi objetivo?». No.

Ahora utiliza la **segunda herramienta: escucha.** Tu voz interior te dice exactamente lo que tienes que hacer. ¿Qué dice? «Ponte de pie. Estira todos los músculos de tu cuerpo y, de nuevo, vuelve a centrarte en el libro y lee el capítulo 5».

Ahora, aquí está la **tercera herramienta: actúa.** Haz lo que la voz te dice que hagas. Actúa ahora. No pierdas el tiempo. No te resistas. Ponte de pie. Estira los brazos y las piernas, respira profundamente y recuerda por qué es importante lo que estás haciendo. Siéntate y empieza a leer de nuevo. Puedes volver a conectarte a tu meta más alta. El deseo de comer algo dulce era un deseo momentáneo; pero tú tienes que cumplir con tu propósito. Tu espíritu te impulsa hacia delante.

Ya hemos hablado acerca de por qué la gente no sigue su voz interior, sino que actúa en contra de lo que más le convendría. La gente tiene grandes resistencias. Sin embargo, también hay otras razones por las cuales las personas no se esfuerzan para conseguir lo que se proponen o saben que tienen que hacer. Algunas tienen muy buenas intenciones, saben lo que quieren, pero nunca hacen nada para conseguirlo. Una vez, un famoso líder del movimiento Nueva Era le dijo a la gente: «Tratad de sujetar un lápiz». Naturalmente, todo el mundo agarró un lápiz de su escritorio. Luego especificó: «No; yo no he dicho que lo agarrarais. Solo he dicho que tratarais de sujetarlo». Y así es como todo el mundo permaneció sentado mirando el lápiz, sin hacer nada. Ocurre lo mismo cuando tenemos la intención de estudiar pero no estudiamos. Al final, todo se reduce a una cuestión de actuar o no actuar. No vas a conseguir nada por mucho que pienses en tu meta. Cualquiera puede hacer esto –tumbado en el sofá, viendo dibujos animados y comiendo patatas fritas–. Solo cruzas la línea de meta cuando te mueves y actúas.

Otra razón por la que las personas no se esfuerzan es porque esto significa cambiar, ante lo cual exclaman: «¡Oh, no, qué horror!». Nos sentimos cómodos con nuestros viejos hábitos y nos encanta nuestro pequeño mundo predecible (a pesar de que pueda ser completamente insatisfactorio). El cambio puede ser aterrador y desagradable. Nos acostumbramos a seguir los pensamientos más agradables, los que nos dicen que nos lo tomemos con calma y no nos esforcemos demasiado. Y cuanto más viejos nos hacemos, más arraigados están estos pensamientos en nosotros. Es por esto por lo que los pensamientos son tan importantes, porque determinan el curso de nuestras vidas. Hay un viejo dicho que asegura: «El pensamiento se convierte en acción. La acción en hábito. El hábito en costumbre. Y la costumbre se convierte en tradición». Ten cuidado con lo que piensas porque los pensamientos, por fugaces que sean y poco sentido que tengan, en realidad se establecen en nuestro cerebro; los pensamientos futuros siguen esas mismas vías neuronales, y así nunca se cambia. Nuestro espíritu quiere que hagamos algo más para llegar a nuestro más alto potencial, y no podemos hacer eso si nos dejamos arrastrar por los viejos pensamientos. Así nunca vamos a crecer.

Hay más razones por las que no nos esforzamos. Una tercera es que la gente no se activa después de escuchar su voz interior. La mayoría de las personas no emprenden ninguna acción. Se pasan la mitad de sus vidas esperando a que los demás les digan lo que tienen que hacer —sus jefes, sus supervisores, su asistente, su profesor de clase—. Este realmente no es el problema. El problema aparece cuando nos olvidamos de cómo conectarnos con nuestro yo más profundo. No podemos dejar que los demás nos conviertan en autómatas y limitarnos a seguir al unísono lo que marca la moda o nuestra cultura. Tenemos que encajar, pero no tenemos que perder nuestra identidad. A veces nos desconectamos de nuestra propia voz interior porque en el pasado creímos haber escuchado esa voz y fracasamos. Nos sentimos traicionados. Creemos que nuestro corazón no siempre tiene las mejores intenciones. Pero eso no es así. Podemos sintonizar con esa voz interior que nos hace sentir felices y nos conecta con nuestro yo superior. Oímos una voz interior que nos dice cómo volver a conectarnos con nuestras verdaderas metas en la vida, pero no seguimos sus pasos. Yo llamo a esto «poner a Dios en espera». Dios nos llama por teléfono y nosotros le decimos: «Disculpa, pero tengo una llamada por la otra línea. ¿Puedo ponerte en espera?». Luego, nunca contestas. Dejas a Dios en espera permanentemente.

EXCUSAS, LAMENTOS QUEJAS... Y UN ANTÍDOTO

Antes de cerrar este capítulo, echemos un vistazo a otras formas que tenemos de resistirnos a fijarnos metas y mantenernos centrados. Es importante abarcar todas las posibles resistencias, porque estas son lo único que realmente puede retenerte y no dejarte avanzar. Puedes albergar las mejores intenciones del mundo, pero si no tienes claro hacia dónde vas, puede que al final te ahogues en alta mar. He conocido a muchas personas con grandes sueños, pero cuando me he vuelto a encontrar con ellas al cabo de unos años, todavía estaban atascadas en el mismo punto. No han movido ni un dedo para acercarse a su meta. Estoy aquí para ayudarte a detectar los posibles obstáculos y a maniobrar para superarlos. El objetivo es que reconozcas los obstáculos que tú mismo te pones.

¡No me digas lo que tengo que hacer!

Como he mencionado anteriormente, cada vez que se nos dice lo que tenemos que hacer, por naturaleza nos resistimos. La obediencia es para los perros, y no para nosotros. Cuando mi amiga Megan le dice a su hija de dos años que no coma más galletas, a la que se descuida, Jenny ya está con otra galleta en la mano. Pero cuando Megan le dice a su perro J. J. que venga, en dos segundos está ahí. Se supone que los perros tienen que obedecer. Las personas que están sentadas en un aula intentando permanecer centradas para hacer un examen no se dan cuenta de que las molesta ser tratadas como se trata a los perros: «¡Siéntate!», «¡Estate quieto!», «¡Rellena los espacios en blanco!». ¿Cuál es tu respuesta?: «¡No me digas lo que tengo que hacer!». Cada vez que escucho a las personas quejarse de que no pueden centrarse me doy cuenta de que por lo general culpan a algo o a alguien que está fuera de sí mismas —un ruido en el patio, un padre que las presiona demasiado o un profesor que no las motiva—. Su verdadero problema es que no han aprendido a escuchar su voz interior, la voz de su propio espíritu.

Se te ha dicho que lo más importante que debes hacer a la hora de realizar un examen es concentrarte. La palabra «concentrarse» evoca a un profesor de escuela severo y oscuro sacado de alguna novela de Dickens, que te va a golpear en los nudillos si tu mente se distrae. Por eso yo hablo de *estar centrado* o de *enfocar la atención* y no de estar concentrado. Cuando te concentras, estás forzando a tu mente a hacer algo que en realidad no quiere hacer. La verdad es que la mente no tiene la capacidad de concentrarse; no está en su naturaleza. Por lo general, va de un lugar a otro, del fragmento de una canción que escuchaste ayer a lo que has desayunado hoy, o se remonta a una pelea que tuviste hace poco y planea cómo va a resolverlo todo. Mantener tu mente en el camino adecuado es como tener una jauría de perros que quiere correr en diferentes direcciones; en el momento en que uno de los perros sigue el camino que les has marcado, otro se desvía. Mantenerlos juntos es un trabajo muy duro, y al final te desgastas. Por supuesto, puedes seguir gritando a los perros, pero después de un tiempo van a dejar de escucharte. Es mejor tratarlos con suavidad si quieres que cooperen.

Concentrarse es una actividad dura y severa, mientras que enfocar la atención o centrarse es algo que te ayuda poco a poco y que te nutre por dentro. Cuando intentas concentrarte, sientes como si estuvieras obligado a hacer algo que otra persona te exige. Sin embargo, cuando enfocas tu atención en algo, sientes como si tú mismo dirigieras tu atención. Estás cooperando contigo mismo. Sabes que tu meta es importante y que nace de tu espíritu. La palabra «foco» proviene de la raíz latina *focus,* que designaba el hogar, el lugar donde se hacía la lumbre en la cocina o en la chimenea. La chimenea es el centro de la casa, un lugar de reunión, de calor, luz y sustento. En este libro, cuando hablo de *foco* y de *enfocar,* me estoy refiriendo a estas cualidades. Para tener éxito en un examen, tus objetivos tienen que venir de tu centro, de la chimenea de tu ser, de tu espíritu. Cuando enfocas tu atención, estás avivando tu fuego, el cual te genera energía y alimento.

Enseño a los estudiantes a enfocar su atención, a centrarse, porque sé que esto les puede ayudar a conseguir sus objetivos. Por desgracia, lo que la mayoría de nosotros hemos aprendido en la escuela es a concentrarnos, lo cual es coercitivo. Así que pregúntate qué tipo de relación tienes contigo mismo. ¿Acaso quieres sentir que tu mundo interior es como una cárcel para ti? —disculpa que haga uso de estas palabras—, ¿o deseas sentirte lleno de poder y de energía? ¿Quieres sacar el látigo cada vez que te desvíes de tu camino, o tratarte con más suavidad para crecer realmente? La concentración es opresiva;

enfocar la atención hace que te realices como persona. Una ventaja añadida es que enfocar la atención es mucho más fácil de lo que crees una vez que aprendes a hacerlo.

Aunque tu propósito sea alcanzar una meta en concreto, y pese a que no haya nadie que te moleste diciendo lo que tienes que hacer, todavía puede que te cueste estar centrado. Eso es porque hay otro tipo de autoridad a la que todos tenemos que someternos, pero no es una persona, sino un proceso. Por ejemplo, digamos que quieres aprender el estilo mariposa en natación. Tienes que convertirte en un experto y encadenar el movimiento de tus piernas, tus brazos y tu torso perfectamente. Puede que no muevas muy bien el torso y solo te funcionen las piernas. Entonces, si quieres alcanzar la excelencia en el estilo mariposa, tendrás que seguir un proceso. Hay unas reglas. Si quieres seguirlas como es debido, tienes que mantenerte centrado. No importa cómo te sientas; si no estás centrado, todo se desmorona.

Cualquiera que sea la razón por la que no eres capaz de mantenerte centrado, en un examen no puedes permitir que tu atención divague por distintos lugares, ya que probablemente dispones de un tiempo limitado para responder las preguntas. El reloj no se detiene y tienes que demostrar lo que sabes antes de que el profesor te diga que dejes el bolígrafo. Si tu atención está vagando, perderás un tiempo valioso, un tiempo que no vas a poder recuperar más tarde. En consecuencia, la resistencia a mantenerte centrado solo perjudica tu rendimiento. Escuchar y seguir tu propia voz interior te ayudará enormemente, sobre todo si lo haces durante el tiempo de estudio, ya que en esos momentos no solo estás construyendo una base sólida de información para el examen sino que también te estás entrenando para centrarte de forma correcta y para utilizar el tiempo de manera eficiente. Esto será especialmente importante en las partes más difíciles del examen, cuando necesites de verdad tu atención. Cuanto más aprendas a mantenerte centrado durante el período de preparación de un examen, más fácil te será utilizar esta técnica en el examen.

> Cuando compiten los grandes deportistas enfocan su atención en un punto. Lo consiguen a base de práctica, práctica y más práctica.

¡No quiero esforzarme!

Tienes que esforzarte un poco para mantenerte centrado. Lamentablemente, hoy en día la gente no quiere esforzarse en nada. Todos desean que las cosas sean fáciles. No quieren trabajar. Si el primer problema era la resistencia a la autoridad (ya sea una persona o un proceso), el segundo es que muchas personas quieren resultados inmediatos y sin tener que esforzarse demasiado.

Los niños pequeños se comportan según esto; sin embargo, en el momento en que alcanzamos la edad adulta nos damos cuenta de que esta actitud es absurda. Pero actuamos como si no lo supiéramos. Si quieres saber si esto se aplica a ti, examina tus objetivos en la vida y las acciones que te inspiran. ¿Te esfuerzas para conseguir lo que quieres o crees que puedes cruzar la línea de meta sin esforzarte en la carrera? El problema de fantasear con conseguir las cosas de manera fácil es que un golpe de aire te puede apartar de tu camino o dificultarte el avance: «No me estoy divirtiendo; ¿dónde está el disfrute en esto?». Entonces empiezas a preguntarte: «¿Estoy siguiendo el camino correcto? No creo que esto tenga que ser tan difícil. Si me parece tan difícil ahora, significa que dentro de poco no voy a poder seguir con este ritmo. Y si sigo adelante y me esfuerzo mucho, ¿la recompensa que voy a obtener vale realmente la pena?».

Puede que alguna vez hayas pensado así, pero te recomiendo que no seas tan duro contigo mismo. Vivimos en una sociedad que está obsesionada con el éxito inmediato, una sociedad que te dice que ganes tu primer millón antes de cumplir los veinticinco años. Pero no te pregunta qué vas a hacer para ganar ese millón o si vas a disfrutar del camino hasta conseguirlo. Se nos pide que nos marquemos objetivos, pero nadie nos enseña cuál es el camino correcto. La sociedad está completamente preocupada por el resultado final y no nos indica nada acerca del camino que debemos seguir para lograrlo. En el instituto nos esforzamos para poder entrar en una buena universidad, y luego queremos que el tiempo pase deprisa para cursar estudios de posgrado. Después enviamos nuestros currículums y conseguimos un trabajo, y a continuación..., y a continuación..., y a continuación...

¿Por qué nunca apreciamos el proceso? Estudiar, asistir a clase, aprender las materias, examinarse; todo esto, en sí mismo, nos permite crecer. Debido a que no se nos ha enseñado a valorar el trabajo por sí mismo, nos perdemos lo más importante. Es decir, no vamos a la escuela por el placer de aprender, sino para un día poder ganarnos la vida.

Pero si nos centramos en los retos diarios y en las oportunidades que nos brinda la vida para aprender, nos volvemos más fuertes e inteligentes. ¿Recuerdas la bolsa de semillas? Las semillas crecen porque las cuidas, desde que las siembras hasta que crecen las flores. Lo mismo puede aplicarse a cualquier área de la vida. Si lo que quieres es tener unos abdominales fuertes, no es suficiente con renovar la suscripción a la revista *Muscle* y hacer unas pocas abdominales. Hay que hacer ejercicio tres veces a la semana durante varios meses. Por supuesto, tener el abdomen tonificado es una gran recompensa, pero el proceso también cuenta. Si no quieres esforzarte pero anhelas el resultado, te ves atrapado en un enorme problema.

La raíz de este problema, por lo que respecta a los exámenes, se encuentra en el sistema educativo, que es la primera institución pública a la cual pertenecemos y que fomenta una mentalidad de «acabemos de una vez». No dice «sumérgete en el proceso». Nos movemos como robots haciendo tareas, escribiendo artículos, presentándonos a exámenes. A menudo ni siquiera nos interesa la asignatura que estamos estudiando y no le encontramos ninguna utilidad. Para muchas personas, la escuela no es más que algo irritante, y muy pocas aprenden lo que significa conectarse de verdad con su espíritu y así poder hacer las cosas por iniciativa propia. Se nos enseña a estudiar las asignaturas escolares para aprobar los exámenes. Un ejemplo de esto es algo que me ocurrió recientemente en una charla que di en una facultad de odontología. Mostré a los estudiantes de tercer año unas diapositivas de dentistas cuya mala postura mientras trabajaban con pacientes los había llevado a padecer un dolor crónico. Lo que quería era que tomaran conciencia de su propia postura con el objetivo de ayudarles a evitar que en un futuro tuvieran ese problema. Cuando acabé la charla, uno de los estudiantes se acercó a mí y me preguntó:

—¿Qué parte de esto va a entrar en el examen?

> Para triunfar en los exámenes, aprende a estar centrado.

No se le ocurrió que lo único que pretendía era ayudarles a mejorar su calidad de vida, y no que memorizaran el temario. Le contesté:

—Todo; entra todo. El examen es el resto de tu carrera profesional.

Lo que sucede en la escuela es lamentable, porque se podría enseñar a estar centrado. Creo que es una habilidad que se puede aprender con las condiciones adecuadas y una práctica correcta. Como cualquier habilidad, puede desarrollarse, pero se necesita un sistema educativo que la valore.

Cuando me formé como profesor en Londres a finales de la década de los sesenta, vi esto de primera mano. En las escuelas progresistas para las que trabajé se les permitía a los niños que hicieran sus propias elecciones a la hora de jugar o aprender; eso sí, todo supervisado por los profesores. Vi a niños pequeños coser sus propios trajes para las obras de teatro que luego iban a representar, hacer galletas y crear tiendas donde venderlas, y construir maquetas de barcos para navegar por el mar, o escribir historias llenas de aventuras. Con estas actividades los niños aprendían las habilidades cognitivas más importantes: la lectura, la escritura y la aritmética. Pero el vehículo para el aprendizaje no era lento y aburrido. Aprendían a sintonizarse con su espíritu y se comprometían con sus tareas.

Es lamentable que el sistema educativo norteamericano no haya seguido este modelo. A menudo trabaja en contra del desarrollo del espíritu, y este fracaso se manifiesta en la actitud de los estudiantes. El año pasado estuve unos meses observando el día a día de un aula de tercer curso de una escuela pública, y lo que vi solo confirmó mis peores temores. A partir de la sola observación de los niños y la profesora (que tenía años de experiencia), estimé que esta dedicaba el setenta y cinco por ciento del tiempo a pedir a los alumnos que se callaran. Y mientras atendía a un niño, ¿qué hacían los demás? Cada vez que no miraba, los niños sacaban los juguetes que tenían escondidos en sus bolsillos, se entretenían con su ropa, se pasaban notas y cuchicheaban entre ellos. Tan pronto como la profesora los miraba, volvían a su sitio y se ponían a hacer su tarea. ¿Qué estaban aprendiendo? Cómo engañar a la profesora, cómo ocultar sus verdaderos intereses y cómo medir el tiempo de sus acciones para que no los sorprendieran. Un gran número de estudiantes parecía que no estaban haciendo nada en absoluto. No creo que sintieran que estaban allí para aprender algo. Una niña me susurró al oído:

—Por favor, dame las respuestas.

Formamos a los niños pequeños, a veces sin ser conscientes de ello, para que no sigan su voz interior. Solo queremos que obedezcan, que hagan lo que sea necesario para conseguir la aprobación de los demás, para obtener la respuesta correcta, para recibir una buena calificación, que les dará un título y, por último, algo con lo que enfrentarse al mundo. Con los miles de millones de dólares que se gastan en educación, ¿cuánta atención ponen los estudiantes a lo que se les está enseñando? ¿Cómo afecta lo que se les enseña en un aula de tercer curso al resto de sus vidas, tanto en el ámbito académico como en el personal? Para responder a esta pregunta me he sentado en la parte de atrás de muchas aulas universitarias y he observado lo que los estudiantes hacen realmente mientras asisten a sus clases. Estos son algunos de los comportamientos que he visto:

- Enviarse mensajes de texto o *twittear* con sus compañeros de clase o con alguien de fuera.
- Consultar los mensajes de texto de sus teléfonos móviles.
- Repasar facturas.
- Enviar correos electrónicos desde su iPad, iPhone, Droid o Blackberry.
- Modificar los planes del día.
- Repasar exámenes y practicar haciendo exámenes.
- Comer.
- Hablar (incluso sin disimular un poco).
- Trenzarse el pelo.
- Jugar a un juego de mesa con un dispositivo electrónico (¡con otras tres personas!).
- Soñar despiertos.
- Jugar con su iPod.
- Hacer un crucigrama.
- Hurgarse entre los dientes.
- Abrir el periódico y ponerse a leer delante del profesor.
- Hacerse la manicura y pintarse las uñas.

⇨ Dormir.

⇨ Hacer preguntas de las cuales ya saben la respuesta para que los demás vean lo bien que han hecho los deberes.

⇨ Hacer una pregunta no relacionada con la materia de la que se está tratando para distraer al profesor y evitar que pregunte sobre el temario.

⇨ Mirar Facebook.

Vale la pena señalar que algunos de esos estudiantes se estaban formando para ser profesionales de la salud, lo que significa que cuando se pierden información crucial porque están mirando los mensajes de sus teléfonos móviles o viendo algo que sus amigos han colgado en Internet o publicado en Twitter, más tarde alguien a su cuidado podría morir. Tienen que aprender a prestar atención ahora.

Cuando la mayoría de esos estudiantes han alcanzado el nivel universitario, saben muy bien cómo adaptarse al sistema haciendo sus tareas en el último momento y cómo memorizar toda la información que necesitan para aprobar un examen y luego olvidarse por completo. Hay pocos alumnos que realmente conecten con su espíritu. Es como si el sistema educativo les hubiera dicho que no prestaran demasiada atención. No es de extrañar que a menudo nos encontremos con licenciados universitarios que dicen que necesitan «encontrarse a sí mismos». No me extraña; hace más de quince años que andan perdidos.

Los ejercicios de visualización son muy poderosos y útiles. Son como un barco que te conduce de un modo seguro a través de la tormenta.

Cuando las metas de una persona están separadas de su espíritu, a esa persona termina no gustándole todo el proceso de trabajo, lo que en última instancia provoca en ella desconexión y alienación en el trabajo. Y todo empieza en el aula, donde se le enseña a memorizar superficialmente los datos para luego olvidarse por completo de la materia. El coste es incalculable, no solo para el individuo sino también para la sociedad.

Esto tiene un efecto profundamente negativo a la hora de examinarnos, porque hemos sido condicionados durante años a centrarnos en la meta, y no en el camino que nos lleva hasta esa meta. Para triunfar en un examen tienes que estar presente en cada momento, comprometido y participando plenamente en la tarea en cuestión: «¿Qué me pide que responda esta pregunta? Esto (y no lo otro)». La mayoría de los estudiantes jamás se han entrenado para esto; se enfrentan a un examen sin saber muy bien qué tienen que hacer realmente. No es de extrañar que sientan tanta ansiedad. No se pueden concentrar en la pregunta que tienen delante. Se distraen con pensamientos catastróficos sobre lo que sucederá después del examen si suspenden. Estos estudiantes nunca aprendieron a mantenerse centrados; están completamente desconectados.

VISUALIZA TU MEJOR «YO»

Como colofón, en este capítulo voy a enseñarte un ejercicio sofisticado y de gran alcance que te ayudará a mantenerte conectado con tu propósito más alto. Se llama «el espejo de las tres caras». Lee las instrucciones y luego cierra los ojos para hacer el ejercicio. O también puedes pedirle a un amigo que te lea el ejercicio paso a paso. Tómate tu tiempo con cada instrucción antes de pasar a la siguiente. Para recordarte que no te precipites a la hora de hacer este ejercicio, he puesto tres símbolos (✳ ✳ ✳) a intervalos periódicos. Tardarás unos quince minutos en realizarlo. Encuentra un lugar tranquilo. Apaga el teléfono móvil, el ordenador o cualquier aparato electrónico que te pueda distraer. Dale de comer al gato. Pon un cartel de «No molestéis» en la puerta.

 EJERCICIO: EL ESPEJO DE LAS TRES CARAS, PARTE 1

Siéntate cómodamente en una silla. Asegúrate de que tienes la espalda bien apoyada y de que no te encorvas. Debes estar sentado con la espalda recta, pero no rígida. No cruces los brazos ni las piernas. Apoya los pies en el suelo y las manos encima de los muslos.

Respira con naturalidad. Siente cómo el aire entra por la nariz al inspirar y sale por la boca al espirar. Respira profundamente. Expande el vientre al inspirar y relájalo al espirar.

Cierra los ojos y sigue respirando de forma natural.

✳ ✳ ✳

Observa cómo tu cuerpo se apoya en la silla donde estás sentado. La silla es sólida y confortable. Ahora siente los pies apoyados en el suelo. Deja que tu cuerpo se relaje. Siente la silla y el suelo.

✻ ✻ ✻

Respira profundamente. Expande el vientre al inspirar. Suelta todo el aire al espirar y relájate. Respira profundamente tres veces.

✻ ✻ ✻

Ahora vamos a ampliar este proceso. Mantén los ojos cerrados. Imagínate mirando un gran número 3, escrito en una pizarra frente a ti. Una vez que lo hayas visto, deja que se borre. Al espirar con naturalidad, déjalo ir.

✻ ✻ ✻

A continuación, ve el número 2 en la pizarra. Una vez más, lo percibes claramente. Ahora deja que se borre. Al espirar, déjalo ir.

✻ ✻ ✻

Y ahora ve el número 1 en la pizarra. Es grande y brillante; está en negrita, frente a ti. Siéntete tan grande, brillante y fuerte como el número 1.
Una vez que hayas hecho esto, respira de forma natural y deja que la imagen se disuelva.

✻ ✻ ✻

Ahora ve el número 0. Imagínate flotando dentro del 0, desde donde emerge un campo de luz. Es como el azul del cielo.

✻ ✻ ✻

A medida que inspiras, imagina cómo ese color azul fluye ahora dentro de ti y llena suavemente todo tu cuerpo. Respira profundamente; deja que cada pequeña parte de tu cuerpo se llene. Espira expulsando todo el aire.

✻ ✻ ✻

Ahora imagínate frente a un espejo de tres caras. Probablemente hayas visto uno de estos en una tienda de ropa. Hay un espejo a tu derecha, uno frente a ti y otro a tu izquierda. El espejo refleja cómo te ves cuando te sientes derrotado. Las frases que te dices a ti mismo empiezan con *«no puedo»*, *«no sé»*, *«no soy»:* «No puedo hacer esto bien», «No sé nada», «No soy lo suficientemente bueno». ¿Qué imagen se refleja? Observa tu postura. Probablemente estás encorvado o agachado. ¿Cómo te sientes? Quizás te sientes infeliz o desanimado. Vive esta experiencia realmente y ve esa imagen de ti mismo en el espejo de la izquierda.

✳ ✳ ✳

Inspira y espira, y deja que esa imagen se disuelva. Ahora deja esa cara del espejo y centra tu atención en el espejo de la derecha.
Este espejo refleja cómo te ves cuando te sientes seguro de ti mismo. Las frases que te dices empiezan con *«puedo», «sé», «soy»:* «Puedo triunfar», «Sé que voy a aprobar el examen», «Soy suficiente tal y como soy». Esta es la imagen de tu yo superior. Vive esta experiencia realmente. Una vez más, ten en cuenta tu postura. ¿Estás listo para la acción? ¿Te sientes positivo? ¿O quizás entusiasmado? Vive la experiencia. Visualiza cómo puedes ser y sentirte realmente.

✳ ✳ ✳

Ahora dirige de nuevo tu atención a la respiración. Inspira y espira varias veces, y deja que la imagen se disuelva.
Abre los ojos.
Aquí termina la primera parte del ejercicio.

Antes de pasar a la segunda parte de este ejercicio, vamos a hacer un balance de lo que acabas de realizar. Como todo el mundo, llevas contigo dos imágenes de ti mismo. Como has visto y experimentado, hay una gran diferencia entre la imagen de la izquierda y la de la derecha. La de la izquierda muestra una persona que carece de energía, que está decaída; generalmente no se recomienda que uno esté así. La de la derecha muestra una persona motivada, decidida y llena de esperanza. Es la imagen de tu máximo potencial.

La mayoría de las personas no se dan cuenta de que llevan estos espejos con ellas todo el tiempo. Por otra parte, no saben que sus acciones —lo que hacen en el curso de sus vidas— son en realidad reflejos de estas imágenes. Si actuamos de manera que somos productivos, y nos sentimos positivos y llenos de entusiasmo, lo más probable es que estemos bajo la influencia de una «imagen interna» de nosotros mismos que corresponda al espejo derecho. Por el contrario, si tendemos a actuar de manera que nos desanimamos con facilidad, y nos sentimos derrotados y desconectados, estamos dejando que nos influya la imagen que se refleja en el espejo izquierdo.

La clave es *fortalecer nuestra conexión con el espejo de la derecha*. Aquí es donde aparece el tercer espejo, el del centro.

¡Prepárate para comenzar de nuevo! Es posible que desees levantarte y tomar una taza de leche o un vaso de agua para refrescarte antes de iniciar la segunda parte del ejercicio. Ahora vamos a seguir adelante y a ver la forma de establecer una relación sólida y estable con el espejo de la derecha.

 ## EJERCICIO: EL ESPEJO DE LAS TRES CARAS, PARTE 2

Siéntate cómodamente en una silla. No cruces los brazos ni las piernas. Apoya los pies en el suelo y las manos en los muslos.
Respira con naturalidad. Inspira y espira. Ahora cierra los ojos.

✳ ✳ ✳

Ve de nuevo la imagen de la izquierda y luego la de la derecha.
Ahora dirige tu atención al espejo del centro. La imagen en este espejo muestra cómo eres ahora mismo. Pregúntate: «¿Quiero ser como la imagen de la izquierda o como la de la derecha?».
Elige conscientemente. En este preciso momento, mira hacia el espejo de la derecha y alinéate con esa imagen tan vital, positiva y llena de energía. Ve la imagen que quieres ver de ti mismo en el centro. Vas a conseguir todo lo que te propongas. Vas a tener éxito. Tienes que verte a ti mismo igual que en la imagen de la derecha.

✳ ✳ ✳

Ahora vamos a mejorar tu relación con la imagen de la derecha con dos pasos muy sencillos.
En primer lugar, ve la imagen de la derecha. Te está animando a ser positivo. Es un estímulo para ti. Puede decirte algo así como: «¡Puedes hacerlo! Tienes todo lo que necesitas para conseguir lo que te propones. Definitivamente eres capaz». ¿Qué te está diciendo la imagen? Escucha. ¿Qué mensaje tiene para ti?

✳ ✳ ✳

Siente cómo aceptas este mensaje. Asimílalo. Vívelo. Intégralo en ti.

✳ ✳ ✳

A continuación, crea un vínculo con la imagen de la derecha. Puede ser con palabras («me comprometo a estar conectado contigo»), con un gesto físico (tú y la imagen os dais la mano u os abrazáis) o con un sentimiento (de cercanía o de amor). ¿Qué tipo de vínculo deseas crear con la imagen de la derecha? Sea lo que sea, créalo ahora mismo.

✳ ✳ ✳

Una vez que crees ese vínculo, repítete:
> «Es mi intención mantenerme conectado con este espejo».
> «Es mi responsabilidad reflejar en este espejo mis pensamientos, palabras y acciones».
> «Es mi determinación hacer de mi vida un reflejo de esta imagen».

✳ ✳ ✳

Ve cómo en tu vida cotidiana te centras en la imagen del espejo de la derecha. Vive tu vida conectado a esta imagen.

✳ ✳ ✳

Cuando estés estudiando para un examen, siéntete conectado a la imagen del espejo de la derecha.
Cuando estés haciendo un examen, siéntete conectado a la imagen del espejo de la derecha.
Después de terminar un examen, siéntete conectado a la imagen del espejo de la derecha.

✳ ✳ ✳

Respira profundamente. Inspira y espira dos veces, y luego abre los ojos. Este es el final del ejercicio.

Practica con el espejo de las tres caras una vez al día, especialmente antes de un examen. Elige conectarte con el espejo de la derecha y deja que refleje tus acciones cotidianas. Actúa de tal manera que seas consciente de lo que haces y de cómo eso te acerca a tus metas. En otras palabras, céntrate.

UTILIZA LAS HERRAMIENTAS DE LA ATENCIÓN
Cuando estés estudiando

Cuando estés estudiando, puedes poner en práctica las herramientas. Trata de mantenerte centrado y no dejes que las posibles distracciones te desvíen del camino. Sigue las instrucciones, y así el tiempo que estés estudiando será muy productivo. Utiliza las herramientas de la atención. Practica su uso; esto te ayudará a saber recurrir a ellas cuando estés haciendo un examen.

Márcate unos objetivos. Para ello sigue la fórmula SMART (página 134). Repasa la sección de este capítulo si no lo has asimilado bien.

Elimina posibles distracciones: apaga el teléfono, cierra el correo electrónico, olvídate del televisor y también de la música (a menos que sea una música que te relaje y te ayude a centrarte).

Utiliza un reloj y pon la alarma para que suene al cabo de treinta o cuarenta minutos, y luego estudia, estudia, estudia... Date un descanso corto (cinco minutos; ¡no te distraigas mucho!). Vuelve a estudiar. Date otro descanso. Repite el ciclo unas cuantas veces más y luego deja que el descanso sea más largo.

Si te distraes mientras estudias, utiliza las herramientas: en primer lugar, **¡Detente!** Detén las posibles distracciones (puede ser un pensamiento, algo que estés haciendo o alguien que haya entrado en tu espacio, real o mental). Has de saber que este pensamiento, actividad o persona no te están ayudando a alcanzar tu meta. En segundo lugar, **Escucha** tu voz interior. Te dirá exactamente lo que tienes que hacer para volver a centrarte en el estudio. En tercer lugar, **Actúa.** Cumple con tus propósitos. Haz lo que la voz te dice que hagas. ¡Hazlo!

Céntrate en tu meta. No permitas que las distracciones te desvíen de tu camino.

Cuando practicas el uso de estas herramientas mientras estudias, te estás asegurando de que también te servirán cuando estés haciendo un examen.

Cuando estés haciendo un examen

Cuando estás en medio de un examen, tu trabajo es hacer dicho examen. Puede que digas: «¡Claro! ¿Qué otra cosa iba a hacer?». Pero piensa en ello: ¿cuántas veces mientras hacías un examen te distrajiste observando a otra persona, siguiendo tus propios pensamientos o lamentándote por los calambres que tenías en el abdomen?

Si has utilizado las herramientas de la atención mientras estudiabas, en el examen podrás ser mucho más consciente de tus distracciones. Las distracciones más usuales mientras se está haciendo un examen son:

➪ Sensaciones físicas desagradables. *Mi corazón va como loco. ¡No puedo respirar!*
➪ Pensamientos negativos: *¡No puedo con esto!, ¡Voy a fallar!*
➪ Mirar a otros compañeros y preguntarse qué están haciendo: *Apuesto a que ella sabe las respuestas. Me preguntó por dónde irá.*

Tu atención debería estar puesta en el examen y en nada más.

Si has practicado para tranquilizarte y tener confianza en ti mismo, podrás conectarte de nuevo cuando tu cuerpo y tu mente comiencen a desconectarse. Reconocerás las sensaciones físicas desagradables o los pensamientos negativos, y aplicarás las herramientas.

Considera la posibilidad de que desconectarte de tu cuerpo y de tu mente constituye realmente una distracción. Ahora utiliza las herramientas de la atención. Detén las distracciones. Escucha tu voz interior y actúa para cumplir con tus propósitos.

En otras palabras, utiliza las herramientas de la atención para mantenerte presente y responde a las preguntas. Si quieres obtener buenos resultados, debes aprender a enfocar tu atención, a mantenerte centrado. Ahora sabes cómo hacerlo. Ponlo en práctica.

EN RESUMEN: ACTÚA

Aprender a centrarse lleva tiempo; implica determinación y consume energía. Pero la recompensa es grande: te fortaleces en el proceso y consigues que tus sueños se hagan realidad. Las herramientas de la atención te servirán para toda la vida. Mi hermano mayor, Richard, un excelente cantante de ópera, es un ejemplo de ello. Después de formarse durante varios años para ser cantante de ópera, se fijó la meta de cantar en la Ópera Metropolitana de Nueva York antes de cumplir los treinta años. Esta imagen era su espejo de la derecha.

Era su estrella polar, su foco de atención. Cada acción que emprendía estaba dirigida a su objetivo y no había nada que lo pudiera distraer. Su espíritu le estaba guiando y yo lo animé en cada paso que dio. Cuando el mejor profesor de canto de la ciudad de Nueva York estaba demasiado ocupado para trabajar con él, seguía telefoneándole a diario, hasta que le hacía un hueco en su agenda. Cuando no podía conseguir una audición, encontraba otra manera de convencer a otras personas importantes para que lo escuchasen. Cada paso le sirvió para fortalecer su confianza en sí mismo y su determinación para alcanzar su objetivo, porque tenía una imagen clara de quién era en realidad. Sabía que quien siembra cosecha. Trabajó mucho durante años. Tuvo fe en sí mismo. Nunca se rindió. Todos los de su alrededor lo animábamos constantemente.

Dos meses después de que cumpliese veintinueve años, nuestra familia se sentó con orgullo en las butacas de la Ópera Metropolitana, a la espera de su aparición como el capitán Zúñiga en el primer acto de la ópera *Carmen*. Cuando se acercó al escenario para hacer su debut, no pudimos contener la emoción: «¡Bravo! ¡Lo conseguiste!», gritamos, incluso antes de que cantara una sola nota. Cuando la ópera terminó, nos pusimos de pie para aplaudir con fuerza. Había cumplido su sueño.

Cuando aprendes a centrarte —cuando tus acciones están alineadas con tus metas y tus metas, a su vez, proceden de tu espíritu—, te puedes enfrentar con éxito a cualquier cosa, y alcanzar así tu más alto potencial. El gran filósofo estadounidense David Henry Thoreau dijo apasionadamente: «Dirígete con confianza hacia tus sueños. Vive la vida que imaginaste».

Reclama tu derecho de nacimiento.

Como indica un antiguo texto sagrado: «Si no es ahora, ¿cuándo?».

REVISIÓN FINAL: APRENDE A ENFOCARTE

Cuando estés estudiando para un examen...

➪ Define tu meta (¡asegúrate de que sea la tuya!).
➪ Especifica los pasos que debes llevar a cabo para alcanzar tu meta.

Toma conciencia
➪ ¿Te estás distrayendo y dejando seducir por otras actividades diferentes al estudio?

Utiliza las herramientas
➪ **Detente** y mira lo que estás haciendo. Pregúntate: «¿Esta distracción me acerca a mi objetivo?». Admite que estás distraído.
➪ **Escucha** tu voz interior. ¿Qué dirección te dice que tomes?
➪ **Actúa.** Sigue a tu espíritu; realiza las acciones que te conducen de vuelta a tu propósito. Vuelve a estudiar.

Cuando estés haciendo un examen...

Toma conciencia
➪ Sé consciente de que tu mente está empezando a divagar.

Utiliza las herramientas
➪ **Detente** y mira lo que estás haciendo. Admite que estás distraído. Pregúntate: «¿Esto me está ayudando a conseguir mi objetivo de aprobar el examen?».
➪ **Escucha** tu voz interior. ¿Qué dirección te dice que tomes?
➪ **Actúa.** Sigue a tu espíritu y emprende las acciones que te llevan a tomar de nuevo contacto con el examen y a hacer lo necesario para lograr tu objetivo.

Mírate a ti mismo en el espejo de la derecha.
Escucha el mensaje que te da esa imagen y crea un vínculo con ella.
A continuación, actúa.

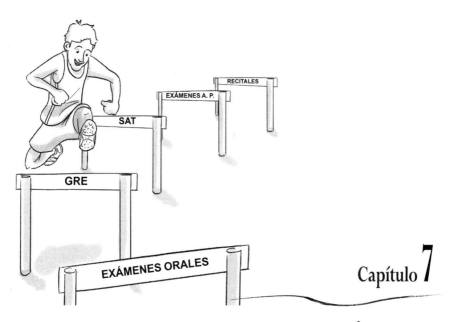

RECITALES

EXÁMENES A. P.

SAT

GRE

EXÁMENES ORALES

Capítulo 7

ENFRÉNTATE
A LOS EXÁMENES

Cuando era estudiante de primer año en la universidad, me uní al equipo de campo a través. No estaba estudiando atletismo, pero estaba obligado a participar en alguna actividad deportiva, así que elegí esta. Antes de nuestro primer encuentro interescolar, el entrenador dibujó un mapa del sendero, que serpenteaba alrededor de los dieciocho hoyos de un campo de golf local. Nos advirtió acerca de los giros repentinos y de las vueltas por el bosque. Pensé que si clavaba los ojos en el corredor que tenía delante no tendría ningún problema para seguir el circuito, así que no presté mucha atención a lo que dijo el entrenador. Después de que la carrera comenzara, pronto me quedé atrás, y pasados los primeros veinte minutos, para mi sorpresa, me encontré con que no había nadie delante de mí. Estaba totalmente perdido. Corrí en círculos por el bosque y por los hoyos del campo de golf. Cuando por fin encontré el camino hacia la línea de meta, todo el mundo estaba en el autobús impaciente, esperándome para poder volver a casa.

Moraleja: presta atención a los consejos de tu entrenador sobre lo que se avecina.

En este capítulo vamos a ver los diferentes tipos de exámenes a los que podrías enfrentarte y cómo aplicar lo que has aprendido hasta ahora.

EXÁMENES ESCRITOS

Esta es la categoría más grande. Incluye los exámenes escolares, los cuestionarios, los exámenes parciales y finales, las pruebas de escritura y los exámenes estandarizados. Todos ellos funcionan de la misma manera: te sientas en tu pupitre, el profesor te entrega una hoja con las preguntas y tú tienes un tiempo limitado para responderlas y completar el examen (apuesto a que tan solo con leer esto algunas personas se ponen nerviosas). Para conseguir una nota más alta, sigue las instrucciones.

1. Utiliza las herramientas

Crea una base segura para que tu rendimiento en un examen no se vea afectado. Utiliza las herramientas para tranquilizarte. Escribe la palabra «respirar» en algún lugar de la hoja del examen; esto te ayudará a recordar que debes respirar profundamente. Observa cómo estás sentado y mantén la conexión a tierra. Siéntate con la espalda recta y apoya los pies en el suelo. He visto a gente haciendo exámenes totalmente encorvada, con las piernas enroscadas en la silla, los pies en el aire, la frente arrugada y la mandíbula apretada. Nada de esto te ayuda a obtener un buen rendimiento. Siéntate bien en la silla. Libera la tensión de tu cuerpo. Deja que la gravedad haga su efecto.

Antes de entrar en un aula para hacer un examen respira profundamente. Expande el vientre al inspirar y relájalo al espirar, y siente la conexión a tierra con los pies.

Echa un vistazo general al examen y siente que vas a poder responder a las preguntas correctamente. Si comienzas a sentir o a decir algo negativo acerca de ti mismo («no puedo», «no sé», «no soy»), aplica inmediatamente las herramientas para tener confianza en ti mismo. Ve al espejo, confía en tu confidente, deja que refleje una imagen positiva de ti mismo e imagínate dando pasos pequeños y manejables. Lee las preguntas una por una, subraya los puntos más importantes, y así sucesivamente.

Al leer esto puede que pienses: «Pero ¡no tengo tiempo para hacer todo esto en un examen!». Esta es una preocupación común, pero no es válida. Si has practicado con las herramientas que te he dado en los tres últimos capítulos, en el momento de hacer un examen sabrás cómo usarlas rápida y eficazmente. Se tarda más en explicar las herramientas que en ponerlas en práctica. Es probable que pierdas el tiempo poniéndote ansioso y preocupándote si no usas estas herramientas. Recuerda que la preocupación y la ansiedad son signos de desconexión. Desea conectar contigo mismo de nuevo tan pronto como sea posible. Si practicas cómo usar las herramientas cuando estás estudiando, podrás contar con ellas en los exámenes.

2. Tómate descansos

Durante un examen es esencial que hagas pequeños descansos. Esto se puede llevar a cabo de diferentes maneras sin perder mucho tiempo. Cada quince minutos descansa los ojos durante unos pocos segundos. Suavemente, pon las manos sobre los ojos, sin tocarlos. Ábrelos en la oscuridad que has creado. Permanece en esta posición, con las manos ahuecadas sobre los ojos, durante unos diez segundos. Esto se conoce como *palming*, y es muy útil para mejorar la visión y relajar el sistema nervioso.

Puedes alternar este ejercicio con la apertura de la visión periférica (esto lo hicimos en el capítulo 4). Mantén la cabeza quieta y mueve los ojos lentamente en todas las direcciones. Esto hará que se calme tu sistema nervioso simpático (el de la lucha o huida) y activará tu sistema nervioso parasimpático (el de la tranquilidad y la relajación).

Estirar el cuerpo también es beneficioso. Puedes estirarte sin siquiera levantarte de la silla. Dobla el cuerpo hacia abajo, pon la cabeza entre las piernas y toca el suelo con las manos. Esto hace que mejore la circulación y te obliga a respirar de una forma más consciente. Si está permitido, levántate, y luego agáchate y toca el suelo. A continuación, ponte de puntillas y oscila entre apoyar tu peso en los dedos de los pies y en los talones durante unos segundos, moviendo suavemente los brazos y las manos.

185

Si haces estos ejercicios de estiramiento en silencio, no vas a molestar a nadie de tu alrededor. Te recomiendo que te des un descanso para estirar el cuerpo en la silla cada media hora, y de pie cada hora.

Recuerda que estás revitalizando tu cuerpo. Recuerda que tienes que estar presente. Es importante que tu cuerpo esté relajado para rendir bien.

3. Bebe suficiente agua; toma un pequeño tentempié

A menudo la deshidratación es un problema para quienes se examinan. Los estudiantes se olvidan de beber agua y se deshidratan, lo que hace que se sientan cansados. Si es posible, lleva un poco de agua embotellada al aula. Toma pequeños sorbos con regularidad. A veces las aulas de exámenes tienen una mesa con jarras de agua fría. Yo recomiendo no beber agua fría, porque lo que tu cuerpo necesita es mantenerse a la temperatura ambiente. Es mejor que bebas agua del tiempo. Además, evita los refrescos; están llenos de azúcar. Si el examen es de más de una hora, llévate una pieza de fruta o una barrita de cereales. Si tienes demasiada hambre, tu nivel de azúcar en la sangre baja, y la pérdida de energía puede hacer que pierdas la atención; en este caso, necesitas un poco de combustible. Si no está permitido llevar comida al aula (comprueba esto unos días antes), toma un buen desayuno o almuerzo nutritivo: mejor proteínas que hidratos de carbono, y no abuses del café.

Nutre tu cuerpo correctamente y este te apoyará

4. Continúa usando las herramientas

A medida que avance el examen, sigue usando las herramientas que te ayudan a estar tranquilo: la **respiración,** la **conexión a tierra** y los **sentidos**. Si te encuentras con preguntas difíciles o cuya respuesta desconoces en un primer momento, recuerda que el propósito de los exámenes es hacer que seas capaz de pensar y buscar en tu memoria la información que se te pide. Utiliza las herramientas de la confianza: **confía** a tu confidente, **permite** que este refleje una imagen positiva de ti mismo y **visualiza** pasos pequeños y manejables. A menudo, lo que parece ser una pregunta sin respuesta no es más que un nudo en el estómago. Tienes que ser paciente. Respira.

Transmítete el mensaje de que puedes entenderlo y de que la respuesta está viniendo. Si tu mente empieza a vagar o te distraes con alguna otra actividad (morderte las uñas, jugar con el cabello, mirar alrededor del aula), utiliza las herramientas de la atención: **detente** y presta atención a lo que estás haciendo, **escucha** tu voz interior y **actúa** para cumplir con tu propósito (además, puede que necesites estirar un poco el cuerpo o beber un sorbo de agua).

5. Mantén la atención en ti mismo

Cuando estás en un aula rodeado de otras personas que también están examinándose, es natural echar un vistazo alrededor: «¿Qué está haciendo todo el mundo? ¿Creen que esto es fácil? ¿Soy el único aquí que está nervioso? ¿Están respondiendo las preguntas más deprisa que yo y van a terminar antes?». El problema es que todas estas preguntas que te haces a ti mismo te están distrayendo. Nada de lo que hagan los demás va a ayudarte en tu examen.

Céntrate en ti mismo. Métete en tu propia burbuja. Para ello, haz el ejercicio del círculo de luz que aparece al final de este capítulo. Una vez una clienta me describió lo nerviosa que se había puesto en un examen. Levantó la vista de su examen para ver lo que estaban haciendo los demás estudiantes. Había pasado tan solo media hora, pero uno de ellos se levantó de su pupitre y entregó el examen al profesor. Ella pensó: «Dios mío, ¿cómo puede haber terminado tan deprisa cuando yo apenas voy por la mitad?». Esta idea la puso tan nerviosa que no pudo contestar las preguntas que le quedaban. Había perdido la confianza en sí misma al distraerse mirando lo que hacía un compañero. Más tarde descubrió que ese estudiante había entregado el examen tan pronto porque sufrió repentinamente una intoxicación alimentaria y se vio obligado a abandonar el aula.

> Las comparaciones causan estrés. Mantén tu atención en lo que estás haciendo.

No te preocupes por nada de lo que hagan los demás. No tiene nada que ver contigo. Céntrate en lo que tienes que hacer para rendir más.

6. Presta atención al tiempo

El tiempo es un elemento importante en los exámenes. Debes prestar atención al reloj, porque eso te ayudará a hacer el examen sin prisas. Algunos programas y centros educativos ofrecen la oportunidad de practicar y hacer exámenes de prueba. Esto es particularmente útil para las pruebas estandarizadas de larga duración. La mayoría de las librerías venden volúmenes de ediciones pasadas del SAT. Practicar con exámenes de ediciones anteriores no solo te ayudará a entender el contenido y la forma en que el examen se estructura, sino también a saber cómo distribuirte el tiempo. Tener un reloj o cronómetro siempre es útil, aunque a veces he visto que trabaja en contra: la gente llega a obsesionarse tanto con el tiempo que no deja de mirar el reloj, y al final esto se convierte en una distracción.

7. Enfréntate a las preguntas difíciles con destreza

Cuando veas una pregunta que parece demasiado difícil de responder, no pierdas el tiempo luchando con ella. Averigua lo que puedas, marca con un círculo la pregunta y sigue adelante. En un examen escrito siempre se puede volver a ella más tarde. A veces, la mente tiene que calmarse antes de que aparezca la respuesta. Y las preguntas siguientes podrían arrojar luz sobre las primeras. Siempre ayuda mirar las cosas desde una nueva perspectiva. Al hacer esto, combinas el uso de las nueve herramientas y te preparas para triunfar en el examen.

LeToya, una estudiante brillante de dieciséis años, dijo: «Cuando me encuentro con una pregunta difícil, me pongo muy nerviosa. Pienso que me voy a olvidar de todo. Después me cuesta mucho seguir adelante». Si analizamos esta experiencia teniendo en cuenta todo lo que se ha dicho en este libro, LeToya deja que las sensaciones desagradables de su cuerpo influencien su mente. «Me pongo muy nerviosa» alimenta «pienso que me voy a olvidar de todo». Ella misma se está diciendo que no puede hacerlo y su cuerpo está reforzando el mensaje.

Después de trabajar juntos, LeToya aprendió que cuando viera una pregunta difícil lo primero que tenía que hacer era regular su respiración, para que su cuerpo no influyera en su mente. A continuación tenía que transmitirse a sí misma mensajes positivos, como por ejemplo: «Puedes responder a la pregunta» o «Ya tienes experiencia con este tipo de preguntas». Entonces su confianza en sí misma mejoraría, y eso haría que se mantuviera todo el rato centrada en el examen y sin distraerse con pensamientos negativos. También aprendió que uno puede volver a las preguntas difíciles más adelante. Después de aplicar lo aprendido en dos exámenes, los ataques de pánico de LeToya se convirtieron en un recuerdo del pasado.

EXÁMENES POR ORDENADOR

Una opción cada vez más común en el caso de algunos exámenes –particularmente los estandarizados– es hacerlos por ordenador. A la hora señalada te tienes que presentar en un aula llena de ordenadores. Te asignan uno y te sientas como en una especie de cubículo, y el examen se administra desde la pantalla. Si bien las pautas que he dado hasta ahora en este capítulo son aplicables a los exámenes por ordenador, voy a añadir otras tres más. En primer lugar, haz por lo menos un examen de prueba en el ordenador de tu casa antes de presentarte al examen real. En una prueba por ordenador te sientas de forma distinta, y mirar una pantalla de ordenador es distinto a mirar una hoja de papel que está en posición horizontal encima de una mesa. Practica sentarte y mirar la pantalla del ordenador, trabajar con el ratón y estar encerrado en un cubículo. En segundo lugar, infórmate antes de hacer el examen sobre si está permitido volver a las preguntas anteriores o cambiar las respuestas. En muchos exámenes por ordenador no se da esa oportunidad. En algunos casos, a medida que avanzas las preguntas se vuelven más difíciles. Sabiendo de antemano cómo se estructura el examen, puedes eliminar sorpresas que producen estrés el día de la verdad. En tercer lugar, toma conciencia de tu postura. Es muy fácil hundirse en la silla o apoyarse en la pantalla del ordenador, o sentarse con las piernas cruzadas. Estas posiciones restrictivas no son propicias para pensar o responder adecuadamente. No estás viendo la televisión o jugando a un videojuego, por lo que no te sientes como si estuvieras haciendo alguna de estas dos cosas. Mantén la espalda y el cuello rectos, pero procura que no estén rígidos. Apoya bien los pies en el suelo. Las pantallas de ordenador dañan mucho la vista; es esencial que descanses los ojos de forma regular.

EXÁMENES ORALES

Los exámenes orales presentan sus propios desafíos. En los escritos y en los que se hacen por ordenador respondes a las preguntas escribiendo, de modo que nunca puedes saber con exactitud cómo está desarrollándose el examen. Hasta que acabes, nadie te va a puntuar. Pero en un examen oral tienes a unas personas delante de ti que te están examinando. Debes hablarles directamente. Están puntuando cómo te desenvuelves en público, y eso puede ser angustiante. Muchas personas se quedan totalmente bloqueadas en los exámenes orales. Se convierten en muñecos de trapo. Tener que pensar y hablar articulando bien las palabras las empuja al límite. Un examen escrito o por ordenador parece un regalo en comparación con uno oral.

Los examinadores sin duda quieren saber si dominas el contenido de la asignatura, pero también quieren ver cómo la presentas. ¿Qué sucede cuando no tienes una respuesta preparada? ¿Cómo respondes cuando un examinador es impaciente, duro o crítico? ¿Qué haces cuando te das cuenta de que has respondido mal y tienes que corregirte a ti mismo?

Te presento algunas pautas que puedes seguir cuando tengas que hacer exámenes orales.

1. Utiliza las herramientas y permite que te orienten

Al entrar en un aula y tomar asiento para examinarte, utiliza inmediatamente las herramientas para tranquilizarte: respira profundamente llevando el aire al vientre, siente la conexión a tierra y utiliza el sentido de la vista para mirar detenidamente lo que te rodea: el aspecto de la sala, la ropa de los examinadores y otros detalles que puedas captar. Permanece conectado al momento presente. El ejercicio del círculo de luz que cierra este capítulo te será de gran ayuda. Siente cómo te sientas en el centro del círculo de luz. Respira.

2. Asegúrate de entender la pregunta

A veces las preguntas de los exámenes orales no son claras. En ocasiones esto es así expresamente –quizás lo que pretenden es que pidas una aclaración–. No tengas miedo de decir: «Por favor, ¿podría repetir (o reformular) la pregunta?», o «¿Usted está pidiendo...?». Si

ENFRÉNTATE A LOS EXÁMENES

no estás seguro de lo que se espera que contestes, es mejor que pidas una aclaración antes de equivocarte y responder algo que está fuera de lugar.

En algunos exámenes orales, a los examinadores no se les permite decir nada, así que a veces pedir una aclaración provoca una mirada en blanco, e incluso una respuesta cortante. Esto puede ser muy molesto si no estás preparado para ello. Averigua antes de entrar en el examen si puedes pedir aclaraciones sobre algún punto. Puedes buscarlo en las directrices del examen o llamar o escribir a algún responsable. Siempre debes conocer las reglas del juego antes de examinarte. Si te hacen una pregunta que no estás muy seguro de haber entendido y a los examinadores no se les permite hacer aclaraciones, es aconsejable que digas: «Creo que la pregunta está pidiendo...»; así los examinadores pueden valorar la manera en que la estás interpretando. A veces hacer eso conduce a una mejor comprensión de la pregunta, así que no tengas miedo del proceso. Tírate al agua y empieza a nadar. Al final llegarás a la otra orilla.

3. Utiliza la fórmula que funciona: respira, piensa y después habla

En los exámenes orales no solo se trata de dar las respuestas correctas. También miden lo bien que piensas y si respondes con coherencia. No te apresures a hacerlo bien enseguida. Tómate un momento después de escuchar la pregunta. Siempre puedes decir: «Necesito un momento para ordenar mis pensamientos». Y luego, respira. Piensa lo que quieres decir antes de empezar a hablar. Puedes hacer una pausa después de llegar al final de un pensamiento, con el fin de poder pensar qué vas a decir a continuación. Respira. Cuando las personas tienen problemas en los exámenes orales, invariablemente están siguiendo este proceso: hablan, piensan y después respiran (apenas sin aire). Invierte el proceso y hazlo de la manera correcta: respira, piensa y después habla.

También necesitas aprender a sentirte cómodo con el silencio mientras piensas en las respuestas a las preguntas que te hacen. En un examen oral, tu forma de ordenar tus ideas también puede ser parte de lo que los examinadores están evaluando. Razón de más para estar tranquilo, confiado y centrado. No hay necesidad de apresurarse.

4. Practica, practica y practica

Si te estás preparando para un examen oral, debes practicar cada pregunta en voz alta delante de otra persona, porque tienes que experimentar lo que es ordenar tus pensamientos mientras hablas. También puedes hacerte una idea de lo larga o corta que puede ser una respuesta. Uno de los grandes escollos de los exámenes orales es dar respuestas demasiado largas o demasiado cortas. Los estudiantes las dan o bien demasiado cortas, y en ese caso no ofrecen suficiente información para demostrar lo mucho que saben, o bien sienten que tienen que incluirlo todo y pasan demasiado tiempo respondiendo. Practica con un compañero de estudio, un amigo o un *coach*. Pide que te digan cómo lo hiciste: «¿He dado una respuesta clara, organizada y fácil de seguir? ¿He abarcado todo el material? ¿He dicho mucho o muy poco? ¿He mantenido el contacto visual con el examinador [en este caso con quien te está ayudando a prepararte]?».

Por encima de todo, practica respirar mientras estás pensando y hablando. Mantén tu cuerpo relajado usando las herramientas que te ayudan a permanecer tranquilo o a calmarte. Recuerda que la mayoría de los exámenes, por naturaleza, tienden a agotar a las personas y a hacer que se sientan un poco derrotistas. En los exámenes orales esto se acusa aún más, porque tienes a unos examinadores delante de ti que te están evaluando en todo momento. Ellos saben las preguntas y tú probablemente no. A veces estás en un aula con otros estudiantes que van a ver lo bien o lo mal que respondes. Así que, más que nunca, necesitas practicar cómo mantenerte tranquilo y físicamente relajado.

5. Implica a los examinadores: no te comportes como una foca amaestrada

Recuerda que estás hablando con otra persona (u otras personas), no con un dios o una diosa. Entrénate para ver a tus examinadores como seres humanos o, mejor aún, como colegas. Si empiezas a sobreactuar (jugando a ser quien no eres, todo para impresionar a los demás), te desconectas de ti mismo y puede que te acabes sintiendo incómodo y ansioso. Utiliza las herramientas para tranquilizarte, recuperar la confianza en ti mismo y centrarte.

6. Ofrece una imagen real de ti mismo

No se espera de ti que lo sepas todo, ni tampoco debes crearte esta expectativa. A veces, los exámenes orales se diseñan para que digas a propósito «no lo sé», «no estoy seguro» o «esto me plantea algunas dudas». Si vas de *sabelotodo*, como si fueras una especie de autoridad independiente que tiene respuestas para todo, no estás presentando una imagen realista de ti mismo (además, puede que esto choque con el narcisismo de los examinadores que tienes delante y que creen que lo saben todo). Si no sabes algo, admítelo; de lo contrario pierdes credibilidad, incluso en el caso de aquello que conoces.

También puede ser que recuerdes algo que te gustaría haber dicho en una pregunta anterior pero que olvidaste en ese momento. En ese caso, puedes decir: «Hay algo que me gustaría añadir a mi respuesta anterior...». Aunque algunos exámenes orales no permiten eso, yo siempre animo a la gente a probar de todos modos, porque los examinadores a veces no siguen las reglas al pie de la letra.

7. No tengas miedo de rectificar una respuesta

A veces empiezas a hablar y solo entonces te das cuenta de que acabas de decir algo *erróneo*. Si esto ocurre, no sigas adelante. Detente donde estás. Yo llamo a esto «no conducir sobre la acera» (me referí a ello en el capítulo anterior); básicamente se trata de que evites que el coche marche descontrolado a toda velocidad. Limítate a decir: «Me gustaría rectificar lo que he dicho» o «Me gustaría empezar de nuevo». A veces quienes se examinan, presos de los nervios, siguen adelante e intentan subsanar el error, o, peor aún, ¡encubrir el error! A esto lo llamo «conducir por la acera y por el salón de casa». ¡Detente!, está bien que rectifiques. La gente comete errores; eso no te convierte en un estúpido ni en un inepto. Eres humano, como todos.

8. Bebe agua

Muchas personas sufren de sequedad en la boca después de hablar durante un rato de forma continuada, aunque solo lo hayan hecho durante unos minutos. Ten un vaso de agua en la mesa (si hay una mesa o un pupitre). Si no hay ninguna mesa o los examinadores no te ofrecen un vaso de agua, lleva una pequeña botella de plástico al aula del examen.

Aléjate un momento mientras tomas un sorbo. Beber un poco de agua no solo alivia la sequedad de la boca, sino que también te da la oportunidad de hacer una pausa cuando tienes que frenar y pensar en lo que quieres decir. Beber el agua poco a poco te ayudará a acordarte de respirar.

9. Tienes que estar preparado ante posibles comportamientos extraños de los examinadores

Cómo actuarán los examinadores cuando estés respondiendo a las preguntas que te han hecho es la gran incógnita en los exámenes orales. Advierte que no dije «cómo actuarán en relación contigo», porque quiero que entiendas, desde el principio, que lo que dicen o hacen los examinadores no es necesariamente un reflejo de lo que piensan de ti o de tu rendimiento. A menudo es solo una manera de actuar, o bien se les ha instruido para que sean impasibles, para que no muestren emociones o para que no den respuestas. Desde mi punto de vista, esto es un error. Entiendo que se haga para homogeneizar los exámenes, pero podría afectar a las respuestas del estudiante. En otras palabras, una sonrisa puede animar a un estudiante para que continúe con su respuesta, mientras que un ceño fruncido hará lo contrario. Pero se cree que si se anima a los estudiantes en un examen oral se les está ayudando demasiado. Por eso se intenta homogeneizar el comportamiento de los examinadores. Sin embargo, esto no siempre se consigue. Son personas, y a veces están cansadas, aburridas, hambrientas e incluso irritadas, sobre todo cuando no les gustan las preguntas o no están de acuerdo con las respuestas. ¡Demasiado para homogeneizar! Algunos examinadores orales tienen sus propias ideas peculiares acerca de cómo debe actuar un examinador, a menudo basándose en uno que tuvieron en el pasado, que puede haber sido alguien que les gustó o a quien odiaron. Ahora es su turno. También pueden tener un mal día o dolor de estómago.

Así que prepárate para un posible comportamiento extraño por parte de los examinadores.

EJERCICIO: COMPORTAMIENTOS EXTRAÑOS DE LOS EXAMINADORES, PARTE 1

Pídele a un amigo o compañero de clase que se siente delante de ti y que te escuche mientras le cuentas algo que te haya sucedido hoy. Lo que tiene que hacer él es hacer muecas cuando estés hablando. A veces debe sonreír y mostrarse de acuerdo con lo que dices y otras veces debe fruncir el ceño, poner cara de enfadado o mostrar un poco de desprecio hacia ti. De vez en cuando, tu amigo o compañero de clase debe actuar como si se estuviera durmiendo. Tu trabajo consiste en seguir hablando y no dejarte distraer por lo que está haciendo.

Si eres como la mayoría de la gente, empezarás a reír tan pronto como tu amigo o compañero de clase empiece a actuar de un modo raro. No es un examen real, así que no te preocupes. Pero recuerda que en un examen real los examinadores a veces se comportan de una forma un poco extraña, y eso te puede poner nervioso y hacer que falles algunas respuestas. La gente se obsesiona con esto; tú no lo hagas. Algunas personas empiezan a pensar que lo que están haciendo los examinadores es algo significativo y por lo que tienen que preocuparse: «Me está sonriendo. ¡Fantástico! Eso debe de significar que lo estoy haciendo bien», «¡Oh, no! Está haciendo un gesto negativo con la cabeza. Estoy acabado». Sobre la base de estas interpretaciones, los estudiantes empiezan a cambiar su comportamiento, tratando de buscar la aprobación de los examinadores. De ese modo, se distraen, pierden su centro y no ponen la atención donde deberían ponerla: en las preguntas y en las respuestas que van a dar. Tu trabajo consiste en responder a las preguntas, y no en provocar una señal de aprobación por parte de los examinadores.

EJERCICIO: COMPORTAMIENTOS EXTRAÑOS DE LOS EXAMINADORES, PARTE 2

Le puedes pedir al mismo amigo o compañero de clase que haga de examinador. Cuéntale otra cosa (o, mejor aún, practica respondiendo a una posible pregunta del examen). Al igual que en la parte 1, debe hacer todo tipo de muecas (positivas y negativas) mientras estás hablando. Pero esta vez, en lugar de reírte o de ajustar tu comportamiento a sus reacciones, haz lo que te indico (escoge un punto o síguelos todos):

1. Basta con que te describas a ti mismo en silencio sus reacciones físicas sin interpretar su significado. Por ejemplo, si tu «examinador» comienza a sonreír, piensa mentalmente: «Se le está curvando la boca en sentido ascendente», en lugar de: «Le gusta cómo estoy respondiendo», porque eso es una interpretación. Cuando analizas lo que el examinador está haciendo de una forma objetiva, sin interpretaciones ni componentes evaluativos, ese comportamiento pierde su carga emocional, porque no está proyectando nada en concreto. Sigue así; ya verás lo bien que funciona.
2. Pon al examinador detrás de una «pantalla invisible». Cuando estés hablando, crea en tu imaginación una pantalla que no deja que pase nada a través de ella. Esto significa que cualquier cosa que el examinador diga o haga no puede traspasar esa barrera. Es como si el examinador estuviera en su propia burbuja, justo donde debe estar, y no te pudiera afectar nada de lo que dice o hace.
3. Ve más allá de su máscara. Un examinador también es un ser humano. Lo que sea que esté haciendo durante el examen no es más que una barrera que está poniendo entre tú y él. Está interpretando su propio papel, el de examinador. Al hablar con él, ve más allá de su máscara, para que tus pensamientos y palabras lleguen al ser humano que hay detrás de esa máscara.

10. Presta atención a tu aspecto y a la ropa que te pones

Esta cuestión puede preocupar a muchas personas que tienen que hacer un examen oral, ya que hay todo tipo de teorías, la mayoría infundadas, que hablan de la apariencia física y del efecto positivo o negativo que el estudiante puede causar en el examinador. He conocido a estudiantes que han decidido teñirse el pelo, elegir una corbata de un determinado color o usar un vestido en particular para presentarse a un examen oral con el fin de poner de su parte a los examinadores. ¡Olvídalo! Preocuparte por tu apariencia desvía tu atención hacia el lugar equivocado.

Por otro lado, imagino que quieres ir vestido de una forma apropiada, así que respeta las normas básicas: lleva algo que sea cómodo y que te siente bien. Elige la ropa que usarías para una entrevista de trabajo. Evita ropa llamativa o cualquier prenda que tenga un eslogan muy vistoso, como por ejemplo «I feel good» («Me siento bien»). No es necesario transmitir un mensaje; lo que tienes que hacer es aprobar el examen. Suelo recomendar que las mujeres usen poco maquillaje y joyas discretas, y que los hombres vistan con chaleco o corbata. Evita mostrar tus *piercings* o tus tatuajes. Uno o dos pendientes por lo general están bien, pero evita los excesos. Los examinadores no son siempre tan liberales como nos gustaría que fueran.

A todo el mundo le digo que se olvide de las fragancias de cualquier tipo —esto incluye colonia, perfume, loción para después del afeitado, polvos o laca para el cabello—. El aula donde te vas a examinar puede ser pequeña, y cargarse y calentarse enseguida. Las fragancias pueden molestar a alguien que sea alérgico a ellas; no importa lo caras, seductoras o exóticas que sean. Incluso he oído el caso de una persona que llevaba una colonia que al examinador le recordó a su examante, y la cosa no terminó bien. No corras ese riego.

EXÁMENES PRÁCTICOS Y PRUEBAS FÍSICAS

Desde los exámenes clínicos hasta los permisos de conducir y desde los recitales de música hasta las audiciones, los exámenes prácticos y las pruebas físicas se realizan en presencia de otras personas —un examinador o un jurado, entre otros—. Esto es especialmente difícil, porque hay que realizar la actividad mientras alguien te está mirando, y a menudo cuenta el tiempo, lo que supone una presión añadida.

1. Practica, practica y... sí, practica

Dado que estos exámenes y pruebas físicas implican una serie de habilidades que se tienen que demostrar, la única manera de llevarlas a cabo es haber practicado de antemano. No hay sustituto para esto. Tienes que practicar todos los días. Es una rutina diaria. Divide las acciones en pasos pequeños y manejables (la tercera herramienta de la confianza). Simula las circunstancias del examen o de la prueba física tanto como sea posible. No te estanques, pero tampoco pases por alto lo que no te sale. Practica una y otra vez. Conocí a un clarinetista brillante que tenía dificultades con unas cuantas notas de una pieza musical. El problema era que esa pieza era la que tenía que tocar en el examen. Lo describía como «el túnel del infierno». Mientras practicaba en casa, cada vez que llegaba a esa parte de la composición, de solo dos compases de extensión, cerraba los ojos y deseaba que pasase pronto. Nunca funcionó. En la audición trató de hacer lo mismo y fue un desastre. Lo que hicimos fue descomponer esos dos compases en una nota tras otra, hasta que al final pudo dominar esa parte de la pieza musical, nota a nota. Hizo la prueba de audición de nuevo y consiguió el trabajo.

2. Prevé posibles problemas

Si prevés los posibles problemas que puedas tener en el examen o prueba física, no te van a sorprender. Cuando los estudiantes de Odontología hacen sus exámenes prácticos, deben tener en cuenta que su paciente puede necesitar ir al baño durante el examen, lo cual implica la interrupción del procedimiento. Lo bueno es que tienen un poco más de tiempo para pensar. Habla con personas que se hayan examinado recientemente de lo mismo que tú te vas a examinar y averigua cómo se sintieron. Pueden ayudarte a prever algo que no has tenido en cuenta. Si estás haciendo prácticas para un examen de conducir, simula que estás conduciendo por una vía muy transitada.

3. Mantente tranquilo

No importa lo mucho que te hayas preparado, porque siempre pueden surgir imprevistos. Cuenta con ello. Durante una audición musical, se fue la luz y el escenario se quedó a oscuras. Durante un examen de conducir, el examinador empezó a toser de manera descontrolada. En medio de una prueba para ser cocinero en un restaurante muy conocido se produjo una explosión de gas. Cualquiera de estos imprevistos puede distraerte si no estás centrado. A veces, un examen práctico presenta retos que jamás llegaste a imaginar. El medio donde te examinas es inusual y eso puede ponerte nervioso, pero trata de estar tranquilo. Respira profundamente para relajarte, y no dejes que un suceso inesperado te distraiga o te altere.

4. Ve al examinador como a un compañero

En la mayoría de los exámenes prácticos, el trabajo del examinador es determinar si eres una persona que está segura de sí misma y si eres lo suficientemente competente para desempeñar el arte u oficio del que te estás examinando. Deja que él haga su trabajo mientras tú haces el tuyo. Esto significa que debes poner tu atención en lo que tú estás haciendo, y no en lo que el examinador está haciendo. Las herramientas de la atención son especialmente útiles. Si empiezas a distraerte, detente. Escucha tu voz interior y deja que te guíe. Visualiza lo que tienes que hacer, y luego hazlo. Mantente tranquilo. Siente tu propio cuerpo. Respira. Tú y el examinador sois compañeros, no adversarios. Al permanecer centrado en tu tarea, lo respetas y, a su vez, haces que él también te respete.

LA MEMORIZACIÓN

Memorizar una larga lista de nombres, fechas y datos similares puede ser muy desalentador. No hay un sistema específico para memorizar. Depende de cada persona. Lo que sí puedo decir es que solo memorizar no funciona bien. En algún nivel, es necesario entender los temas que estás memorizando; de lo contrario, no hay nada que pueda retener la información en la mente. Hay un viejo proverbio chino que dice: «Oigo y olvido, veo y recuerdo, hago y comprendo». En general, los estudiantes tratan de memorizar solamente escuchando (atendiendo a las clases del profesor) y mirando (leyendo los libros). Para aprender realmente, tienes que hacer algo con la materia de estudio. Como una manera de memorizarla, los estudiantes a menudo vuelven a escribir sus notas o diseñan pequeñas tarjetas con la información clave. Esto puede ser útil, ya que al menos estás haciendo algo. Sin embargo, el método todavía se basa principalmente en escuchar y mirar. Tal vez pueda ayudarte repasar los textos en voz alta. Pero lo que es aún más efectivo es explicar el temario a otra persona, como si le estuvieras enseñando. Al hacerlo, tienes que encontrar las palabras adecuadas, la coherencia en el texto y el significado de lo que estás estudiando. Esta podría ser una manera eficaz de trabajar con un compañero de estudios.

LOS COMPAÑEROS DE ESTUDIOS

Tener un compañero de estudios es útil para algunas personas y un calvario para otras. Las principales ventajas de tener a alguien con quien estudiar son que juntos podéis crear un programa para prepararos y con el que ambos os comprometéis. También os podéis ayudar el uno al otro cuando alguno no entienda algo. O podéis practicar enseñando el uno al otro (mira el ejercicio de antes). Y, por último, os podéis animar el uno al otro cuando las cosas se pongan difíciles.

Sin embargo, las mismas ventajas pueden convertirse en trampas cuando una persona sigue el horario, pero la otra no (esto puede poner muy nerviosa a aquella). También es un inconveniente si uno de los dos entiende muy bien el material, pero el otro no (o no hace el trabajo que sería necesario que hiciera para entenderlo). O puede que los estilos de comunicación de ambos no coincidan. O que el tiempo de estudio se use para estar quejándose en lugar de emplearse para trabajar (o bien una persona hace esto y arrastra a la otra).

Si estás pensando en tener un compañero de estudios, te sugiero que quedéis un día primero y veáis si los dos compartís los mismos objetivos e ideas sobre cómo estudiar. También tenéis que averiguar si vuestras personalidades encajan o, por el contrario, chocan. Una vez que parece que podría funcionar, probadlo durante una semana o dos, y luego evaluad. ¿Está funcionando? ¿Estáis aprendiendo el temario? ¿Hacéis vuestras tareas? Tenéis que ser honestos. Vuestro trabajo consiste en prepararos para un examen, y no en evitar herir los sentimientos del otro ni en rescatarlo. Esto se aplica tanto al estudio en parejas como en grupos.

LIBROS PREPARATORIOS Y EMPRESAS DE COACHING

Paséate por cualquier librería y te encontrarás con estanterías repletas de libros y guías preparatorios. Abre las páginas amarillas y verás decenas de anuncios de empresas que ofrecen sus servicios para prepararte para los exámenes. Si estás pensando en gastar tu dinero en un libro o en el servicio de algún profesional o empresa, quiero darte un consejo: ¡caveat emptor! Traducción: ¡cuidado, comprador!

1. Asegúrate de que el libro o la empresa te proporciona lo que necesitas

Los libros son útiles para familiarizarse con el contenido de un examen. Hay muchos cursos que enseñan estrategias para responder a las preguntas y que te ayudan a practicar con exámenes de prueba para ver cómo respondes. Antes de gastar tu dinero en un curso muy caro, hojea los libros que tienes a mano para ver si te sirven. Pero recuerda que los libros y cursos no pueden diagnosticar los problemas o las necesidades particulares de cada individuo, sino que solo ofrecen ayuda en general. Algunos clientes me han venido a ver muy desanimados, diciendo que un libro que habían leído o un curso que habían hecho les había puesto las cosas más difíciles, en lugar de más fáciles. «No puedo aprenderlo todo; no de esta manera» es el estribillo que siempre repiten. No había nadie allí para ayudarles a discernir lo que era más importante, que les enseñase cómo ajustar el temario a su estilo de aprendizaje o que les diese respuesta a otras cuestiones y necesidades personales. La mayoría de los libros y de los cursos de preparación hablan de lo que hemos estado tratando en este libro: cómo estar tranquilo, tener confianza en uno mismo y mantenerse centrado. Pero en realidad no te muestran cómo hacerlo.

2. Respeta tu propio proceso

Los libros y los cursos se diseñan para ser atractivos y útiles para un público muy general. En los exámenes orales estatales se les dan siete minutos a los estudiantes para que tomen notas y se preparen las respuestas. Cada libro o curso recomienda una manera específica de tomar notas. Muchas personas se ponen nerviosas porque no pueden hacerlo de la manera que recomienda ese libro que compraron o ese curso al que asistieron. Lo que se debería hacer es alentar a los estudiantes a que piensen por sí mismos y respetar su propio razonamiento y método de preparación. Si un libro o un curso sugiere una estrategia, primero pruébala, y comprueba si se ajusta a tu propia manera de pensar y proceder. Está bien, incluso, cambiar radicalmente de estrategia si a ti te funciona mejor.

Si solo haces lo que te dicen, no vas a aumentar la confianza en ti mismo ni a perfeccionar tus habilidades como estudiante. Caerás en la trampa de creer que todo te va a salir bien por el solo hecho de seguir ese determinado modelo. Puede que funcione, pero no lo sabes con total certeza. Aprende a confiar en tu propio proceso. Usa libros y asiste a cursos para prepararte para un examen, pero solo si ves que a ti te funciona.

EL COACH PERSONAL

El número de *coaches* o entrenadores personales cada vez es mayor en la actualidad. Una vez más, vigila dónde inviertes tu tiempo, tu energía y tu dinero.

Cuando tengas que elegir un coach personal, pregúntate: «¿Qué necesito de un coach?».

Un buen *coach* personaliza el proceso de aprendizaje; diagnostica tus necesidades particulares y encuentra la manera de guiarte para prepararte lo mejor posible. Mientras que un curso está dirigido a un grupo, un *coach* personal trabaja solo para ti. Los gastos que conlleva siempre son mayores que los de un curso grupal, porque la relación con el *coach* es más directa y probablemente más intensa. Debido a que estás depositando toda tu confianza en la experiencia y el conocimiento de una persona, es importante que selecciones a dicha persona correctamente. Aquí te doy algunas pautas.

1. ¿Tu coach está al día?

Una vez, cuando me estaba preparando para un examen oral, me aconsejaron que buscara un *coach* personal. Cuando me reuní con él, me sentí molesto conmigo mismo por haber encontrado a ese hombre, porque me estaba tratando de preparar para el examen con unos contenidos de, por lo menos, dos años atrás. Las preguntas ya no eran válidas. El formato del examen había cambiado por completo en esos dos años. No decidí detenerle, y al final sentí que había perdido mi dinero en la consulta. Una simple llamada de antemano te dirá si el *coach* está al día o no. O bien si te reúnes con él y te das cuenta de que te ha engañado, no vuelvas.

2. ¿Ofrece el coach precisamente lo que tú necesitas?

Diferentes *coaches* ofrecen diferentes servicios. Antes de que elijas uno, ten en cuenta tus necesidades reales. ¿Necesitas ayuda para entender el contenido del examen? ¿Necesitas estrategias para responder a las preguntas? ¿Necesitas ayuda para combatir tus ataques de ansiedad en los exámenes? Averigua si el *coach* está especializado en algo en concreto. ¿Ofrece lo que te hace falta? Esto puedes saberlo hablando primero por teléfono con él o visitando su sitio web.

3. ¿El *coach* reconoce y utiliza tus puntos fuertes?

Cuando te estás preparando para un examen, puede que te sientas vulnerable. Si no estás seguro de tus habilidades y conocimientos, te sientes inseguro y necesitas que alguien te marque el camino. ¿Acaso no eres lo suficientemente inteligente o competente para hacerlo bien? Puede que no estés muy seguro. Lo último que necesitas es un *coach* que se centre en los aspectos negativos, ya que eso te va a hacer sentir aún más inseguro. En su lugar, necesitas a alguien que reconozca y utilice tus puntos fuertes, tus características positivas. Aunque esos puntos fuertes sean sutiles, como por ejemplo un verdadero interés en la materia del examen, te conducirán a la meta y al éxito que puede que ya tengas en otras áreas de tu vida. Todo esto te puede ayudar en tu preparación y ejecución. Ten cuidado con un *coach* que te desanima; puede que esta persona se esté dejando llevar por su ego. Necesitas a alguien que vea tu potencial, tus capacidades reales y tus habilidades, y que saque provecho de todo eso.

4. ¿Está el *coach* disponible?

Cuando te estás preparando para un examen, estás comprometido con un proceso. Por lo general, vas a trabajar con el *coach* cada cierto tiempo durante este proceso. ¿Qué sucede si te surge una pregunta entre las sesiones de *coaching*? ¿Le puedes enviar un mensaje al *coach* y obtener una respuesta inmediata? ¿Le puedes localizar con facilidad? ¿Tienen algún coste las llamadas que le haces entre sesiones? Una vez fui a un *coach* que me cobraba las llamadas telefónicas por minuto. Esto era excesivo y costoso. La mayoría de las consultas telefónicas no duran más de dos minutos. Con mis clientes tengo un acuerdo: no hay ningún cargo por una llamada telefónica ocasional que dure menos de diez minutos. Si dura más, cobro una cuota prorrateada por el tiempo que pasamos juntos. Estas llamadas no duran casi nunca más de cinco minutos.

5. ¿Dispone el *coach* de buenas referencias?

No tengas miedo de pedir referencias. Después de todo, estás a punto de comprometerte con alguien y tienes el derecho de saber dónde te estás metiendo. Habla con personas que hayan requerido sus servicios y pregúntales: «¿Cuándo trabajaste con este *coach*? ¿Te fue útil? ¿Hay algo que no te gustó? ¿Qué hay que tener en cuenta?». Si el *coach* es un poco reticente a la hora de darte referencias, esto puede significar que tiene algo que ocultar; búscate otro.

6. ¿Ofrece el *coach* vías para comentar algunas cuestiones o dar un *feedback*?

Una vez que hayas terminado de hacer el examen, es posible que desees ver a tu *coach* y comentar con él algunas cuestiones. Averigua si ofrece este servicio. Yo lo tengo integrado dentro de mi rutina, y no cobro a mis clientes por esto. Siempre programamos tiempo para hablar –por teléfono o en persona–, por lo que puedo escuchar sus comentarios sobre su experiencia en el examen. También me interesa su opinión acerca de mi trabajo como *coach*; quiero saber lo que funcionó y lo que no. Si desean hacer algunas sugerencias para que las tenga en cuenta con mis futuros clientes, lo pueden hacer. Siempre aprecian mi seguimiento, y a mí me ayudan mucho para ser mejor *coach*.

Si una persona no obtuvo la puntuación que quería en el examen, este intercambio de opiniones a posteriori le ofrece la oportunidad de expresar su decepción; también sirve para analizar lo que sucedió y plantear nuevas estrategias para la próxima ocasión.

En el caso de las personas que se están preparando para una audición (musical, teatral, etc.) o prueba física deportiva, siempre que puedo trato de asistir. Esto les proporciona un mayor apoyo y los dos podemos compartir nuestra satisfacción por haberlo conseguido juntos. Como esto no es posible con los clientes que están haciendo un examen escrito u oral, lo que hago es enterarme de la fecha y el lugar del examen, y paso un tiempo visualizándolos, viendo cómo consiguen triunfar. Les digo que voy a estar haciendo esto y todos me han confesado después que se sintieron muy apoyados.

UN EJERCICIO ÚTIL PARA TODOS LOS EXÁMENES

Como prometí anteriormente, voy a enseñarte un ejercicio que te va a servir para todos los exámenes. Se llama «el círculo de luz», y es mi versión de un ejercicio que me enseñó Catherine Shainberg, una de las mejores profesoras que he tenido. La Escuela de Imágenes de la ciudad de Nueva York de la doctora Shainberg es un excelente recurso para aprender a utilizar nuestro propio mundo interior de imágenes como el vehículo para la acción y la transformación en nuestras vidas cotidianas.

 EJERCICIO: EL CÍRCULO DE LUZ

Siéntate cómodamente en una silla. No cruces los brazos ni las piernas. Cierra los ojos.

Apoya todo tu cuerpo en la silla. Siente tu peso.

Respira profundamente. Expande el vientre al inspirar y relájalo al espirar. No hay nada que te pueda distraer o alterar, porque tu respiración te mantiene centrado. Inspira y espira. Repítelo tres veces.

Visualiza y siente cómo el brazo derecho se extiende por encima de la cabeza. El brazo se alarga. Crece. Toca el techo. Ahora crece aún más. Alarga el brazo un poco más. Llega hasta el cielo. Y, luego, hasta más allá del cielo, hasta el punto de luz original.

Toma esa luz con la mano derecha y llévala hacia ti, a la derecha de donde estás sentado.

Crea un círculo de luz blanca. Tú estás sentado en el centro del círculo.

Esta luz te nutre, protege y purifica.

Todo lo que necesitas está en este círculo: todos tus materiales de estudio, todas tus prácticas, tu inteligencia, tu experiencia y tu sensibilidad. También tu *coach*, tus familiares, tus amigos, tus compañeros de clase y tus guías espirituales. Todos están dentro del círculo.

En cualquier momento puedes llamar a cualquier persona y pedirle que entre en tu círculo y te ayude.

Todo lo que tienes que hacer es pedir la ayuda que necesites, y esta vendrá. Recibirás todo lo que precises, cuando tú lo pidas.

Espira.

Imagínate estudiando y practicando para el examen, siempre dentro del círculo de luz.

Esta luz te nutre, protege y purifica.

Todo lo que necesitas está dentro del círculo.

Puedes hacer que en el círculo aparezca cualquier persona o cosa que necesites.

Todo lo que tienes que hacer es pedir, y la ayuda vendrá. Recibirás todo lo que necesites cuando lo pidas.

Espira.

Imagínate a ti mismo el día del examen, siempre dentro del círculo de luz.

Esta luz te nutre, protege y purifica.

Todo lo que necesitas está dentro del círculo.

Imagínate a ti mismo en presencia del examen, siempre dentro del círculo de luz.

Las preguntas del examen y la hoja de respuestas están frente a ti (o los examinadores si se trata de un examen oral, una prueba física o una audición).

Siempre estás dentro del círculo de luz.

Espira.

Imagínate respondiendo de manera adecuada a todas las preguntas del examen.

Ve cómo los examinadores escuchan o reciben tus respuestas.

Siempre estás dentro del círculo de luz.

Puedes llamar a cualquier persona para que entre en tu círculo de luz y te ayude.

Todo lo que tienes que hacer es pedir, y la ayuda vendrá. Recibirás todo lo que necesites, cuando lo pidas.

Espira.

Imagínate respondiendo las preguntas y terminando el examen a tiempo.

Imagínate aprobando el examen.

Imagínate saliendo del aula.

(La primera vez que hagas este ejercicio, agrega lo siguiente: imagínate sacando una buena nota. ¿Cuál es? Ve con claridad qué nota has sacado.)

Espira.

Abre los ojos y ve todo eso que has imaginado con los ojos abiertos.

Este es un ejercicio maravilloso y poderoso. Normalmente se lo enseño a mis clientes una semana antes de que se tengan que examinar. Es un buen ejercicio para el día del examen. Puedes repetirlo a diario, pero visualiza la nota solo una vez, la primera vez que hagas el ejercicio. ¿Por qué? La primera vez tienes que sembrar la semilla. Al repetir el ejercicio, tu semilla se nutre, y no es necesario sembrarla de nuevo.

ALGUNAS SUGERENCIAS FINALES

Del mismo modo que a todos mis clientes les enseño «el círculo de luz» cuando tienen que prepararse para cualquier examen, también les hago las seis sugerencias siguientes:

1. Come bien

Cuando te estás preparando para un examen, es conveniente que seas consciente de tu dieta. La vieja expresión «eres lo que comes» ya lo dice todo. Ingiere diariamente alimentos sanos y nutritivos; te ayudarán a tener más energía y a pensar con mayor claridad. Hábitos como los *chutes* de cafeína, ingerir grandes cantidades de comida basura o beber refrescos con alto contenido en azúcares hacen que tu energía gire en una espiral sin control, y al final te sientes mucho más agotado. Cuando te estás preparando para un examen, no es el mejor momento para empezar un programa de pérdida de peso o un nuevo régimen alimenticio. Lo que tienes que hacer es ajustar tu dieta para disfrutar de lo que te ayuda a sentirte equilibrado, pero nada más.

2. Descansa lo suficiente

Has de saber cuánto necesitas descansar cada día para que puedas pensar con claridad y tener bastante energía para rendir lo suficiente. Todo el mundo es diferente en cuanto a lo que necesita dormir. Y a ti, ¿cuántas horas te hacen falta? Encuentra ratos para descansar durante los períodos de estudio. La eficacia puede bajar drásticamente si se intentan hacer demasiadas cosas a la vez. Es natural sentirse un poco desbordado antes del examen. Sigue usando las herramientas. Trata de mantenerte tranquilo, tener confianza en ti mismo y estar centrado en la tarea en cuestión.

3. Recuerda esto: algunos «nervios» son útiles

Antes de una actuación, incluso el actor más consagrado se siente un poco nervioso. No importa el talento que tenga, lo avanzado que esté o cuántas veces haya salido a escena o al campo de juego (en el caso de un deportista). Como estudiante que debe examinarse, también te ocurrirá lo mismo. ¿Recuerdas la curva de Yerkes-Dodson del principio del libro? Una cierta cantidad de estrés es realmente útil para rendir mejor. Yo llamo *estrés energético* a este tipo de estrés: te sube hacia arriba, te prepara, agudiza tus sentidos y pone en alerta todo tu sistema para que rindas más. No pienses que es algo

> Es natural sentirse un poco nervioso antes de un examen. Sigue usando las herramientas. Mantén la calma, confiado y centrado.

malo y con lo que tienes que cargar. Es útil, y como *coach* estaría más preocupado si no lo sintieras. Piensa en ello como en un avión de reacción por el que empieza a salir fuego cuando está listo: necesita energía para despegar. Ahora ya sabes cómo mantener la energía en el nivel adecuado. Si empiezas a sentirte sobrecargado, utiliza las herramientas.

4. Suelta

Esto es lo mejor que puedes hacer después de un examen. Has cumplido con el trabajo, y se acabó. Es probable que te encuentres repasando preguntas que contestaste y si tus respuestas fueron correctas o no. Puede que empieces a preocuparte porque crees que cometiste errores. Pero ahora esto no importa. El examen ha terminado. No puedes cambiar las respuestas. A menudo, después de los exámenes recibo llamadas de mis clientes. Algunos están seguros de que fracasaron y comienzan a llorar, o sienten un ataque de pánico. Otros están eufóricos por lo que creen que fue una actuación estelar. Más tarde nos enteramos de que a menudo las personas que creían que habían fracasado aprobaron y de que las que estaban seguras de que lo habían hecho bien apenas superaron el examen. La moraleja de todo esto es que la memoria no es muy buena consejera para recordar cómo nos fue un examen. No le hagas caso. Muchas personas comparan sus respuestas con las de otras que también estaban en el examen. No recomiendo hacer esto; lo que la gente recuerda de un examen es poco preciso, incluso justo después de haberlo terminado. Si sigues obsesionándote con el examen –a veces es difícil no hacerlo–, dedica tu tiempo a rezar para aprobar y a agradecer que todo haya terminado.

5. Haz algo especial para ti

Has trabajado mucho; ¡tienes que concederte un premio! Ve a cenar con un amigo. Disfruta de un día en un balneario. Ve de compras. Duerme hasta tarde. Mira algunas películas. Date un paseo por la montaña. No te lo niegues. Te mereces hacer algo especial por ti. Tómate un descanso y relájate.

6. Celébralo o busca estrategias

Cuando recibas los resultados del examen, celébralo o busca estrategias. Celébralo si lo aprobaste; busca estrategias si lo suspendiste. Suspender, o no conseguir el resultado deseado, significa que hay cosas que todavía tienes que aprender. Descubre lo que es. Puede que necesites saber mejor el contenido de la asignatura, o comprender de una manera más clara cómo se estructura el examen, o tal vez necesites mejorar tu forma de hacer los exámenes. Utiliza las herramientas de este libro. Analízate a ti mismo. Habla con tu profesor, consejero o *coach*. Tienes que estar decidido a estructurar tu tiempo y tu energía de tal manera que esto te sirva para hacerlo mejor la próxima vez. De hecho, estoy convencido de que así lo harás. Una vez suspendí un examen oral. Más tarde tuve la oportunidad de escuchar la grabación de la cinta del examen. Pude oír cómo estaba dando demasiada información, y eso quizás saturó a los examinadores. Practiqué para que en la siguiente ocasión las respuestas fueran más cortas y precisas. Aprobé el examen. A veces la gente necesita solamente tener la experiencia de hacer un examen para saber lo que se siente. Puede que apruebe o que suspenda, pero al menos sabrá cómo prepararse mejor para la próxima vez.

Recuerda: *todo lo que sucede en tu vida es una oportunidad para aprender lo que necesitas para crecer como persona.*

Aunque he tratado diversos temas y situaciones que se presentan en diferentes exámenes y pruebas, tal vez hayas tenido una experiencia que no he abordado. Por favor, házmelo saber; así lo podré añadir a las futuras ediciones de este libro y en mi sitio web. Mi correo electrónico está en la sección de recursos.

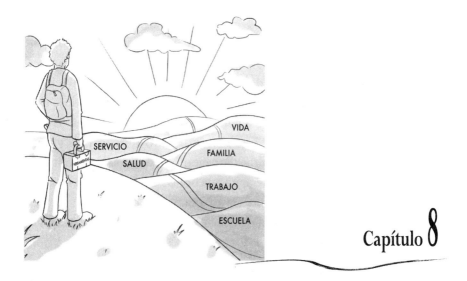

Capítulo 8

PON EN PRÁCTICA LO QUE SABES

Este libro llega a su fin. Siempre que termino algo me viene a la mente mi honorable profesora Viola Spolin, que creó un juego maravilloso llamado «Comienzo y final». En este juego, el final de cada acción es el comienzo de una nueva. Y lo mismo ocurre aquí. A lo largo del libro hemos puesto nuestra atención en el taburete de tres patas para reducir tu estrés en los exámenes y para mejorar tu rendimiento. Ahora tienes la oportunidad de poner en práctica todo lo que has aprendido. Te servirá para los exámenes, pero también, y sobre todo, para los retos que la vida te plantee.

¿Alguna vez te has preguntado cuál es el propósito de la vida? Yo sí. Esta pregunta es uno de los mayores misterios a los que nos enfrentamos los seres humanos, y no pretendo saber la respuesta. Pero te voy a decir lo que pienso al respecto: *el propósito de la vida es hacer frente a cada reto, a cada prueba, como si de una oportunidad se tratara para llegar a ser la persona que estás destinada a ser, tu yo superior, de tal manera que puedas llevar a cabo tu propia contribución al mundo, que es única.*

Todos nosotros tenemos un papel que desempeñar en la vida, que es una serie continua de retos. El objetivo es representar bien nuestro papel, e interactuar correctamente con los demás. En otro juego de teatro maravilloso que Spolin llamaba «Una parte del todo», cada persona en el grupo debía convertirse en una parte de un ser vivo, en sintonía con los demás para que un organismo mucho más grande (todo el grupo) pudiera respirar. Por ejemplo, alguien se levantaba y se movía como una planta que agita sus hojas. Otro se unía a esa danza, brotando como una flor en esa planta. Cada persona jugaba con las demás. En este juego, todas las partes son interdependientes; cada una contribuye a esa totalidad. Esto es muy significativo en cuanto al sentido de la vida. En nuestra gran comunidad mundial, todos y cada uno de nosotros tenemos un papel específico que desempeñar y algo concreto que ofrecer.

Todos estamos destinados a ser algo. Algunos quieren ser mecánicos, políticos o médicos. Otros están destinados a ser sacerdotes, madres, deportistas, padres, profesores, policías, médicos, artistas o abogados. Mientras escribo esta frase y elaboro este libro, estoy representando mi papel de psicólogo y *coach*. Mi gran amigo Joe es carpintero, esposo y padre. Su mujer, Jen, está poniendo en marcha una granja de bambús y es la madre de su hermosa hija, Zoë, quien en estos momentos está representando a la perfección su papel de niña. Mi esposa, Suk Wah, está en su estudio escribiendo una novela. Piensa en la vida como en una gran película u obra de teatro en la cual cada uno de nosotros representa un papel; es casi como si nuestros papeles estuvieran escritos especialmente para nosotros. Como dijo Shakespeare: «Todo el mundo es un escenario». Y nosotros, meros actores, estamos interpretando nuestros roles todo el tiempo. Pero el escenario es la vida misma. No importa lo que estés haciendo en tu vida diaria; tú eres parte de esta gran función y debes llevar a cabo tu papel lo mejor que puedas. Si contribuyes con tu talento, energía, recursos y tiempo, lo más probable es que esta función sea un éxito y nos sirva a todos.

Un dramaturgo crea las escenas y los personajes con su imaginación. Cada etapa de nuestra vida es una escena. La suma de cada parte configura un todo. Hay algo superior a nosotros que lo dirige. Yo diría que es Dios. Otros podrían decir que es el espíritu, el alma, la Diosa, el poder superior o el tao. Si no sueles pensar en estos términos, o si tienes miedo de que esto te lleve por caminos extraños, no te preocupes: todo lo que tienes que imaginar es que hay un orden en todo este caos, en esta representación sin fin. Esto te motivará a pensar en ti mismo de una manera más grande, y entenderás que todo lo que haces es importante en esta gran obra.

¿Qué papel tienen en todo esto las pruebas o los exámenes? No hay ninguna obra —ni ninguna historia verdadera— que se realice sin que sus personajes hayan ensayado previamente. Sin los retos de la vida, nadie se haría más fuerte o más hábil, o adquiriría una mayor experiencia. Piensa en la espada que tiene que ser arrojada al fuego y luego golpeada para darle una forma perfecta. Sin pasar por este proceso, no sería más que un trozo de metal. El fuego y el trabajo duro ayudan a que se convierta en una espada. Ninguno de nosotros nace sabiéndolo todo. Nuestras experiencias y la forma en que las vivimos es lo que nos moldea. En la vida, tenemos que enfrentarnos a muchos retos a diario, ya sea en la escuela o en nuestra rutina cotidiana. Hemos de verlo como oportunidades para fortalecernos, manejarnos de forma óptima y crecer. Los retos nos ayudan a llegar a ser quienes estamos destinados a ser en realidad.

> Todo el mundo tiene desafíos en la vida. Para los estudiantes son los exámenes.

Mientras escribía este capítulo, Bobby Ives, uno de mis compañeros de la universidad a mediados de la década de los sesenta, se estaba enfrentando a una prueba muy dura. Durante treinta años, él y su esposa, Ruth, ambos pastores de una iglesia, estuvieron dirigiendo un taller de construcción de barcos en la costa de Maine. Allí formaban a jóvenes con problemas para que se convirtieran en constructores de barcos altamente cualificados. Les enseñaban a ser disciplinados, algo que les iba a servir para el resto de sus vidas. Se hacían llamar Los Carpinteros del Astillero; con ese nombre indicaban metafóricamente, aunque también literalmente, que construían barcos, bajo las órdenes de Bobby y Ruth. Con una fe inquebrantable, no solo construyeron barcos de vela para la gente adinerada de la zona; durante ese tiempo, Bobby y Ruth se enfrentaron a retos enormes y constantes: falta de fondos, alumnos difíciles y la crianza de tres hijos en un contexto de mucha actividad y constantes cambios. Sin embargo, su empresa llegó a buen puerto (nunca mejor dicho); llevó a cabo una contribución sobresaliente para la comunidad y para la vida de todas las personas a las que ayudaron.

Entonces a Ruth le diagnosticaron un cáncer cerebral muy agresivo e imposible de operar. Cuando el médico le dio el diagnóstico, le dijo que solo viviría cuatro meses más:

—Va a ser una batalla cuesta arriba.

Sin inmutarse, Ruth respondió:

—Bueno; tendremos que caminar cuesta arriba.

Así que se llevaba puestas sus botas de senderismo cada vez que recibía su sesión de quimioterapia, y tenía a todo el mundo (la gran familia que había creado) animándola y rezando por ella.

Al final, el cáncer remitió. Pasaron tres años.

Luego, la enfermedad volvió con fuerza, y Ruth falleció en cuestión de meses.

Bobby y sus hijos estaban profundamente conmovidos, al igual que las miles de personas cuyas vidas se vieron afectadas por esta mujer increíble. Pero Bobby, en su papel de esposo, padre, profesor y pastor, se enfrentó a la prueba. Lloró la muerte de su esposa, y todavía la echa de menos, pero continúa creciendo, haciéndose cada vez más sabio y más fuerte, y sigue haciendo su aportación al mundo con su empresa Los Carpinteros del Astillero. «Tengo que seguir adelante», dice. En sus ojos se puede ver la sonrisa profunda de su alma, porque comprende que tiene que continuar el camino, aunque también se ven en ellos muchas lágrimas.

He querido aportar el ejemplo de estas dos personas por varias razones. La vida en algún momento nos exige que nos enfrentemos a grandes retos, tales como pérdidas, enfermedades, trastornos físicos y mentales, dificultades económicas y expectativas no cumplidas. No obstante, la vida sigue, y cada uno de nosotros debe interpretar el papel que le corresponde y al que está destinado.

¿Cómo te enfrentas a los retos? ¿Puedes entenderlos como oportunidades para crecer como ser humano?

Como dije en el primer capítulo, no elegimos todos los retos de la vida, pero sí la manera en que los afrontamos. ¿Vamos a derrumbarnos? ¿Vamos a dejar que nos zarandeen? ¿Vamos a huir o a evitar los desafíos? ¿O vamos a encontrar la fuerza y los recursos internos necesarios para enfrentarnos a los desafíos que la vida nos plantea y crecer hasta alcanzar plenamente nuestro potencial? Fue un amigo de Ruth quien transmitió sus palabras, «tendremos que caminar cuesta arriba», a sus muchos seguidores en el mundo. Este amigo concluyó su mensaje de correo electrónico diciendo: «Todos vamos a unirnos a ellos en este camino».

La vida es un sendero que va cuesta arriba y cuesta abajo, con retos que aparecen en cada esquina. No sabemos qué retos o pruebas vamos a tener que superar; pero lo que sí sabemos es que nos van a desafiar para que podamos crecer y llegar a ser plena, individual y colectivamente las personas que estamos destinadas a ser, y para que nos apoyemos los unos a los otros a lo largo del camino.

Los videojuegos son un gran fenómeno de la cultura moderna. A pesar de que solo son una fantasía, de algún modo extraño son un reflejo de la realidad. ¿Te has preguntado por qué hay tanta gente a la que le gustan los videojuegos? Su origen está en los juegos electrónicos de los años cincuenta: tenías que entrar dentro de una cabina oscura, meter una moneda de diez centavos por una ranura y sentarte detrás de un volante para jugar. Se proyectaba una película en una pequeña pantalla y de repente aparecía un coche, y ahí empezaba la aventura. Conducías por carreteras llenas de curvas y obstáculos. Era emocionante y aterrador. Aprendías a sortear baches, posibles golpes y ataques. De todo ello dependía tu puntuación. Todos los videojuegos actuales se basan en ese modelo, y en cierto modo son una simulación de la vida. Nuestra existencia está llena de curvas y obstáculos. Todo es inesperado. Tu capacidad para ser un ganador en el juego de la vida está determinada por la forma en que maniobras en las curvas y haces frente a los obstáculos. ¿Estás preparado? ¿Tienes confianza en ti mismo? ¿Dispones de la fuerza y el coraje necesarios para enfrentarte a cualquier dificultad que surja?

Una cosa es estar en casa jugando con un mando a través de curvas y giros que aparecen en la pantalla de un videojuego; otra muy distinta es mantener la calma cuando tu esposa se está muriendo, o tu hijo es autista, o acabas de perder el trabajo, o eres adicto a las drogas.

No importa lo grandes o pequeñas que sean las pruebas de la vida –pueden ser tan triviales como que tu coche no arranque, que tu perro haya hecho sus necesidades en la alfombra del comedor o que no puedas encontrar tus llaves—, estas pruebas se siguen sucediendo. Nadie puede evitar los retos de la vida. Ricos o pobres, sabios o ingenuos, alegres o tristes, todos nos estamos examinando constantemente. Es inevitable.

Te voy a pedir que cierres los ojos un momento y que pienses en los retos a los que te has tenido que enfrentar durante las últimas veinticuatro horas. Por ejemplo, aquí está la lista de los retos a los que he tenido que hacer frente en mis últimas veinticuatro horas (a partir de lo que estoy haciendo ahora y yendo hacia atrás):

⇨ Volver a mi escritorio para escribir de nuevo.
⇨ Jugar al tenis con un duro rival.
⇨ Escribir un correo electrónico difícil.
⇨ Comer una comida saludable cuando prefería una hamburguesa con queso.
⇨ Hablar con mi esposa acerca de un problema financiero.
⇨ Reunirme con clientes difíciles.
⇨ Levantarme de la cama cuando habría preferido apagar la alarma porque me sentía cansado.

Ahora hazlo tú.

 EJERCICIO: LOS RETOS QUE SE NOS PLANTEAN

Cierra los ojos y ve hacia atrás en el tiempo.
Recuerda cada reto al que te has enfrentado hoy.
Presta atención a todos los detalles.
¿Qué reto fue? ¿Cómo respondiste?
Una vez que lo hayas visualizado, abre los ojos.

Como puedes ver, es imposible escapar de los retos. Son parte del tejido de nuestras vidas. Pero no tienes que enfrentarte a ellos solo o sin el equipo necesario. Tienes tu taburete de tres patas y puedes usarlo cada vez que lo necesites. Funciona, porque es un modelo integral que trabaja en beneficio de todo tu ser –tu cuerpo, tu mente y tu espíritu–, ya que cada parte de ti está realmente implicada en la tarea.

No obstante, esta herramienta funciona por una razón más fundamental. Analicémosla un poco más.

Hay tres dominios, cada uno con su «estado óptimo»: cuerpo/tranquilidad, mente/confianza, espíritu/atención. Y hay nueve instrumentos, tres para cada dominio. Aquí se presenta todo:

Dominio	Estado óptimo	Herramientas
Cuerpo	Tranquilidad	1. Respirar 2. Conectarse a tierra 3. Usar los sentidos
Mente	Confianza	4. Confiar (acudir al confidente) 5. Reflejar 6. Visualizar
Espíritu	Atención	7. Detenerse 8. Escuchar 9. Actuar

En cuanto a las herramientas anteriores, podemos ver que siguen un patrón concreto para cada uno de los grupos de dominios:

⇨ La primera herramienta de cada dominio, esto es, las herramientas 1, 4 y 7, **interrumpen** la vieja costumbre de desconectarse.
⇨ La segunda herramienta de cada dominio, es decir, las herramientas 2, 5 y 8, **reconducen** la energía.
⇨ Y la tercera herramienta de cada dominio, o lo que es lo mismo, las herramientas 3, 6 y 9, te guían **hacia delante**.

Ahora míralo de esta manera:

En este diagrama, el blanco (el centro) es el momento presente. Es el único tiempo en el que te puedes mover. El presente te brinda continuamente la oportunidad de proceder de un modo nuevo, productivo y exitoso. Cada reto tiene lugar en el presente. Para tener éxito, debes interrumpir y redireccionar los viejos hábitos que te mantienen desconectado y que te sacan del momento presente, y poner nuevos hábitos en su lugar. Solo entonces puedes avanzar. No te quedes estancado; tienes una oportunidad, siempre que lo elijas, de cambiar tu vida, siempre y cuando te mantengas tranquilo, tengas confianza en ti mismo y permanezcas centrado en tu tarea.

Recientemente llevé a cabo un retiro para el personal de una universidad y después dibujé este diagrama, y uno de los participantes exclamó:

—¡Sí, claro, esto es lo ideal!

Fue como si dijera: «¡No siempre se puede tener éxito!». Yo le respondí:

—Sí, esto es lo ideal. Esto es lo que estamos persiguiendo. No dejes de lado tus ambiciones solo por jugar a lo seguro. Por supuesto que no siempre se puede alcanzar la perfección, pero no dejes que eso te detenga. Tienes una meta; persíguela. Que sea tu fuente de inspiración.

Cada final es un nuevo comienzo. Cada momento es una oportunidad para sobresalir. Busca acercarte a tu yo ideal. Conecta con tu cuerpo, tu mente y tu espíritu. Cuando te enfrentes a un examen o a un reto, trata de mantenerte tranquilo, tener confianza en ti mismo y permanecer centrado.

Tú puedes hacerlo.

Únicamente debes dar un paso, y luego otro. Al final, llegarás a la meta.

Capítulo 9

AYUDA PARA
LOS PADRES

Este capítulo está especialmente dedicado a los padres de estudiantes que se ponen nerviosos en los exámenes y cuyo rendimiento, en consecuencia, es más bajo de lo que debería ser.

Si tu hijo aborrece examinarse, la vida es difícil para él y para ti. Te preocupas por él cada vez que se pone nervioso por cualquier motivo. Te sientes frustrado porque no estudia lo suficiente. Crees que has fallado como padre cuando sus resultados en los exámenes son más bajos que los de sus compañeros de clase. Puede que estés molesto con el sistema educativo —o incluso con la sociedad en general— por darle tanta importancia a los exámenes. Tu hijo no debería sufrir por ello ni tú preocuparte.

A medida que el estrés aumenta y el rendimiento de tu hijo empeora, es probable que te sientas desesperado y desamparado. Te gustaría hacer algo para que todo fuera más fácil, pero lo único que puedes hacer es encogerte de hombros. Necesitas aprender cómo ayudar a tu hijo, y este libro te proporciona un método.

Incluso si tu hijo está en la universidad y, supuestamente, fuera de tu alcance, todavía puede que necesite un poco de ayuda mientras continúe enfrentándose a exámenes. La información de este capítulo te ayudará a entender sus problemas. Si tu hijo está en primaria o en secundaria, tu sensibilidad ante sus problemas y el hecho de saber cómo resolverlos puede marcar la diferencia ahora y en los años venideros. Si utilizas las herramientas de este libro, vas a poder ser proactivo en la prevención de su estrés en los exámenes.

¿CUÁL ES LA CAUSA DE LOS MALOS RESULTADOS?

En mis treinta años de experiencia trabajando con problemas relacionados con el rendimiento en los exámenes, he visto que hay cuatro causas de los malos resultados académicos:

- **Problemas con el contenido de la asignatura.** El estudiante no entiende a fondo el contenido de la materia o tiene problemas para memorizarlo.
- **Tensión física.** El estudiante está muy ansioso y no se puede tranquilizar ni mantenerse centrado mientras estudia ni durante el examen.
- **Problemas de inseguridad.** El estudiante no confía en su propio proceso de pensamiento y razonamiento para responder las preguntas.
- **Dificultad para mantenerse centrado.** El estudiante se distrae continuamente mientras se prepara para el examen y durante el examen.

Cualquiera de estas causas, o todas ellas, podrían ser las responsables de que tu hijo no esté rindiendo lo suficiente en la escuela.

Cuando tú y yo estábamos estudiando, se nos dijo que los exámenes consistían en absorber la mayor cantidad de información posible y luego *vomitarla* el día del examen. Si después conseguías recordar todo lo que habías tenido que memorizar, mejor para ti, pero lo importante era la nota final. Es lo que yo llamo «el modelo de regurgitación» del sistema educativo. Nos lo hicieron aceptar, ya que era el único modelo que nos presentaron. En los últimos cuarenta años, hemos aprendido mucho sobre la enseñanza. Ahora sabemos que el rendimiento en un examen puede mejorar si se presta atención al estado físico y emocional de los estudiantes antes de la prueba y mientras se realiza. Ellos todavía tienen que «absorber» información, pero su rendimiento depende de una serie de cuestiones, y todas ellas se tratan en este libro. ¿Se mantienen tranquilos? ¿Confían en sí mismos? ¿Consiguen centrarse lo suficiente? Si es así, tendrán una enorme ventaja sobre sus compañeros. No se van a quedar atascados en calificaciones deprimentes. Van a disponer de las herramientas necesarias para hacerlo bien.

ENTIENDE A TU HIJO

Para determinar cómo el estrés está afectando negativamente al rendimiento de tu hijo en los exámenes, revisa por favor la siguiente lista basándote en tus observaciones. ¿Cuáles de las siguientes cosas son aplicables en el caso de tu hijo? Puedes escribir las respuestas en una hoja de papel u *on line*.

Mi hijo...
⇨ 1. Se pone muy nervioso mientras estudia, habla del examen, hace el examen o espera los resultados.
⇨ 2. Está muy preocupado por fallar.
⇨ 3. Se niega a estudiar.
⇨ 4. No puede comprender la materia.
⇨ 5. Está irritable antes del examen o cuando sabe el resultado.
⇨ 6. Continuamente se compara a sí mismo negativamente con los demás.
⇨ 7. No se organiza para estudiar.
⇨ 8. Lucha constantemente con conceptos difíciles.
⇨ 9. No puede quedarse quieto cuando estudia ni a la hora de hacer el examen.
⇨ 10. Parece entender la materia, pero en el examen no confía en sí mismo.
⇨ 11. No es consciente de la importancia de la asignatura que está estudiando.
⇨ 12. Trata de memorizar sin entender lo que lee.

⇨ 13. Obtiene resultados pésimos en los exámenes, por mucho que haya estudiado.

⇨ 14. Puede que esté reaccionando al estrés que yo mismo siento por mi propia preocupación.

Vamos a analizar lo que puede aplicarse en el caso de tu hijo para que acudas directamente a las secciones correspondientes de este libro. *Si has identificado...*

...los temas:	Este tema trata sobre:	Ir a:
4, 8 o 12	Comprender el contenido. Tu hijo tiene que **aprender a prepararse**.	«Problemas con los contenidos», en la página 224.
1, 5 o 9	La tensión y la ansiedad. Tu hijo tiene que **aprender a mantener la calma**.	Capítulo 4: «Aprende a tranquilizarte», en la página 61. «Conserva la calma», en la página 225.
2, 6 o 10	La duda. Tu hijo tiene que **aprender a tener confianza en sí mismo**.	Capítulo 5: «Confía en ti mismo», en la página 91. «¿Está tu hijo lleno de dudas?», en la página 226.
3, 7, 11 o 13	No tener metas o distraerse. Tu hijo tiene que **aprender a centrarse**.	Capítulo 6: «Aprende a centrarte», en la página 125. «¿Tiene tu hijo dificultades para enfocar la atención?», en la página 228.
14	Puedes estar influenciando negativamente a tu hijo. Necesitas aprender a reducir tu propio estrés en lo que respecta a los exámenes y a los resultados de tu hijo.	«¿Le estás causando más estrés a tu hijo?», en la página 229.

UTILIZA EL INVENTARIO DEL RENDIMIENTO

Una buena manera de hablar con tu hijo acerca de cómo el estrés está afectando negativamente a su rendimiento es pedirle que complete el inventario del rendimiento de Bernstein (BPI), en el capítulo 3 (página 56), y luego discutir los resultados juntos. El BPI puede ser una herramienta útil si tu hijo está dispuesto a hablar contigo abiertamente sobre lo que es sin duda un problema difícil. Muchos adolescentes no eligen esta opción porque les da vergüenza reconocer que tienen un problema, porque creen que el problema desaparecerá si no le hacen caso o porque no quieren que sus padres se inmiscuyan en sus asuntos.

Si tu hijo se niega a hablar de este tema o a hacer algo para resolverlo, seguirás viendo los mismos resultados en sus exámenes. El dolor emocional no se curará. Diagnosticar el problema puede ser muy difícil sin la cooperación de tu hijo, pero no imposible. A veces tengo que comenzar con el hecho de que los padres no ven claramente qué les pasa a sus hijos. Muchos padres me han dicho: «Pero mi hijo estudia mucho», y el niño repite el estribillo. Al final descubrimos que su hijo se pone nervioso cuando estudia o hace un examen, y que está lleno de dudas y se distrae más de lo que debería. El hecho de que parezca que un niño está estudiando no significa que esté realmente asimilando la lección. Puede estar escondiendo miedos y dudas que estén bloqueando su proceso de aprendizaje. Cada vez que analizamos los hábitos de estudio de un niño de manera objetiva, esto nos permite descubrir los verdaderos obstáculos, pero no vamos a conseguir nada si él no los reconoce. Si tu hijo es muy reservado y te cuesta ver con claridad qué le ocurre, te sugiero que consultes con sus profesores, un asesor o un consejero de la escuela. Y, por último, si no encuentras respuestas específicas a tus preguntas e inquietudes, puedes escribirme un correo electrónico a drb@testsuccesscoach.com. Si tu hijo está mostrando signos de estrés —malos resultados, ansiedad, pérdida de confianza en sí mismo, pérdida de atención—, debes hacer algo al respecto. Puedes trabajar para resolver estos problemas. Todo lo que necesitas es tener paciencia contigo mismo y con él.

Es difícil ver cómo tu hijo sufre con los exámenes.

Echemos un vistazo a las diferentes áreas de dificultad y a lo que puedes hacer al respecto.

PROBLEMAS CON LOS CONTENIDOS

Entender el material de estudio es lo primero y la cuestión más fundamental. Los estudiantes pueden examinarse de exámenes de opción múltiple y tener la esperanza de superar los obstáculos, pero sus resultados siempre serán mediocres en el mejor de los casos. Si realmente quieren sacar buenas notas, tienen que saber las respuestas porque dominen el material. La suposición inmediata de que un niño que saca malas notas no estudia lo suficiente no siempre es correcta. Habla con tu hijo para determinar, desde su punto de vista, lo que está causando el problema, cuál es su raíz. Hazle las siguientes preguntas:

¿Hay algo de la materia que no entiendas?

⇨ ¿Sientes que esta asignatura es demasiado difícil para ti?

⇨ ¿Qué es lo que no tiene sentido para ti?

⇨ ¿Estás teniendo problemas para memorizar?

⇨ ¿Te aburres con esta asignatura? (Precaución: cuando los niños dicen que algo es «aburrido», puede significar que no lo entienden o que no les gusta).

Algunas sugerencias:

⇨ **Tú, como padre o madre del niño, puedes pedir a sus profesores que arrojen un poco de luz sobre la situación.** A veces un niño no puede identificar sus propias dificultades y, si siente demasiada vergüenza, timidez o resistencia a hablar con sus profesores, es posible que necesite que hagas algo en su nombre. Los profesores son un buen recurso porque pueden estar más familiarizados con el estilo de aprendizaje de tu hijo, así que pídeles ayuda. Asimismo, puedes pedir al profesor de la asignatura con la que tenga dificultades que te explique un poco la materia. ¿Sus explicaciones parecen claras? En otras palabras, ¿acaso el profesor es parte del problema? ¿O bien puede mostrarte alguna manera en que puedas ayudar a tu hijo?

⇨ **Considera la posibilidad de tener un tutor o profesor particular para tu hijo.** Un tutor puede ser útil para él, porque le proporcionará atención personal. Los recursos tutoriales son cada vez más frecuentes y no tienen por qué ser costosos. Hay muchas opciones gratuitas o muy baratas: otros compañeros de clase con los que tu hijo pueda estudiar, programas de refuerzo para después de clase y estudiantes universitarios que buscan ingresos adicionales. Siempre se puede buscar en la red, especialmente si entras en el sitio web de Craiglist (www.craiglist.org) y buscas, dentro de una determinada población o país, en la sección trabajo, apartado educación. También hay tutores disponibles a través de mi sitio web; consulta la sección de recursos al final de este libro.

CONSERVA LA CALMA

Los nervios y las tensiones hacen que sea muy difícil centrarse. Un caso grave de tensión puede socavar seriamente el rendimiento de un estudiante en los exámenes, ya que no le permite centrarse. Esta lista te servirá para que puedas ayudar a tu hijo cuando veas que se pone nervioso porque tiene que hacer un examen.

⇨ **Lee el capítulo 4, «Aprende a tranquilizarte».** Asegúrate de entender las herramientas y empieza a utilizarlas contigo primero.

⇨ **Repasa las tres herramientas que ayudarán a tu hijo a tranquilizarse:** respirar, conectarse a tierra y usar sus sentidos.

⇨ **Explora qué indicaciones pueden funcionar para ayudarle a recordar que use las herramientas, si ves que se olvida.** Mi CD *Dr. B's Gentle Prompts for Calming Down* (solo en inglés) te puede ser útil (consulta la sección de recursos en la página 257).

⇨ **¿Tu hijo está haciendo suficiente ejercicio físico de forma regular?** Montar en bicicleta, ir al gimnasio, correr y nadar son todas ellas actividades que ayudan a liberar tensiones y le dan a tu hijo la oportunidad de desahogarse y «reiniciar» el sistema. Ver la televisión, hablar por teléfono o jugar a los videojuegos no son ejercicios aeróbicos. Con demasiada frecuencia, los niños tratan de estudiar después de haber dedicado largas horas a esta clase de actividades, y su energía no está en su nivel más óptimo.

⇨ **¿Tu hijo está durmiendo lo suficiente?** ¿Se va a la cama demasiado tarde? ¿Tiene dificultades para levantarse por las mañanas y parece cansado? ¿Lo notas cansado en otros momentos del día, por ejemplo después de la escuela? Los niños necesitan muchas más horas de sueño que los adultos, como mínimo entre nueve y diez horas todas las noches, y no hay nada que pueda entorpecer más su rendimiento escolar que la falta de sueño, porque sus mentes están cansadas y no pueden prestar atención. Investigaciones recientes demuestran que la falta de sueño puede causar problemas que se parecen al déficit de atención.

⇨ **Revisa la dieta de tu hijo.** Por desgracia, hoy en día es común una dieta alta en carbohidratos, azúcares y bebidas con cafeína. Si bien estos alimentos y «bebidas energéticas» parecen mantener el sistema *en marcha*, en realidad están debilitando a tu hijo. Una dieta equilibrada mantiene estables los niveles de glucosa en la sangre y tiene un efecto positivo sobre el metabolismo, los niveles de energía y la función cerebral.

⇨ **Aprende a tranquilizarte.** Como padre, es muy fácil que te dejes contagiar por lo que siente tu hijo y comiences a sentirte igual que él. (También, por supuesto, como adulto tienes tus propios problemas a los que hacer frente.) Si tu hijo está ansioso, triste o enfadado, puedes comenzar rápidamente a sentir lo mismo, incluso si hasta ese momento te sentías bastante tranquilo y relajado. En psicología llamamos a esto reacción inducida —te dejas inducir por el estado de ánimo de otra persona—. Esta es una respuesta humana, sobre todo en el caso de individuos que están cerca unos de otros, como por ejemplo un padre y un hijo. Puedes influir positivamente en tu hijo si aprendes a estar tranquilo, sin importar por lo que esté pasando. El contenido del capítulo 4, «Aprende a tranquilizarte», te mostrará cómo hacerlo.

Como padre o madre, aprende a relajarte. Es necesario. Utiliza las herramientas.

¿ESTÁ TU HIJO LLENO DE DUDAS?

En primer lugar, lee el capítulo 5, «Confía en ti mismo». Asegúrate de entender las herramientas y empieza a utilizarlas contigo primero. A continuación, emplea esta lista de verificación:

⇨ **¿Eres la persona adecuada para ser el confidente de tu hijo?** Como verás, tu hijo tiene que ser capaz de contarle a alguien su falta de confianza en sí mismo (primera herramienta de la confianza). Puede que pienses que eres el mejor amigo de tu hijo, pero es posible que no seas la persona elegida como confidente. A veces los niños no desean que sus padres los vean débiles (casi nadie quiere eso). Tienes que renunciar a la idea de que tu hijo debe confiar en ti. Piensa en alguien que pueda hablar con él: un profesor al que respete; un asesor o un consejero escolar de su confianza; un miembro del clero conectado con tu iglesia, mezquita o sinagoga, o uno de sus amigos más cercanos, siempre que sea una persona responsable. Anímale a compartir sus pensamientos más profundos con esa persona.

⇨ **Apoya a tu hijo positivamente, pero sé preciso en tus afirmaciones.** «Trabajas muy duramente»; «Ya te has enfrentado a grandes retos anteriormente, y tuviste éxito»; «Puedes hacerlo»; «Creo en ti»; «Sé que vas a hacerlo muy bien»... Estas afirmaciones positivas son específicas. Decir cosas como «eres el mejor hijo del mundo» puede reflejar un sentimiento amoroso (y es posible que realmente lo sie ntas así), pero en estos momentos no es lo que tu hijo necesita. Es demasiado genérico. Evita las generalizaciones y las exageraciones. Refléjale algo positivo y preciso. Esta es la segunda herramienta de la confianza.

⇨ **Divide las tareas en pasos pequeños y manejables.** Los problemas de confianza surgen enseguida cuando una tarea parece abrumadora. Ayuda a tu hijo a ver que las tareas se pueden dividir en pasos pequeños y manejables, y haz que visualice cómo tiene éxito en cada uno de ellos. Cada vez que complete un paso, aumentará su confianza en sí mismo. Esta es la tercera herramienta de la confianza.

⇨ **Confía en ti mismo.** Las dudas de tu hijo pueden inducirte a pensar que no has hecho un buen trabajo como padre. ¡No tiene por qué ser cierto! Todo el mundo tiene problemas, pero no debes confundir los tuyos con los de tu hijo. Él es una entidad independiente. Vas a ayudarle mucho más si tu confianza en ti mismo es fuerte. El uso de las herramientas del capítulo 5 te puede ayudar a tener más confianza en ti mismo.

¿TIENE TU HIJO DIFICULTADES PARA ENFOCAR LA ATENCIÓN?

La dificultad para mantenerse centrado en una tarea a veces muestra una falta de motivación. Un niño que no está motivado es un problema para los padres y para los profesores. ¿Qué ocurre cuando animas a tu hijo pero lo único que encuentras por su parte es resistencia y aversión? ¿Qué sucede si tu hijo no puede ver todo su potencial y lo maravilloso que es haber nacido como ser humano? Si un niño no se siente motivado, esto no significa que no tenga la fuerza interior que necesita para sobresalir. Tiene esta fuerza, porque es innata, pero algo le está bloqueando. Cuando los bloqueos desaparezcan, su deseo natural de sobresalir brillará a través de él.

Si tu hijo tiene dificultades para sentirse motivado, averigua qué siente. ¿Es un sentimiento general de impotencia? ¿Cree que por mucho que lo intente no va a llegar a ninguna parte? Tal vez en el pasado asumió tareas demasiado difíciles para él y fracasó, y ahora no quiere que vuelva a suceder lo mismo. Probablemente nunca ha sentido la emoción que uno siente cuando alcanza sus metas. Quizás necesita tener una buena experiencia para sentirse motivado. Tal vez es el más joven de la familia, y sus hermanos siempre lo eclipsan. En este caso, asegúrate de que pasa más tiempo con niños de su misma edad, para que tenga más oportunidades de lograr el éxito. A veces los hijos tienen padres que son extremadamente competentes y esperan demasiado de ellos. Se sienten coaccionados, pero en algún momento tendrán que ser ellos mismos y rebelarse. Los jóvenes a menudo no conocen más que una manera de rebelarse: *hacer lo contrario de lo que quieren mamá y papá.* Tienes que ser honesto contigo mismo acerca de si estás presionando demasiado a tu hijo y de si has hecho que asocie el triunfo o el logro con algo negativo.

Cualquiera que sea la causa, la falta de motivación sin duda afectará a su capacidad de mantenerse centrado. Primero lee el capítulo 6, «Aprende a centrarte», y después hazte las siguientes preguntas:

⇨ **¿Quién quiere realmente que tu hijo tenga éxito?** Por supuesto, tú quieres que tu hijo tenga éxito, pero si él no tiene ese mismo objetivo, lo vuestro se va a convertir en una batalla que nunca vas a poder ganar. Habla con él acerca de esto. Una conversación abierta sobre sus metas puede aclarar por qué tiene que trabajar tan duramente. A veces se puede abordar un problema de una manera que le ayude a ver que lo que quiere es perseguir un objetivo determinado. La primera parte del capítulo 6, que está dedicada a establecer las metas, os será útil para aclarar estos puntos y tomar la decisión adecuada.

⇨ **¿De qué manera se distrae tu hijo?** ¿Se queda hablando por teléfono, enviando mensajes de texto, mirando páginas web, escribiendo correos electrónicos, jugando a los videojuegos, viendo la televisión o comiendo, en lugar de hacer su tarea? ¿Puedes ayudarle a establecer períodos de trabajo y a evitar que se distraiga tanto? Considera la compra de un reloj con alarma como una herramienta para que pueda centrarse y ser más constante en lo que hace. Dado que los niños de hoy en día no pueden sostener la atención durante períodos de tiempo muy largos, primero puedes empezar con lapsos de diez minutos, con el objetivo de llegar a los treinta, y luego hacer un descanso de cinco minutos.

⇨ **¿Tu hijo se centra en lo que hace?** Cuando tienes tus objetivos claros, minimizas las distracciones, y eso puede ser un buen modelo a seguir para tu hijo. Así va a poder ver los efectos positivos de primera mano. Las diferentes secciones del capítulo sobre la atención pueden ayudarte a ti primero. Recuerda que desarrollar buenos hábitos de trabajo es algo que los niños deben aprender por sí mismos, porque de esta manera pueden ver los resultados positivos y lo bien que uno se siente cuando alcanza sus metas. Aunque puede que tengas que animar y orientar a tu hijo a través de este proceso, será él quien estará haciendo este trabajo, con el fin de poder vivir una vida plena. No puedes motivarle para trabajar duramente solo porque tú quieres que lo haga. Recuerda el famoso proverbio: «La virtud encuentra su recompensa en sí misma».

¿LE ESTÁS CAUSANDO MÁS ESTRÉS A TU HIJO?

En la sección anterior nos hemos fijado en los factores que pueden estar causando estrés a tu hijo a la hora de estudiar y hacer exámenes —lo que podríamos llamar los *factores de los hijos*—. Pero también hay otros —los *factores de los padres*—, que son actitudes tuyas que aumentan el estrés de tu hijo. Una advertencia: en esta sección te voy a hacer algunas preguntas personales difíciles. El hecho de que seas honesto contigo mismo puede ayudar a tu hijo. Ve reflexionando sobre lo que aparece en las siguientes páginas.

Básicamente, existen cuatro categorías que se engloban bajo lo que yo llamo comportamientos poco útiles de los padres. Echa un vistazo a la lista que aparece a continuación, y mira si hay algo con lo que te identifiques de inmediato. Puedes ir directamente a esa subsección o continuar leyendo.

Comparación	¿Comparas el rendimiento de tu hijo con el de su hermano («Tu hermano nunca tuvo estos problemas»)? ¿O lo comparas contigo mismo («Cuando estaba en la escuela, me encantaban las matemáticas»)?
Expectativas poco realistas	¿Crees que tu hijo es un genio no reconocido, o mucho más inteligente de lo que los demás piensan o creen?
Tu autoestima se ve afectada por el rendimiento de tu hijo	¿Crees que el rendimiento de un hijo es un reflejo de cómo los padres lo han educado? ¿Es esa la verdadera razón por la que quieres que le vaya bien a tu hijo, porque eso significa que otras personas pensarán que eres un buen padre o una buena madre? ¿Quieres que tu hijo tenga éxito porque cuando tú eras niño obtuviste malos resultados y no deseas que la historia se repita?
Tratas de controlar demasiado a tu hijo	¿Crees que la única manera de que tu hijo se mantenga en el camino es estando constantemente encima de él y diciéndole lo que tiene o no tiene que hacer? ¿Eres un padre que no deja en paz a su hijo ni un segundo? ¿Tratas de intervenir en su favor con sus profesores, entrenadores y otros alumnos?
Tienes la actitud de que «en la vida hay que aguantarse»	¿Crees que la vida es dura y que estamos destinados a sufrir?

¿Estás comparando a tu hijo con los demás?

¿Alguna vez te has encontrado diciéndole a tu hijo: «¡No entiendo por qué la química te parece tan difícil!; a tu hermano siempre le fue bien», «Tu amigo Robert no parece tener ningún problema con la ortografía» o «A mí me encantaba la geometría cuando estaba en el instituto, ¿qué te pasa a ti?»? Si le dices cosas como estas a tu hijo, va a sentirse humillado y menospreciado. Las comparaciones le envían el mensaje de que no le entiendes o no te preocupas por él. Estás empeorando las cosas en una situación que ya de por sí es difícil. Compararlo con su hermano, con un compañero de clase o contigo mismo solo hace que se sienta como un estúpido o un inepto; tendrá la sensación de que, independientemente de lo mucho que lo intente, nunca será capaz de hacer nada para mejorar. ¿Qué crees que siente tu hijo cuando lo comparas con los demás y le dices que eso que hace en realidad no es tan difícil? Como ya he comentado en el capítulo 5, la comparación es una trampa que te enreda en una maraña emocional. La comparación tiene el efecto de producir estrés en un examen y también afecta a la autoestima y al amor hacia uno mismo; hace que uno sea incapaz de superar los obstáculos. Lo mejor que puedes hacer es centrarte en tu hijo y tratar de entender eso por lo que está pasando. Intenta saber lo que necesita, en vez de decirle lo bien que otros han hecho eso a lo que se enfrenta. Habla con él de un modo distinto, hazle otras preguntas, para llegar a entender sus verdaderas necesidades.

¿Tus expectativas en cuanto a tu hijo son poco realistas?

A veces los padres idealizan a sus hijos y los ven como pequeños héroes capaces de hacer casi cualquier cosa. Pero ¿qué sucede si tu hijo no tiene aptitudes para algo en lo que tú crees que debería sobresalir, o si no le gusta un tema que tú crees que debería disfrutar? ¿Qué haces cuando las cosas se tuercen? Algunos padres culpan a los profesores, al material de estudio, a los exámenes, porque es difícil para ellos ver que sus hijos no son unos genios. Esta mentalidad no te permite ver cómo es realmente tu hijo. Es difícil darse cuenta de que no puede ser la estrella que tú quieres que sea. Todo padre quiere lo mejor para su hijo, y tú también deberías querer eso. Eres su mayor

> Céntrate en las necesidades de tu hijo. No en las tuyas.

defensor y un gran apoyo para él. Pero no le vas a ser de gran ayuda a menos que le animes de manera realista, reconociendo sus verdaderas fortalezas y debilidades. Hay que reconocer –y esto es difícil– y aceptar lo que le gusta hacer a tu hijo, y ser honesto acerca de sus posibilidades y limitaciones.

¿Piensas que el rendimiento de tu hijo es un reflejo de cómo lo has educado?

Algunos padres creen que cuando su hijo no aprueba un examen o recibe una mala calificación parece que ellos mismos no están haciendo su trabajo: «¿Qué clase de padres dejan a sus hijos fracasar? ¿Acaso no tenemos que hacer que nuestro hijo estudie? ¿No estamos prestando la suficiente atención?». Por otro lado, creen que si su hijo saca dieces quiere decir que como padres están desempeñando un trabajo excelente. En cualquier caso, están haciendo que su autoestima se vea afectada por el rendimiento de su hijo. Este tipo de pensamientos no son útiles ni para los padres ni para los hijos.

Si tu hijo no saca una buena nota en un examen, no significa necesariamente que hayas hecho mal tu trabajo como padre o como madre. Solo puede significar que tu hijo necesita ayuda, ya sea con el contenido de la asignatura o con sus problemas de rendimiento. Si confundes el rendimiento de tu hijo con tu autoestima, estás haciendo la cuestión personal y emocionalmente difícil, y eso solo conduce a que los niveles de estrés aumenten. Esto se complica aún más cuando empiezan a aparecer sentimientos como la ira, la culpa o la vergüenza. Si tienes dificultades para separar el rendimiento de tu hijo de tu autoestima o de tu propia interpretación de lo que le sucede, debes buscar apoyo fuera: investigar en libros para padres, obtener ayuda *on line*, asesorarte con otros padres (hablar con ellos) u optar por una terapia con un profesional. La sección de recursos, al final de este libro, te puede orientar en la dirección correcta. También puedes utilizar el *Parents' Corner* (el Rincón de los Padres) de mi sitio web.

¿Tratas de controlar demasiado a tu hijo?

A veces un padre bienintencionado, que quiere que su hijo tenga éxito, lo controla constantemente para asegurarse de que todo va bien.

Esto se puede extender a las personas que trabajan a diario con el niño: un profesor, un entrenador, los padres de uno de sus amigos... El término «padre helicóptero» se ha añadido recientemente al léxico de la crianza de los hijos. Si bien es normal que prestes atención a los problemas y a las experiencias de tu hijo, debes dejarle espacio para que pueda crecer. Es difícil ver cómo comete errores o hace una mala elección, pero cierto aprendizaje y crecimiento viene solo a través de las acciones que uno emprende por su cuenta. Si tratas de controlar a tu hijo y a quienes le rodean, estás actuando como si aún tuviera que llevar ruedecitas en la bicicleta; se volverá dependiente y no sabrá cómo encontrar su propio equilibrio ni cómo realizarse como persona.

Si tiendes a intervenir en todo lo que hace tu hijo y en su nombre, te recomiendo que leas el capítulo 6, «Aprende a centrarte». Antes que nada, aclara tus objetivos como padre. Debes proporcionarle a tu hijo un ambiente seguro y saludable donde pueda aprender y crecer como ser humano. Toma conciencia cuando sientas el impulso de entrometerte en su vida. En ese momento, utiliza las herramientas. En primer lugar, la herramienta ¡**detente!** Pregúntate: «¿Lo que hago ayuda a mi hijo a alcanzar sus metas?». **Escucha** tu voz interior y deja que te guíe para tomar las decisiones que apoyan tus objetivos como padre (mantenerte tranquilo y dejar que tu hijo asuma su responsabilidad). Y, finalmente, **actúa**. Sigue tu voz interior, cumple con tu propósito y dale a tu hijo lo que realmente necesita. Hazte a un lado y observa; y si rezar te ayuda, reza.

¿Tienes la actitud de que «en la vida hay que aguantarse»?

A menudo los padres piensan que los niños de hoy en día tienen la vida mucho más fácil. He oído a gente decir: «Cuando yo me examiné del SAT, no me dejaron entrar en el aula con una calculadora». Algunos padres piensan que la calculadora puede aliviar todos los problemas de sus hijos y que ahora tienen el éxito asegurado. Cuando un niño está estresado durante un examen, algunos padres sencillamente no le entienden, y no muestran mucha empatía con su hijo: «Yo me tuve que aguantar, así que tú también, Billy». El problema de esta actitud es que se ancla al pasado, y los tiempos podrían haber cambiado. Cuando tenías la edad de tu hijo, probablemente hiciste lo que te dijeron («hay que aguantarse»). Los niños de hoy en día son más conscientes del estrés. A pesar de que todos —niños incluidos— tenemos muchos retos que afrontar, si le dices a tu hijo que debe aguantarse, lo que estás haciendo es ignorar la lucha real que está teniendo, y no le ayudas en absoluto a saber enfrentarse a ello. Si lo apoyas en lugar de desanimarlo, no solo le vas a ayudar de cara a su próximo examen, sino que le vas a dar unas herramientas que le van a servir para afrontar todas las situaciones estresantes a las que tenga que enfrentarse en la vida.

ALGUNAS INDICACIONES FINALES

Si has leído este libro y has trabajado con las listas que aparecen en este capítulo, puedes estar seguro de que has recorrido un largo camino para ayudar a tu hijo a reducir el estrés a la hora de hacer exámenes y a aprender habilidades correctas para mejorar sus resultados.

Aquí van algunas indicaciones finales:

⇨ **Presta atención al ambiente de estudio en casa.** Hay algunos conceptos básicos sobre la creación de un ambiente de estudio agradable en el hogar que ayudarán a tu hijo a estudiar con mayor eficiencia:

　　⇨ Si es posible, encuentra un lugar de la casa para que haga los deberes o estudie para los exámenes. De esta manera, cuando esté allí, a pesar de que no se sienta muy feliz por tener que estudiar, su cuerpo reaccionará adecuadamente.

　　⇨ Debe disponer de todos los materiales que necesita al alcance de la mano (libros, hojas de papel, calculadora, lápices y bolígrafos). Recuerda: ¡diez minutos en busca de un sacapuntas no cuenta como tiempo de estudio!

　　⇨ Si tienes más de un hijo, o el espacio es tan limitado que tener un escritorio o una mesa separada no es una opción viable, dale a tu hijo su propia cesta para que tenga en ella todo lo que pueda necesitar, y luego guarda la cesta en el mismo lugar al final de cada sesión de estudio.

⇨ **Entiende y aprecia los esfuerzos que hace tu hijo para enfrentarse a los retos de cada día.** ¿Conoces los diferentes requisitos de cada una de las clases de tu hijo? Trata de decirle: «Ayúdame a entender lo que encuentras tan difícil en matemáticas». Esto le hará saber que lo apoyas.

⇨ **No juzgues a tu hijo ni interpretes su comportamiento.** Estás juzgando a tu hijo si le dices en un tono crítico: «No eres bueno para las matemáticas porque no usas la cabeza ni piensas con lógica». Interpretar lo que dice como si fueras su terapeuta, como por ejemplo: «Creo que la razón por la que no te salen bien las cosas es porque esperas que los demás las hagan por ti», es también un comentario crítico. Estos métodos no funcionan. Las críticas y las interpretaciones son factores desencadenantes que hacen que los hijos se aparten de sus padres.

⇨ **Determina si tu hijo está tan seguro como parece.** ¿A veces tienes la sensación de que lo que intenta es poner siempre buena cara, de que quiere que parezca como si todo fuera bien cuando en realidad no es así? Si sospechas esto, reconócele su deseo de querer hacerlo bien, pero también muéstrale que tener dudas acerca de sí mismo es normal. Es mejor que estas dudas salgan a la luz que hacer ver que no pasa nada, porque en última instancia las dudas pueden debilitar su confianza en sí mismo.

⇨ **Si tu hijo no está sacando muy buenas notas, ¿al menos muestra interés por mejorar?** Pregúntale si le gustaría trabajar con un programa (como el que se presenta en este libro o en mi sitio web). ¿Qué le parecería trabajar con un *coach* o un profesor particular?

⇨ **Presta atención a tu hijo para saber si está desconectado o incluso si sufre una posible depresión.** Escucha lo que dice tu hijo sobre temas concretos o sobre la escuela en general. Si se queja mucho, se siente insatisfecho y rara vez es feliz cuando llega del colegio, probablemente son señales de que cada vez está más desconectado de sí mismo e incluso de que tiene una posible depresión. Puede que haya algo que no disfrute en la escuela, pero que lo pase por alto. Si te enteras de lo que es, podrás empezar a entender lo que hace que se sienta tan deprimido o molesto. ¿Podría ser una asignatura en concreto? ¿Un profesor en particular? Responder a estas preguntas también te dará una idea de por qué tu hijo está desconectado de otras materias. Si parece que ha perdido todo interés en la escuela y en otras áreas de su vida, puede que esté deprimido, y lo que va a necesitar es un nivel diferente de apoyo, como el asesoramiento de un profesional.

⇨ **Obtén ayuda y consulta.** A veces, los problemas de rendimiento apuntan a una ansiedad o depresión subyacente que requiere atención profesional. Habla con el consejero de la escuela acerca de qué servicios están disponibles en el centro o pídele consejo sobre la posibilidad de ver a un profesional de fuera de la escuela. Echa un vistazo a la lista de recursos que aparece al final de este libro y en mi sitio web.

Sin lugar a dudas, los exámenes son desafiantes. Pero han venido para quedarse. Es mejor proporcionar a los niños lo que necesitan para que puedan enfrentarse a ellos con éxito y no ver cómo se hunden o sufren. Recuerda que es un error común pensar que si el niño va bien en los exámenes es solamente porque domina el contenido (la asignatura). Como hemos visto, esto es solo una pequeña parte. La parte más importante es la de saber mantenerse tranquilo, tener confianza en sí mismo y estar centrado durante todo el proceso de estudio y a la hora de hacer el examen.

Por supuesto, quieres que tu hijo tenga éxito en los numerosos exámenes y retos a los que tendrá que enfrentarse en la escuela y en la vida, pero tener éxito no significa solamente obtener buenas notas. Significa crecer en cuerpo, mente y espíritu. Significa estar tranquilo, seguro de sí mismo y centrado, de modo que pueda afrontar cualquier desafío que la vida ponga en su camino.

Capítulo 10

PARA LOS PROFESORES

onfío en que si eres profesor, director de una escuela o formulador de políticas educativas, habrás encontrado el contenido de este libro útil y provocador.

La enseñanza es posiblemente una de las profesiones más difíciles del mundo. Exige una atención continua ante un flujo de variables que constantemente cambian —desde el crecimiento cognitivo y emocional de un estudiante en particular hasta los factores grupales dinámicos en general, desde las cuestiones culturales y políticas que atañen a los temas de la educación hasta los rápidos avances en la tecnología y el procesamiento de la información—. Estar al tanto de todo esto, casi sin parar, es muy difícil, y, sin embargo, eso es lo que se espera que hagas como profesor. Un buen profesor tiene que estar despierto y listo para afrontar los retos de un sistema en constante evolución.

En este libro he mencionado que durante unos meses estuve asistiendo a diario a un aula de tercer curso en una escuela pública ubicada cerca de mi casa. Durante todo el día observaba lo que hacían los alumnos y la profesora. Mis conclusiones fueron nefastas: el setenta

237

y cinco por ciento de las acciones de la profesora se dirigían a hacer callar a los niños cada vez que hablaban. Casi el cincuenta por ciento de las actividades tenían que ver con *repetir como loros* el material que la profesora les había hecho aprender de memoria. El otro cincuenta por ciento se gastaba en tonterías, como comer a escondidas, escribir notas para enviárselas a los compañeros, y así sucesivamente. Los alumnos se aburrían, hacían ruido y estaban agitados y muy poco comprometidos con la clase. La profesora les pedía que se tranquilizasen. Ellos se quedaban callados un rato, pero enseguida volvían a aburrirse, y de nuevo se ponían a gritar y a armar mucho jaleo. Luego la profesora luchaba para que se volvieran a callar. Y así el ciclo se repetía una y otra vez. En el nivel universitario las cosas no van mucho mejor. Una mayoría de estudiantes se distraen en clase y dejan de prestar atención a lo que está diciendo el profesor.

Hay grandes desconexiones, las cuales, por desgracia, son más la regla que la excepción. El profesor no entiende lo que está sucediendo ni lo que los estudiantes están haciendo; existe una desconexión entre lo que los docentes están enseñando y lo que los alumnos están realmente aprendiendo. Esta desconexión implica una enorme pérdida de tiempo, de energía y de recursos personales y públicos. Permíteme ser claro: no estoy criticando a los profesores que trabajan duramente y tienen buenas intenciones. Como voy a tratar más adelante en este capítulo, la causa de esta desconexión no es que los profesores se equivoquen con sus métodos de enseñanza.

Como educador siempre hay que preguntarse: «¿Estoy sirviendo a los intereses de mis estudiantes?»

Todos los que trabajamos en cuestiones educativas deberíamos responder a las siguientes preguntas, que son fundamentales: *¿Para qué sirve la enseñanza?, ¿Qué estoy haciendo en realidad con estos seres humanos que están bajo mi cuidado?, ¿Es mi propósito hacer que los estudiantes se sientan inspirados, o me conformo con que aprendan rápidamente el temario para que luego muestren lo que saben en los exámenes?, ¿Estoy aquí para guiar a los estudiantes a aceptar sus responsabilidades morales en cuanto a sí mismos y a los demás o solo trato de asustarlos para que sean obedientes?, ¿Estoy aquí para favorecer la competencia o para fomentar la contribución que esos niños harán al mundo el día de mañana?*

Debido a que estamos atrapados en la lucha diaria de obedecer los mandatos del gobierno, de sujetarnos a los requisitos curriculares y de atender a las necesidades de los estudiantes, a veces es lógico que perdamos el contacto con nuestro propósito fundamental: dotar al estudiante de lo que necesita para vivir una vida saludable, productiva y plena. Nuestra verdadera tarea es inspirarlos a que vivan la vida conectados consigo mismos y darles las herramientas para conseguirlo. Nuestros estudiantes se enfrentan a retos pequeños y grandes, todos los días, y tenemos que saber cómo prepararlos mejor para estos desafíos y apoyarlos en el proceso.

CÓMO USAR ESTE LIBRO

En el primer capítulo presenté este libro como una caja de herramientas. Tiene el propósito de dar a los estudiantes —de secundaria, universidad y posgrado— nueve herramientas para que aprendan a centrarse, estar tranquilos y tener confianza en sí mismos en cualquier examen. Estas son las cualidades que se necesitan para tener éxito en las situaciones de la vida. Las nueve herramientas forman el modelo del taburete de tres patas, que abarca el cuerpo, la mente y el espíritu.

Es un modelo que tú también puedes usar. Los profesores que están tranquilos, confían en sí mismos y permanecen centrados se estresan mucho menos y tienen más éxito en las aulas. También son un ejemplo para sus alumnos.

Si, al abrir este libro, pasaste directamente a este capítulo, te insto a comenzar por el capítulo 1 y leer todo el libro. Esto es así por dos razones: la primera, porque aprenderás técnicas valiosas que te servirán para ayudar a tus alumnos a conseguir mejores resultados en los exámenes, así como a tener mayor experiencia con los exámenes en general. La segunda razón es que hacer esto te dará la oportunidad de reflexionar sobre cómo eres tú, como profesor, en cuanto a las tres cualidades que se describen en este libro. En otras palabras, ¿te mantienes tranquilo, confías en ti mismo y te centras en tu tarea? Solo podemos enseñar lo que somos. Tu asignatura (ya sea matemáticas, literatura, historia, ciencia o lengua) es secundaria con relación a ti, la persona. Si te mantienes tranquilo, confías en ti mismo y te centras en tu tarea, transmitirás estas cualidades a tus alumnos. Podrán seguir tu ejemplo, y será más fácil para ellos aprender a mantenerse tranquilos, confiar en sí mismos y centrarse en sus tareas. Es realmente difícil que puedas enseñar, explicar y enfatizar la importancia de estas cualidades si tú estás allí de pie hecho un manojo de nervios.

Mientras escribía el capítulo 1 tuve la oportunidad excepcional de asistir a las clases de anatomía del cerebro que se impartían en un laboratorio para los estudiantes de primer año de Medicina. Una tarde presencié algo extraordinario. Un neurólogo dio una clase magistral. Hablaba entusiasmado; motivaba y retaba constantemente a los estudiantes con su discurso. Estos quedaron encantados, y eso que habló sobre las complicadas vías nerviosas que hay en el organismo que conectan el cerebro con el resto del cuerpo. Su pasión por lo que estaba explicando llegó a los estudiantes, y por mi parte, aunque entendí más bien poco de lo que dijo por la cantidad de tecnicismos que utilizaba, me quedé completamente cautivado por la emoción que sentía al explicar las cosas. Estaba totalmente centrado, muy seguro de sí mismo y animado, y su actitud era relajada y comprensiva cuando alguno de los estudiantes no entendía algo. Su confianza en ellos era evidente, y la transmitía con fuerza. De hecho, para mí ese profesor es la viva imagen de lo que estoy tratando de enseñar en este libro.

Confío en que serás capaz de hacer lo mismo —o al menos acercarte a ello—. Créeme, es factible. Lee los capítulos. Cultiva y desarrolla tu conciencia. Utiliza las herramientas. Reflexiona sobre tu experiencia. Emplea lo aprendido con los estudiantes. Usa este libro como tu caja de herramientas. La expresión «estás realmente enseñando cuando estás aprendiendo» se aplica a la perfección en este caso.

EL TABURETE DE TRES PATAS

Aquí presento algunas pautas para que tú, como profesor, puedas utilizar el modelo del taburete de tres patas. Puesto que la vida es un viaje lleno de aprendizajes, es posible que también desees utilizar este modelo para ti. Sin embargo, antes de seguir leyendo asegúrate de que has completado el inventario del rendimiento (BPI) de la página 56. ¿Qué puntuaciones has obtenido? ¿Qué pata es la más débil? ¿Qué necesitas reforzar? ¿Qué pata es la más fuerte? Sé honesto contigo mismo. Dependiendo de tus respuestas, tendrás que volver a leer el capítulo sobre el área que necesitas fortalecer. Además, también es importante cultivar la conciencia cuando uno siente que está desconectado, y luego practicar el uso de las herramientas para volver a conectarse y trabajar en la «zona óptima».

La tranquilidad

¿Cuándo pierdes la calma? ¿Te pones nervioso por el comportamiento de los estudiantes, las exigencias de los administradores del centro educativo, los padres iracundos, los requisitos sin fin, la escuela y las normas gubernamentales para el rendimiento en los exámenes que sabes que realmente no funcionan? La lista es interminable. Es importante que reconozcas sus desencadenantes específicos. ¿Cuáles son tus señales corporales? ¿Sientes palpitaciones, enrojecimiento en la cara, dolor de estómago? ¿El detonante es un pensamiento o es lo que hace y dice otra persona? («Si ese padre me grita una vez más, voy a armarme de valor y golpearle»). Es muy fácil dejarse llevar por la tensión y la ansiedad de otra persona. Si ella está estresada, tú también acabas estresándote. Debes encontrar tu propia manera de estar relajado, sin importar lo que suceda a tu alrededor. No te dejes arrastrar por las emociones y los sentimientos de los demás. Puedes sentir empatía por la otra persona sin dejarte seducir por su estado emocional negativo. Además, el hecho de que te protejas de la tormenta emocional de otra persona te va a dar la oportunidad de influir positivamente en ella cuando se tranquilice.

Utiliza las herramientas. Una vez que te des cuenta de los factores desencadenantes y reconozcas tus propios signos de desconexión física, utiliza las herramientas para reducir tu estrés antes de que vaya a más. Respira profundamente y de manera regular. Conéctate a tierra. Incluso cuando la otra persona esté alterada, tú puedes sentir los pies apoyados en el suelo, y la cara, el cuello, los hombros y el estómago relajados. Siente el espacio que os rodea a ti y a la otra persona. Relájate, usando tus sentidos para ello. Activa tu sistema nervioso parasimpático, el cual, como he explicado en el capítulo 4, te ayuda a tranquilizarte.

Para ser un buen profesor debes aprender a mantenerte tranquilo, a confiar en ti mismo y a centrarte en tu tarea.

La confianza

Todo profesor sabe que un porcentaje de los estudiantes que están en el aula van a provocarlo y ponerlo a prueba: o bien los estudiantes están aburridos y tratan de entretenerse un poco, o bien quieren mostrar a sus amigos lo divertidos que son. Interrumpen la clase hablando con sus compañeros o hacen otras travesuras. A veces es tan solo un poco irritante y puede pararse a tiempo, pero en otras ocasiones debilita la confianza que el profesor tiene en sí mismo. Puede que el profesor empiece a dudar de su capacidad de mantener motivados a los estudiantes. No sabe si lo respetan como profesor. De repente, duda de su propia valía. ¿Quizás no sea tan buen profesor? Estás andando sobre arenas movedizas si tú, como docente, te dejas arrastrar por ello. Al final, te hundes. Sé consciente de lo que está sucediendo y utiliza las herramientas para recuperar rápidamente tu posición; dale la vuelta a la negatividad que hay a tu alrededor y siéntete fuerte.

¿Qué mensajes negativos te transmites a ti mismo? Cuando un estudiante te desafía, a veces de un modo grosero y desagradable, esto te puede molestar profundamente. Te sientes atacado y todo empeora cuando comienzas a transmitirte mensajes negativos a ti mismo. Cuando uno enseña, especialmente si quiere enseñar bien, ve su confianza puesta a prueba en repetidas ocasiones. ¿Por qué? Porque como profesor estás retando a los estudiantes todos los días para que den lo mejor de sí mismos. Te preguntas: «¿Estoy haciendo lo correcto? ¿Me estoy pasando?». Siempre tendrás alumnos que se resistan a aprender o que sean perezosos, iracundos o que se sientan cansados. Un estudiante no entiende algo, o no puede ver su relevancia, o no le interesa. Al final acabas creyendo que el problema lo tienes tú, que no eres un profesor competente, y piensas: «¿Cómo puedo motivarlo, hacer que participe y enseñar de una manera que suscite su interés?».

Además, estás poniendo a prueba constantemente tu propia valía. Los estudiantes, especialmente los adolescentes, están luchando continuamente con sus problemas de autoestima, y encontrarán infinitas maneras de desafiarte. Sabrás que esto está sucediendo cuando te sientas asediado por un sentimiento de vulnerabilidad y preocupación: «¿Les gusto?», te preguntas. Necesitas cultivar la confianza en ti mismo para sentirte fuerte ante las constantes provocaciones de los estudiantes. Un buen profesor lucha a diario con personas (sus alumnos) que necesitan motivación para crecer y que puede que tengan miedo de hacerlo.

Aprende a ser consciente del momento en que empiezas a pensar «no puedo», «no sé», «no soy» («No puedo manejar esto», «No sé qué hacer para motivarlos», «No soy lo suficientemente bueno»). Este tipo de pensamientos negativos te desconectan de tu actitud positiva, de querer hacer un buen trabajo y, en definitiva, de hacerlo.

Utiliza las herramientas. Tan pronto como notes que estás perdiendo la confianza en ti mismo, cuéntale a tu confidente (tu yo superior, tu espíritu) lo que te sucede. Puedes llamar a esto Dios, Diosa o poder superior. Visualiza también una imagen de ti mismo como la persona que estás destinada a ser. Cuéntale a tu confidente los pensamientos negativos que escondes bajo tu piel. Por lo general, estás esperando de ti mismo ser perfecto. Pero nadie lo es. Trata de dejar de lado esas expectativas irracionales que te creas y tómate un descanso. Deja ir los pensamientos negativos que tienes sobre ti mismo o, al menos, evita que crezcan. Naturalmente, estos pensamientos surgirán cuando te enfrentes a situaciones que te desafíen, pero esto no significa que tengas que darles de comer. Deja que vengan y que se vayan. No tienen que dirigir tu vida.

A continuación deja que el confidente, tu yo superior, refleje algo positivo y preciso de ti, para contrarrestar la negatividad. Te puede decir algo así como: «Ya te has enfrentado a muchas situaciones difíciles antes, por lo que sin duda vas a ser capaz de lidiar con esto». Recibe este mensaje y deja que te nutra y te haga crecer.

Por último, visualiza cómo tienes éxito mientras avanzas dando pasos pequeños y manejables para corregir tu negatividad: «¿Qué les gusta hacer a estos chicos? Bueno, ¡podría intercambiar ideas con ellos y sondear sus diferentes intereses! Me comprometo a pedirle cada día a un alumno que me ayude a diseñar la lección del día siguiente». Al verte a ti mismo tomando estas medidas externas, en realidad estarás trabajando a nivel interno. Cualquier pensamiento negativo que tengas sobre ti mismo lo podrás cambiar, porque serás capaz de visualizarte teniendo éxito.

Como profesor vas a ser desafiado cada día de muchas maneras. Los exámenes, los estudiantes y tú formáis parte de esta profesión. Acepta esta realidad. Al mostrar a los alumnos cómo te enfrentas a situaciones difíciles manteniéndote tranquilo y centrado, estarás siendo un modelo para que ellos construyan su propia confianza. Tu capacidad de hacer esto se basa en tu confianza en ti mismo. Ahora sabes que puedes avanzar con paso firme, incluso en tiempos difíciles.

La atención

La atención es la pata central de tu taburete de tres patas, y representa el espíritu. Es la pata más importante de las tres para tener realmente éxito. Paradójicamente, en el ámbito educativo no se aprecia. La palabra inglesa *success* («éxito») viene de la raíz latina que significa «final feliz». Hasta hace muy poco «un final feliz» en nuestra cultura significaba «un montón de dinero». La crisis financiera mundial de 2009 sin duda revela los peligros de este sistema de creencias. Para mí, «un final feliz» significa que el resultado de tu trabajo duro es la felicidad y la satisfacción. Es indistinto si eso se traduce en un cheque con una suma cuantiosa o no. Todas las tradiciones espirituales del mundo enseñan el mismo mensaje de diferentes maneras: la felicidad no llega de afuera, sino que aflora desde dentro. Cuando estás centrado o enfocas tu atención, actúas de acuerdo con tu más alto potencial. Esto también contribuye al bienestar de otros. Los santos y los sabios dicen que este es el camino que conduce a la felicidad.

¿Cómo se traduce esto en tu rol de profesor? Como vimos en el capítulo 6, cuando estás centrado, tienes una meta y actúas para alcanzarla. La primera pregunta que debes hacerte es: «¿Cuál es mi objetivo como profesor?».

Creo que las necesidades diarias de un profesor son tan exigentes que terminan por convertirse en fines en sí mismas y se pierden de vista otras metas mucho más importantes, como por ejemplo inspirar y capacitar a los estudiantes, despertar su curiosidad, cultivar su pasión por el aprendizaje y mostrarles la importancia de compartir y cooperar con los demás, así como lo que significa comprometerse con sus tareas, lo que a su vez les enseña a ser responsables de sí mismos y de los demás.

¿Cuándo te distraes? Reconoce cuándo tus acciones están desconectadas de tu meta más alta. Esto es lo que yo llamo distracción. Bajo mi punto de vista, una distracción común para muchos profesores es quejarse sobre el sistema y todos sus males. Por supuesto, hay muchas cosas que no funcionan, y otras que te gustaría cambiar —desde los programas de estudio que están pasados de moda hasta los innumerables exámenes que tienen que hacer los estudiantes—. Si te dejas atrapar por la queja, tendrás poca energía e interés por alcanzar los objetivos de los que te acabo de hablar. Además, tu actitud negativa hacia el sistema puede llevarte fácilmente a mostrar tu frustración a los estudiantes. Piensas que *si ellos actuaran mejor, tu vida sería más fácil.* Estás descontento con su comportamiento, que a veces es verdaderamente desagradable. Y empiezas a luchar con ellos, cuando en realidad sabes que hay mejores formas de manejar tu frustración. Sabes que has perdido el rumbo cuando comienzas a tratar mal a los estudiantes, incluso de forma denigrante.

> Capacita a tus alumnos. Inspíralos para que se centren.

Utiliza las herramientas. Cuando te distraigas por pensamientos y acciones negativos y sientas que te estás apartando del camino, utiliza las herramientas de la atención para volver a conectarte con tu espíritu. Tan pronto como sientas que te has desconectado —quizás estás siendo demasiado duro con uno de los estudiantes—, utiliza la primera herramienta. Detente. Pregúntate: «¿La manera en que estoy pensando o actuando me acerca a mi objetivo?». La respuesta será NO. A continuación, escucha a tu yo superior y recibe su orientación específica para volver a conectarte con tu espíritu. Respira profundamente, tranquilízate y habla con respeto al estudiante, a pesar de que no te guste la forma en la que se comporta. Y, finalmente, actúa; cumple con tu propósito. Vuelve a conectarte con tu espíritu por medio de acciones que te conduzcan a tu meta más alta. Por ejemplo, mira directamente al estudiante y dile, en un tono tranquilo, con confianza en ti mismo y centrado, qué es lo que esperas de él y por qué crees que se está pasando de la raya. Tú, como profesor, tienes que estar centrado cuando se lo estés diciendo, porque eres un modelo para él; no solo estás pronunciando palabras. Y recuerda que estás preparando a los estudiantes para la vida, no solo para recordar hechos. Hay un propósito mayor en lo que haces, mucho más importante que enseñar álgebra, por lo que tus acciones deben estar bien alineadas con el bien común.

¿QUÉ ES LO QUE ESTÁN APRENDIENDO REALMENTE LOS ESTUDIANTES?

Aunque este libro se centra en cómo triunfar en los exámenes, cualquier lector atento habrá reconocido cuál ha sido mi verdadero objetivo: he tratado de abordar las cuestiones fundamentales que contribuyen al estrés y a los malos resultados en los exámenes y he intentado evidenciar cómo estas cuestiones muestran lo equivocados que estamos a la hora de educar a nuestros jóvenes. En la escuela de posgrado, cuando estudiaba la filosofía y las técnicas de la terapia familiar, aprendí algo verdaderamente interesante: el elemento perturbador en una familia (por lo general un niño o un adolescente) en realidad no es el verdadero problema. El niño o adolescente es el reflejo de un problema mayor en la familia, al que nadie quiere hacer frente. Lo mismo ocurre en las escuelas: los estudiantes que tienen problemas nos pueden dar pistas muy valiosas en cuanto a lo que debe transformarse en el sistema educativo en su conjunto.

Este libro es una caja de herramientas cuyo fin es ayudar a reparar lo que se ha roto, tanto en lo que atañe al individuo como al sistema. Tiene el propósito de darles a los estudiantes el poder de actuar en su nivel más alto en un examen. También tiene la intención de darte a ti, el profesor, el conocimiento y las herramientas necesarias para equiparos a ti y a tus alumnos para que os podáis enfrentar a los exámenes.

Al haber trabajado en todos los niveles del sistema educativo durante los últimos cuarenta años —desde programas de preescolar en 1969 hasta programas de formación sanitaria para estudiantes de posgrado en 2009—, he tenido muchas oportunidades para reflexionar sobre la enseñanza en el sistema educativo norteamericano. Lo que he observado es que por lo general lo que los estudiantes aprenden en su escolarización temprana no se corresponde con lo que realmente van a necesitar más tarde en sus vidas. La siguiente tabla pretende estimular tu pensamiento y provocar el debate entre los profesores y los responsables de las políticas educativas. Como verás, hay una falta de correspondencia entre los hábitos de pensamiento y acción que desarrollan los alumnos en la escuela y lo que se requiere en la vida. Espero que esto ayude a valorar lo importante que es desarrollar la habilidad de mantenerse tranquilo, tener confianza en uno mismo y centrarse para vivir la vida, y no solo para manejarse en las aulas.

¿Qué están aprendiendo realmente los estudiantes en la escuela?	¿Qué es lo que necesitan en la vida?
Menos y en el último momento. Cuando los estudiantes se preparan para los exámenes, muchos posponen sus tareas y no se esfuerzan. Aprenden cómo manejar los exámenes esforzándose lo menos posible y estudiando en el último momento. Corren para ponerse al día cuando ya no les queda tiempo para estudiar lo que tenían que haber estudiado. Esto se convierte en un estilo muy estresante de enfrentarse a los retos.	**Estar bien preparados.** Puesto que la vida nos pone a prueba cada día, tenemos que estar preparados para hacer frente a cualquier situación. Si sabemos cómo mantenernos tranquilos, tener confianza en nosotros mismos y estar centrados, podremos asumir cualquier reto. En lugar de sentirnos abrumados, nos sentiremos capaces de todo.
Dar las respuestas correctas. La escuela y los exámenes nos premian por dar las respuestas correctas. No importa nuestro razonamiento. Con demasiada frecuencia, el pensamiento es irregular y defectuoso.	**Pensar críticamente.** La vida es desordenada, y la respuesta correcta a un problema en particular a menudo no es evidente. Necesitamos cultivar la capacidad de pensar críticamente sobre lo que estamos observando y considerar nuestras opciones antes de actuar.

¿Qué están aprendiendo realmente los estudiantes en la escuela?	¿Qué es lo que necesitan en la vida?
Servirse a uno mismo. La competencia, la piedra angular de nuestro sistema educativo, demasiado a menudo enfrenta a unos estudiantes con otros. Aprenden a pensar solo en sí mismos, a ver cómo pueden salir adelante, a menudo practicando la exclusión y, a veces, en detrimento de otros que pueden no tener los mismos dones y privilegios.	**Servir a los demás.** Formamos parte de un tejido social que incluye a todo el mundo. Existimos no solo para nosotros sino también para los demás y el bien común. Cuando formas parte de una comunidad, debes reflexionar y preguntarte: «¿Cómo puedo contribuir?». Cada uno de nosotros tiene algo que ofrecer.
«¿Qué entra en el examen?» Los estudiantes hacen lo que sea para llegar a su meta. Su atención está puesta en el resultado. En la mente de todos está esta pregunta: «¿Esto entrará en el examen?». Esta actitud se distancia del presente y se centra en un futuro lleno de dudas y miedos.	**Estar presente.** La vida es una corriente inagotable de momentos presentes. Al enseñar a los estudiantes a mantenerse tranquilos, a tener confianza en sí mismos y a centrarse, los entrenamos para vivir en el presente y para que saquen el máximo provecho de las innumerables oportunidades que tienen para aprender y crecer, tanto a escala individual como colectiva.

LAS CINCO PIEDRAS ANGULARES DE LA BUENA ENSEÑANZA

Para cerrar este libro ofrezco lo que considero las cinco piedras angulares de la buena enseñanza. He tenido el honor y el privilegio de haber sido instruido por personas extraordinarias —apasionadas con su tema de investigación, dedicadas a sus alumnos y comprometidas a crear un mundo mejor—. Me esfuerzo por emular su ejemplo. Aquí está mi intento de resumir lo que he aprendido sobre el arte de enseñar y sobre cómo esto se traduce a la hora de enfrentarse a los exámenes.

1. Disfruta de lo que estás haciendo

Cuando te apasiona tu trabajo –la asignatura que impartes y tu rol como profesor–, transmites tu entusiasmo a tus estudiantes. Dicho entusiasmo los inspirará a sentir pasión por el aprendizaje y por aquello con lo que se comprometerán a la larga, y también a la hora de enfrentarse a los retos de la vida. Por el contrario, si estás aburrido, tus alumnos ofrecerán resistencia y no querrán aprender. La escuela –y la vida– se acaba convirtiendo en algo pesado, en un obstáculo que debe superarse. No puedes sentir una falsa pasión por algo; eso está claro. Si no sientes pasión por lo que estás enseñando, trata de encontrarla, busca a alguien que sienta esa pasión y que pueda ayudarte o cambia de trabajo y haz algo que realmente te guste.

2. Muestra respeto

Ser respetuoso significa «mantener en estima y honor». Debes mostrar respeto por las diferencias entre tus alumnos y por sus contribuciones en clase. Aplícalo también a la sociedad en su conjunto. Todo el mundo tiene algo que ofrecer, y tu trabajo consiste en apreciarlo. Recuerda que para los estudiantes que están a tu cargo tú eres un modelo a seguir. Al mostrar respeto, les estás enviando el mensaje de que esta es la manera de actuar hacia sí mismos y hacia los demás. Respeto no significa aceptarlo todo. Existen diferencias individuales, y deben apreciarse. Ser respetuoso tampoco significa que debas ser siempre cálido o excesivamente amigable; esa es una cuestión de la personalidad y el estilo de cada cual. Por ejemplo, en secundaria tuve muchos problemas con el álgebra elemental. No comprendía las x y las y; era demasiado para mí. Tenía un profesor de álgebra muy estricto; exigía que le entregáramos los trabajos a tiempo, las clases no se podían interrumpir y ponía las calificaciones de acuerdo con la precisión del pensamiento y las respuestas del alumno. Aunque estaba claro que yo tenía dificultades con la asignatura, este profesor jamás me hizo sentir tonto o inadecuado. Más bien al contrario; respetaba que tuviera dificultades y que el álgebra no fuera lo mío. Me animó a trabajar duramente y a dividir el trabajo en pasos pequeños y manejables, e incluso me presentó a

> Los buenos profesores son apasionados. Siente pasión por lo que haces.

249

estudiantes de más edad para que me ayudaran como tutores. Aunque nunca sonrió –no era su estilo–, yo no tenía ninguna duda de que me respetaba, y de hecho ese respeto me motivó a aprender esa materia, aunque lo hice de una manera que tuviera sentido para mí. Pasé de suspender los exámenes iniciales a sacar un *bien bajo* en el examen final. Este fue un gran logro y una fuente de orgullo para mí. Si reciben respeto, los estudiantes aprenden a respetarse a sí mismos y a respetar su propio proceso cuando estudian o hacen un examen; se toman en serio a sí mismos.

3. Acepta la realidad

A menudo la vida transcurre de manera diferente a como nos gustaría o a como esperábamos que se desarrollase. Cuando esto sucede, siempre tienes otras opciones. Esto ocurre a diario. Puedes quejarte (a quien quiera escucharte), ponerte de mal humor, enfadarte, sentirte decepcionado o tratar de esconderte hasta que las cosas cambien. Pero hay otra manera de afrontar esto: puedes dejarte llevar por la corriente de la vida y aceptar las cosas como son. Puedes trabajar con lo que es.

Para los profesores esto es un desafío diario, pues cada día sucede algo que no les gusta o que no desean (después de todo, estamos por lo general trabajando con niños y adolescentes). ¿Y qué? Cuanto antes te des cuenta de que en realidad no puedes controlarlo todo, antes aceptarás lo que está ocurriendo y trabajarás en ello, lo que significa que dejarás de luchar. Esto incluye todo lo que se te exige como profesor (y como examinador). Quieras o no, debes enfrentarte a lo imprevisible que es el rendimiento de tus alumnos. Acepta la realidad. Deja de desear que las cosas sean distintas o de pensar: «Si yo fuera Dios, no dejaría que las cosas fueran tan complicadas; el mundo funcionaría mejor». Este tipo de pensamiento produce estrés y te aleja de la realidad.

En una charla que di hace poco, proyecté la Oración de la Serenidad en la pantalla. Durante el descanso alguien se acercó a mí y me dijo que tenía una versión diferente que creía que me iba a gustar. Pues sí, me gustó, y ahora la comparto contigo:

Dios, concédeme la serenidad necesaria
*para aceptar **a la gente** que no puedo cambiar*
*y el valor para cambiar **a quien sí puedo cambiar.***
Dame también la sabiduría necesaria
*para saber que esa persona **soy yo.***

Si realmente vas a aceptar la realidad, significa que tienes que aceptar tus propios defectos y debilidades, y a tus alumnos como son. Ellos aprenderán de ti a dejar de luchar consigo mismos.

4. Cuestiona el statu quo

¿Te parece extraño que hace un momento te haya pedido que aceptes la realidad y que ahora te esté pidiendo que cuestiones el *statu quo*? Permíteme que ponga estos dos conceptos juntos. Debemos aceptar que vivimos en un mundo imperfecto, pero también podemos intentar mejorarlo. Como he dicho anteriormente, el deseo de que las cosas sean diferentes provoca estrés. En lugar de desear que algo sea diferente, entiende que es así por alguna razón, pero sé también consciente de que puede cambiar si te acercas a ello de una manera correcta. En cuanto a los exámenes, quejarte de ellos no te va a llevar muy lejos. Los exámenes están aquí para quedarse. Es mejor trabajar para que se ajusten a las exigencias de hoy en día y para que los estudiantes puedan reflexionar más en lugar de tener que memorizar tanto. Con tan solo usar este libro puedes hacer que la experiencia de hacer un examen sea menos dolorosa para tus alumnos. Puedes ayudarles a que aprendan a centrarse, a permanecer tranquilos y a adquirir seguridad en sí mismos.

5. Sé responsable

Cuando un estudiante que está a tu cargo tiene dificultades en el aprendizaje o en los exámenes, ¿quién es el responsable? En las escuelas de Londres en las que fui formado, cuando un niño no comprendía bien la materia de estudio, dependía del profesor encontrar una manera diferente de enseñarle. Ese es el trabajo del profesor. No recae toda la tarea en el estudiante.

Por desgracia, en la mayoría de las escuelas estadounidenses todo el mundo critica a los padres, a la cultura, al plan de estudios, y así sucesivamente. ¿Y quién sufre al final? Los estudiantes. Enseguida se los etiqueta, se les diagnostican supuestas enfermedades y se los medica con demasiada frecuencia. Y esto, a largo plazo, puede tener terribles consecuencias. La etiqueta que se le pone al estudiante puede condicionarlo de por vida, y los medicamentos que se le dan pueden crear nuevos problemas. Entonces, ¿quién es el responsable?

Uno de mis grandes profesores, Viola Spolin, sugirió que a la responsabilidad se la debería definir como «la capacidad de respuesta» (observa que la palabra «culpa» no aparece en ningún momento). Es cierto que a veces resulta muy fácil identificar a un responsable, pero lo que tenemos que hacer es abordar realmente el problema y cultivar continuamente nuestra capacidad de dar respuesta a las necesidades de nuestros estudiantes. Con el fin de hacer esto bien y con integridad, creo que primero tenemos que aprender a asumir nuestra propia responsabilidad; tenemos que aprender a cultivar lo mejor de nosotros mismos de tal manera que podamos contribuir, de un modo sano y productivo, a una comunidad mundial en la que prevalezcan la seguridad y el apoyo mutuos. Esto empieza contigo, profesor. Tienes un papel muy importante, una contribución que hacer que es exclusivamente tuya. Al ser responsable, estás siendo un modelo para tus alumnos y les estás ayudando a saber afrontar los desafíos de la vida de una manera que aumente su felicidad y disminuya su sufrimiento. Puedes enseñarles lo importante que es ser responsable de uno mismo, en lugar de señalar con el dedo a algo o a alguien.

EL RETO DE LOS EXÁMENES

Es significativo cómo en este momento de nuestra historia, en todo el mundo han aumentado los exámenes, así como el impacto negativo que estos están teniendo en los estudiantes, los profesores y la cultura de la escolarización. Estamos obsesionados con los números —las puntuaciones de los exámenes y las listas de los *rankings* estudiantiles—, los cuales condicionan los salarios de los profesores y las subvenciones que reciben los centros educativos. Por nuestra parte, no dejamos de quejarnos diciendo que los exámenes son injustos y que están anticuados, que muestran prejuicios culturales, que provocan ansiedad y que en realidad no reflejan lo que los estudiantes saben. ¿Acaso animan a los estudiantes? Los jóvenes deberían aprender sobre su mundo y descubrir quiénes son. ¿Acaso así pueden desarrollar las habilidades cognitivas y sociales necesarias para una vida de éxito? No. Parece que estamos fallando.

Como educadores, debemos preguntarnos sobre las necesidades de los estudiantes. Veo demasiados profesores tratando de cubrir sus propias necesidades de control y su propia agenda de «salir del paso» y de conseguir «notas altas» a expensas de los alumnos. Estos profesores, muchas veces víctimas de unas políticas y unos programas de estudios que necesitarían ser replanteados y renovados, no solo están perjudicando a sus alumnos sino que también están sacrificando su preciosa oportunidad de ofrecer algo de inmenso valor: su propia humanidad y la sabiduría, acumulada a lo largo de los años, acerca de lo que significa vivir una vida con sentido, en conexión consigo mismo y con los demás.

Preparemos a nuestros estudiantes para que aprendan a vivir enseñándoles cómo hacer frente a cualquier reto. Con nuestro propio ejemplo vamos a mostrarles lo que significa centrarse, estar tranquilos y tener confianza en uno mismo en medio de los desafíos de la vida. De esta manera todos podremos enfrentarnos al enorme reto de la convivencia, apoyándonos y nutriéndonos unos a otros.

Un famoso cuento judío habla de los *treinta y seis piadosos*. Se dice que a cada momento hay treinta y seis almas divinas encarnadas como seres humanos en nuestro planeta, y que por esas almas escogidas el Creador mantiene la tierra llena de vida y floreciente. Hay un problema: nadie conoce la identidad de esas treinta y seis almas, ni siquiera ellas mismas. Una de ellas podría ser tu hijo de seis meses, la persona que se sienta a tu lado en el autobús, tu médico, tu cartero o tu hermano. Otra podría ser un compañero de clase. Y otra podrías ser tú mismo.

Nuestra verdadera prueba es crear un mundo en el que vivamos todos juntos en paz.

Dado que la identidad de los treinta y seis es oculta, esforcémonos por tratar a los demás y a nosotros mismos como si cada uno de nosotros fuera una de esas almas. Que nuestros pensamientos, palabras y acciones honren esta posibilidad. Y que podamos capacitar a todos nuestros estudiantes para que hagan una valiosa contribución a nuestra comunidad mundial, y lograr que se sientan fuertes y responsables de sus vidas.

Espero contar contigo a lo largo del camino.

EL MODELO DEL RENDIMIENTO DE BERNSTEIN (BPM)
(RESUMEN DE UNA PÁGINA)

Teoría
Un nivel óptimo de estrés estimula un rendimiento óptimo.

Cuando el estrés es demasiado alto o demasiado bajo, el rendimiento se resiente.

El estrés indica desconexión.

Sentirte estresado es una señal de que te has desconectado en uno o más de los tres dominios: el cuerpo, la mente y el espíritu.

Reduce el estrés y mejora el rendimiento a través de la conexión.

Mantente centrado y conectado a tu espíritu.

Confía en ti mismo y ten pensamientos que te motiven a ir hacia delante.

Permite que tu cuerpo esté tranquilo y relajado.

Práctica
Para reducir el estrés:

Toma conciencia de los momentos de desconexión.

Utiliza las herramientas básicas para volver a conectarte.

Atención:

Detente y pregúntate: «¿Esta distracción me acerca a mi objetivo?».

Escucha tu voz interior para dar el siguiente paso.

Actúa. Cumple con tu propósito. Vuelve a tu camino.

Confianza:

Confía en tu confidente. Deja de lado la negatividad.

Refleja algo preciso y positivo.

Imagínate dando pasos pequeños y manejables.

Tranquilidad:

Respira profundamente, poniendo tu atención en el vientre.

Conéctate a tierra. Siente el suelo. Suelta las tensiones.

Siente tu entorno haciendo uso de tus cinco sentidos.

RECURSOS

Acontinuación se presenta una lista de recursos para los estudiantes, los educadores y los padres. Además, habla con tus compañeros acerca de otros recursos que hayan encontrado particularmente útiles. También puedes explorar mi web y consultar con un asesor o consejero escolar. Cuando te encuentres con un libro, un servicio o un recurso en la red que encuentres personalmente útil, por favor, considera compartirlo conmigo para futuras ediciones de este libro escribiendo a testsuccess@sparkavenue.com

Preguntas o comentarios

Si este libro te ha generado preguntas o comentarios que quieras compartir conmigo, por favor envíalos a la dirección de correo electrónico anterior.

Sitio web

Por favor, explora el sitio web relacionado con este libro. La dirección es www.testsuccesscoach.com. En él encontrarás seminarios, oportunidades de conectar con otros estudiantes que están haciendo exámenes y recursos para profesores y padres, así como el blog del doctor Bernstein.

Otras ayudas

En el sitio web se encuentran disponibles recursos de apoyo adicionales, y estamos desarrollando diferentes aplicaciones informáticas. Esto incluye archivos MP3 descargables de todos los ejercicios de visualización guiada del libro, así como el CD *Dr. B's Gentle Prompts for Calming Down.*

Coaching personal

Se puede recibir una sesión de *coaching* personal con el doctor Bernstein o con un *coach* formado en el programa de entrenamiento BPM a través de Skype, chat, correo electrónico o teléfono. Para más detalles sobre los programas y las tarifas, envía por favor un correo electrónico a coaching@testsuccesscoach.com.

Coaching en grupo

El *coaching* para grupos se lleva a cabo a través de seminarios, teleconferencias, tablones de anuncios y redes sociales. El *coaching* puede diseñarse para grupos ya existentes en un mismo centro educativo (clases enteras o grupos que se reúnen después de clase) o en varios de ellos. Por favor, solicita información a través del correo electrónico.

Formación

Si estás interesado en recibir información para formarte como *coach* en el modelo del rendimiento de Bernstein (BPM), por favor escribe a testsuccess@testsuccesscoach.com

Conferencias y seminarios

El doctor Bernstein imparte conferencias dentro del ámbito nacional (Estados Unidos) y dirige talleres sobre el tema del estrés y el rendimiento. Para asistir a sus conferencias, talleres y seminarios e informarte sobre las reservas, por favor consulta el sitio web www.testsuccesscoach.com.

Referencias

En la actualidad se está desarrollando una red nacional de especialistas en educación, tutores y psicoterapeutas. En el sitio web del libro se encuentra el enlace con dicha red.

Redes locales

Explora los servicios locales de grupos de apoyo para padres y profesores. Un ejemplo excelente es la Red de Padres de Berkeley, http://parents.berkeley.edu.

Libros

A continuación se presenta una pequeña selección de publicaciones que pueden ser útiles:

Admisión a la universidad
Elizabeth Wissner-Gross. *What Colleges Don't Tell You (and Other Parents Don't Want You to Know)*. Hudson Street Press.

Conexión con el mundo natural
David Abram. *La magia de los sentidos*. Editorial Kairós.

Educación
Deborah Meier. *In Schools We Trust*. Beacon Press.

Crianza de los hijos
Michael Riera. *¡Tengo un hijo adolescente!* Editorial Granica.

Control del estrés
Robert M. Sapolsky. *¿Por qué las cebras no tienen úlcera? La guía del estrés*. Alianza Editorial.

Visualizaciones guiadas
Catherine Shainberg. *La cábala y el poder de soñar*. Inner Traditions.
Si deseas recibir el boletín del doctor Bernstein o información sobre las actualizaciones de este libro, envía un correo electrónico a testsuccess@sparkavenue.com. Se respeta el derecho de privacidad,

y la información no será compartida con otras personas o entidades. Si crees que alguien se puede beneficiar de la lectura de este libro, por favor envíale un correo electrónico con el enlace a su sitio web: www. testsuccesscoach.com.

AGRADECIMIENTOS

Este libro es el resultado de mi experiencia como estudiante, profesor y psicólogo. Todos aquellos a quienes he mencionado en este libro, por favor aceptad esta obra como una expresión de mi más profundo agradecimiento y respeto.

Quiero dar las gracias:

A mis profesores y compañeros en el ámbito de la educación: David E. Hunt, Viola Spolin, Catherine Shainberg, Colette Aboulker-Muscat, Wendla Kernig, Deborah Meier, Catherine Hunter, Sharon Cravanas, Charles Bertolami y Jack Clinton.

A mis mentores y colegas en el campo de la psicología: Jon M. Plapp, Edward C. Whitmont, Sylvia Brinton Perera, John Conger, Eric Maisel, Ruth Cohn, Gilbert Newman y especialmente Beverley Zabriskie por animarme a seguir mi vocación, y a William F. Riess por su apoyo inicial.

A mis colegas musicales: Daisy Newman, Kathryn Cathcart, Sheri Greenawald, Robert Hughes y especialmente Ron Herder, por hacer que escuchara mi voz interior.

A todos quienes han ayudado a hacer de este libro una realidad: Ellen Griffin, Amanita Rosenbush, Dorothy Wall, Susan Page, Rebecca Morgan y mis agentes Faith Hamlin, Joe Spieler y Amy Rennert. Un agradecimiento especial al doctor Thomas W. Phelan por hacerme de mentor y por su apoyo.

A Tom McMackin por nuestro trabajo conjunto tan altamente creativo y energizante.

A mis amigos de toda la vida: Joe Ruffatto, Pat Singer, Donald Sosin, Frank Blau, Suzin Green, David Martin, Robert Ives, Virgil H. Logan, Jr., la familia Warren y especialmente Andrea I. Jepson por el apoyo tan grande que me da.

A mi familia: mi hermana Didi Conn, mis hermanos Andrew y Richard, nuestros difuntos padres, mis primos Hildy Bernstein y Tommy Li y mi querida tía Rachel R. Lehmann, quien me contó que su secreto para vivir ciento cinco años ha sido «el amor».

A la Asociación Hebrea de Préstamos sin Intereses de San Francisco y a Judy Rosenfeld y Neil Gozan, por su apoyo financiero.

A los editores y al personal de Spark Avenue por su trabajo incansable y su firme apoyo. Gracias por confiar en mí.

A mis clientes y estudiantes por su apertura y compromiso. Es imposible expresar con palabras lo mucho que he aprendido de ellos. Me han ayudado a escribir este libro y a conocerme a mí mismo de una manera mucho más profunda. Su confianza y trabajo duro, con los que han demostrado una y otra vez que la transformación es posible, han significado para mí más de lo que podría expresar con palabras.

A mi esposa, Suk Wah. Nuestra vida juntos me da la oportunidad de vivir a diario lo que he escrito en este libro. Nadie me conoce mejor, nadie me reta más para ser completamente yo mismo. Mi agradecimiento por su fuerza, determinación, humor, dulzura, belleza y dedicación es ilimitado. Nuestra vida juntos, llena de espontaneidad y aventuras, es una bendición.

Y a mis maestros espirituales por su vida de servicio, enseñanza y orientación.

SOBRE EL AUTOR

El doctor Ben Bernstein es psicólogo y educador especializado en la mejora del rendimiento. Es *coach* de ganadores de los Oscar, los Premios Tony y el Premio Pulitzer, y su lista de clientes incluye a dentistas, deportistas, abogados, médicos, empresarios, cantantes de ópera, estudiantes y actores.

Bernstein se licenció en el Bowdoin College, doctorándose en la Universidad de Toronto; también cuenta con un título de maestro en composición musical expedido por el Mills College.

Con una trayectoria como profesor de más de cuarenta años, Bernstein ha enseñado en todos los niveles del sistema educativo. Comenzó como formador en las escuelas infantiles progresistas británicas a finales de los años sesenta y ha recibido importantes subvenciones de los gobiernos de los Estados Unidos y Canadá para su trabajo y sus investigaciones. En la actualidad imparte cursos y seminarios sobre el rendimiento por todos los Estados Unidos. Es maestro en la Ópera de San Francisco y fundador de *The Singer's Gym* (El gimnasio del cantante), así como compositor galardonado.

Apodado por la revista *American Theatre* como «el masajista de la imaginación», Bernstein fue el primer director de improvisación del Instituto Sundance de Robert Redford en Utah y ha dirigido obras de teatro en la Escuela Juilliard de Nueva York y la Academia Nacional de Arte Dramático de Sídney. Ha creado y producido bandas sonoras originales y películas con pacientes psiquiátricos en los Estados Unidos y en Australia.

También es miembro del equipo creativo de la nueva película infantil de dibujos animados *Didi Lightful*.

Su método para triunfar en los exámenes se utiliza en las escuelas, las universidades y los programas para jóvenes preuniversitarios de áreas marginales y cárceles.

Bernstein hace de *coach* para sus tres hermanos más jóvenes, quienes gozan de éxito en sus respectivas carreras artísticas: su hermana Didi Conn es Frenchy en la película *Grease*, su hermano Andrew, fotógrafo jefe en la NBA, y su hermano más joven, Richard, tiene papeles protagonistas en la Ópera Metropolitana de Nueva York.

Su esposa, Suk Wah, es novelista. La pareja vive en la zona de la bahía de San Francisco, California.

SOBRE SPARK AVENUE

Spark Avenue es una red multimedia para el crecimiento individual y el éxito colectivo. Cuenta con profesionales de distintos campos: educadores, artistas, profesionales de la salud, empresarios sociales y otras organizaciones humanitarias que hacen una contribución creativa para la sanación y la transformación del mundo.

Las distintas divisiones de Spark Avenue incluyen publicaciones, productos, servicios, cursos formativos y consultorías.

Si deseas establecer tu negocio en Spark Avenue o si tienes un libro, un DVD, un producto, un servicio o una idea con los que crees que puedes contribuir creativamente en el mundo, contacta por favor con nosotros en newsparks@sparkavenue.com.

Estaremos encantados de recibir tus propuestas.

ÍNDICE